中国古典哲学名著研读书系

学术顾问 陈 来 总主编 孙熙国 张加才

兵家圣典的智慧
《孙子兵法》

张艳清 张旭平 ◎著

中国出版集团
研究出版社

图书在版编目 (CIP) 数据

兵家圣典的智慧：《孙子兵法》/ 张艳清，张旭平 著. -- 北京：研究出版社，2022.4
ISBN 978-7-5199-1152-2

Ⅰ. ①兵… Ⅱ. ①张… ②张… Ⅲ. ①《孙子兵法》– 研究 Ⅳ. ①E892.25

中国版本图书馆CIP数据核字(2021)第272113号

出 品 人：陈建军
出版统筹：丁　波
责任编辑：朱唯唯

兵家圣典的智慧
BINGJIA SHENGDIAN DE ZHIHUI
《孙子兵法》

张艳清　张旭平　著

研究出版社 出版发行

（100006 北京市东城区灯市口大街100号华腾商务楼）
北京中科印刷有限公司印刷　新华书店经销
2022年4月第1版　2024年4月第2次印刷
开本：710毫米×1000毫米　1/16　印张：17.75
字数：203千字
ISBN 978-7-5199-1152-2　定价：49.00元
电话（010）64217619　64217652（发行部）

版权所有·侵权必究
凡购买本社图书，如有印制质量问题，我社负责调换。

中国古典哲学名著研读书系
编委会名单

学术顾问：陈　来

总 主 编：孙熙国　张加才

编　　委（以姓氏笔画为序）：

　　　　　王英杰　化　涛　白　奚　朱　岚　刘成有

　　　　　李　琳　李良田　李道湘　肖　雁　宋立卿

　　　　　张旭平　张艳清　林存光　董　艺

总序

陈来　著名哲学家、哲学史家
　　　清华大学国学研究院院长

中华优秀传统文化是中华民族的"根"和"魂",是中华民族的精神命脉,是涵养社会主义核心价值观的重要源泉,也是我们在世界文化激荡中站稳脚跟的坚实根基。在这一意义上说,丢弃了中华优秀传统文化就等于割断了我们的精神命脉。党的十八大以来,习近平总书记多次强调中华优秀传统文化之于中华民族的重要意义,强调中华优秀传统文化积淀着中华民族最深沉的精神追求,包含着中华民族根本的精神基因,代表着中华民族独特的精神标识。

"文以载道,文以化人。当代中国是历史中国的延续和发展,当代中国思想文化也是中国传统思想文化的传承和升华,要认识今天的中国、今天的中国人,就要深入了解中国的文化血脉,准确把握滋养中国人的文化土壤。"这是2014年9月24日习近平总书记在纪念孔子诞辰2565周年国际学术研讨会暨国际儒学联合会第五届会员大会开幕会上的讲话中提出的一个重要论断。千百年来,中华优秀传统文化已深深地植根在中国人的内心和血液之中,潜移默化地影响着中国人的思想方式和行为方式。因此,要了解中国,做

总序

一个真正意义上的中国人，必须学习中华优秀传统文化，明白我们从哪里来，将来要到哪里去。

学习中华优秀传统文化，最有效的方式就是读中华文化经典，学中华文化原文，悟中华文化原理。但是，中华文化典籍浩如烟海，究竟应该读哪些典籍，从哪些典籍入手学习中华优秀传统文化呢？德国哲学家雅斯贝尔斯在《历史的起源与目标》一书中提出，公元前800年至公元前200年是人类文明的"轴心时代"，是人类文明精神的重大突破时期。这一时期产生于古代希腊、古代中国、古代印度等国的伟大思想家的著述和思想塑造了人类文化的不同传统，直到今天还影响着人类的生活和实践。因此，本丛书选取了中华文明"轴心时代"具有重要代表意义的典籍《易经》《老子》《论语》《孙子兵法》《墨子》《大学·中庸》《孟子》《庄子》《荀子》《韩非子》，请相关专家进行注释、梳理和阐释，最后形成了《中华文化的源头：〈易经〉》《道法自然的境界：〈老子〉》《儒家思想的奠基：〈论语〉》《兵家圣典的智慧：〈孙子兵法〉》《兼爱天下的情怀：〈墨子〉》《止于至善的诠释：〈大学·中庸〉》《内圣外王的追寻：〈孟子〉》《天地精神的融通：〈庄子〉》《礼法并举的方略：〈荀子〉》《经世治国的谋略：〈韩非子〉》等十项成果。

我理解，本套丛书所做的这一工作，不仅仅是让读者读懂和了解中国先秦时期的思想和文化，还希望读者在学习和阅读的过程中，领会中华优秀传统文化的主要内容和独特创造，思考中华优秀传统文化的价值理念和鲜明特色，把握中华文化的历史渊源、发展脉络、基本走向。正如恩格斯所说："在希腊哲学的多种多样的形式中，差不多可以找到以后各种观点的胚胎、萌芽。"中国也是一样。在中国先秦哲学的多种多样的形式中，差不多可以找到后来中国哲学演变发展的各种观点的胚胎、萌芽。只有学习了解和把握了先秦哲学，才能进一步了解和把握汉唐以来的中国哲学乃至整个中华文化的演变和发展。

参加本套丛书撰写的作者都是中国哲学专业的博士、有多年教学和研究经验的专家学者。我在阅读他们的初稿时，感受到他们有强烈的社会责任感、民族自信心和文化自豪感。他们的工作力图达到两个目的，一是让读者通过阅读中国古典哲学名著学习中华优秀传统文化，了解中华优秀传统文化是我们这个古老民族的"根"和"魂"，二是力图用当代中国的生活和实践激活中国古典哲学名著中所蕴含的思想智慧与合理内容，实现中华优秀传统文化的创造性转化和创新性发展，从而服务于当代中国的文化建设和文化发展。

不忘本来才能开辟未来，善于继承才能更好创新。我愿意向各位读者郑重推荐本套丛书，并期待着本套丛书能够为各位读者了解中华优秀传统文化，增强文化自觉和文化自信，坚定道路自信、理论自信、制度自信，发挥应有的作用。

2022 年 3 月于清华园

目 录

导　言	01
计　篇	001
作战篇	029
谋攻篇	049
形　篇	079
势　篇	093
虚实篇	107
军争篇	123
九变篇	145
行军篇	167
地形篇	189
九地篇	203
火攻篇	225
用间篇	235
参考书目	245
后　记	247

导言

孙子的时代和生平

《孙子兵法》是中国伟大的军事家孙子的著作。孙子名武,字长卿,也被世人称为孙武子,是春秋末期齐国乐安(今山东惠民)人。孙武出身于齐国军事世家,他的祖籍是春秋时一个小国陈国,位置在现今河南与安徽交界处。他的七世先祖陈完本是陈厉公的儿子,由于宫廷内部发生内讧,陈完怕祸及自身而逃难至齐。其时齐国由齐桓公当政,封陈完为工正,掌管齐国手工业生产。这时的陈完改姓田,原因是陈与田音同意通。及至田完的四世孙无宇时,生有二子,一为恒,一为书。田书被当时齐国君主齐景公派往讨伐齐国的邻国莒国,立有战功,被皇室赐姓孙,食采于乐安。由此,孙氏一家成为军事世家。

孙武生活的年代正是春秋时期社会剧烈动荡、兼并战争激烈的时代,也是各种学术思想及流派兴起发展的时代。当时诸侯争霸、列国并兼、战争频发,与此同时,周朝原有的统治制度趋于瓦解,"礼崩乐坏",社会正发生深刻的变化,在思想领域出现了"百家争鸣"的活跃局面。受时代风气和家族风尚的影响,孙武成年后对军事进行了深入研究,并著书立论。其时齐国卿大夫争权，贵族间互相攻伐，内乱不已，孙武便离开了齐国，投奔到南方的吴国。

吴国位于今江苏南部，是春秋晚期新崛起的诸侯强国。公元前514年吴王阖闾（一作阖庐）继位后，为图霸业，广延人才，孙武被由楚国逃亡至此的伍子胥发现并向吴王举荐，孙武以其所著"兵法十三篇"觐见吴王，深得吴王的器重，被任命为将军。其后孙武以其卓越的军事才能成功地指挥了吴楚柏举之战，辅助吴王成为一代霸主。《孙子兵法》也因增加了这次战争的经验而更加完备，孙武也由此登上了功名的顶峰。此后30多年里，孙武率兵远征楚国，五战五捷，后又大败齐军，接着又挫败晋国，使吴国登上了霸主的地位。从公元前512年到公元前482年，吴国国势强盛，向西击破强大的楚国，攻入楚都郢城；又挥师北上，威震齐、晋诸大国。史书对孙武的具体活动记载很少，其成就集中地体现于他所著的兵法之中。孙武以其兵法和军事思想而受到了世人的推崇，所以被尊称为"孙子"，与老子、孔子、墨子等并列为春秋战国之际的诸子大家。

孙武的事迹在《春秋》的经传中没有任何记载，只见于《史记》和《吴越春秋》，而《史记》又有齐国孙膑的记载，《汉书·艺文志》所记载的《孙膑兵法》后世又失传，因此，后人对孙武其人和《孙子兵法》的真实性有所怀疑，认为传世的《孙子兵法》即《孙膑兵法》。1972年在山东临沂银雀山汉墓同时出土了《孙子兵法》和《孙膑兵法》，其中《孙子兵法》的残篇《吴问》记载了孙武和吴王的对话，证明了孙武的事迹和传世的《孙子兵法》都是真实的，这也是中国兵学历史上的一件大事。

《史记·卷六十五·孙子吴起列传》是关于孙子的记载，现摘如下，可做参考。

孙子武者，齐人也。以兵法见于吴王阖庐。阖庐曰："子之十三篇，吾尽观之矣，可以小试勒兵乎？"对曰："可。"阖庐曰："可试以妇人乎？"曰："可。"于是许之，出宫中美女，得百八十人。孙子分为二队，以王之宠姬二人各为队长，皆令持戟。令之曰："汝知而心与左右手背乎？"妇人曰："知之。"孙子曰："前，则视心。左，视左手。右，视右手。后，即视背。"妇人曰："诺。"约束既布，乃设铁钺，即三令五申之。于是鼓之右，妇人大笑。孙子曰："约束不明，申令不熟，将之罪也。"复三令五申而鼓之左，妇人复大笑。孙子曰："约束不明，申令不熟，将之罪也。既已明而不如法者，吏士之罪也。"乃欲斩左右队长。吴王从台上观，见且斩爱姬，大骇。趣使下令曰："寡人已知将军能用兵矣。寡人非此二姬，食不甘味，愿勿斩也。"孙子曰："臣既已受命为将，将在军，君命有所不受。"遂斩队长二人以徇。用其次为队长，于是复鼓之。妇人左、右、前、后、跪、起皆中规矩绳墨，无敢出声。于是孙子使使报王曰："兵既整齐，王可试下观之，唯王所欲用之，虽赴水火犹可也。"吴王曰："将军罢休就舍，寡人不愿下观。"孙子曰："王徒好虚言，不能用其实。"于是阖庐知孙子能用兵，卒以为将。西破强楚，入郢；北威齐、晋，显名诸侯。孙子与有力焉！

《孙子兵法》的成书和流传

《孙子兵法》在产生以前，应经历了一个较长时期的孕育过程。从其产生的思想根源来说，主要应该有以下几个方面：中国远古以来，特别是春秋时期频繁、激烈、多样的战争是《孙子兵法》产生的源泉，此前已有的兵学理论成果，如《军志》《军政》、古《司马法》、令典等，是《孙子兵法》跃上兵学峰巅的阶石；春秋时期的社会思潮，特别是关于"道""仁""阴阳""保民"等理论，是《孙子兵法》形成的文化因素；还有崇武尚智的齐文化在《孙子兵法》的形成中也有着重要影响。另外，中华民族在先秦时期就已经形成的整体思维、辩证思维等思维方式对《孙子兵法》理论体系的构筑起了指导性作用。

《孙子兵法》写成于孙武见吴王阖闾之前，不迟于公元前512年。《孙子兵法》问世后便流传于世，并产生了广泛的影响。战国晚期的著名法家韩非子曾说："境内皆言兵，藏孙、吴之书者家有之"。"孙"指孙武和孙膑。随着孙子的大名远播，在谈兵论武之风盛行的战国秦汉时期，产生了许多伪托于孙子的兵书，人们往往将之与《孙子兵法》合编，导致《孙子兵法》篇帙激增。东汉末年，曹操鉴于当时流行的《孙子兵法》内容庞杂，失其旨要，于是对它做了一次认真的整理，削其繁冗，恢复了原本的"十三篇"结构。曹操还结合自己丰富的军事实践和心得体会，对《孙子兵法》作了精辟的注解，开了注解《孙子兵法》的先河。此后，对《孙子兵法》的研究和注释一直得以延续。较具代表性的有曹操、孟氏、李筌、杜佑、杜牧、贾林、梅尧臣、何氏、张预等11家，合成"11家注"。 北宋时，朝廷设立"武学"。宋神宗元丰三年（1080年），从历代兵书中选定《孙子兵法》《吴子兵法》《司马法》《六韬》《尉缭子》《三略》《李卫公问对》7部作为武学教科书，统称"武经七书"，校定刊行，后人不得妄自增删。以国家法令（诏命）正式确立了《孙子兵法》作为兵学首要经典的地位，杜绝了社会上伪造、增删的流弊。在这之后，《孙子兵法》形成了两个主要的版本系统：一是作为法定教材的《武经七书》本；一是作为研习专书的注释汇集本，现存有南宋刊行的《十一家注孙子》。宋以后，二者一直是《孙子兵法》的权威文本。直至今天，对《孙子兵法》的学习、研究和介绍，在文本上都以此为基本依据。

明代茅元仪之《武备志·兵诀评序》说："先秦之言兵者，六家。前孙子者，孙子不遗；后孙子者，不能遗孙子。谓五家为孙子注疏，可也。"由此亦可知，《孙子兵法》对中国兵学之重要性。不过《孙子兵法》的影响又不止于兵家，以先秦诸子而言，如老子弟子所著《文子》一书，即引孙子之言，这是对道家；《穀梁传》中亦引及十三篇之文，这是对儒家；《墨子》一书亦有解说孙子之言者，这是对墨家；而其重法之思维更为《商君书》《韩非子》所汲取，此则是对法家。可见这部兵法在当时的影响是很广泛的。《史记·太史公自序》中有这样一句话："非信廉仁勇，不能传兵论剑，与道同符，内可以治身，外可以应变，君子比德焉。作《孙子吴起列传》第五。"司马氏将"传兵论剑"与"信廉仁勇"联系在一起，并以"道"誉之，可见评价之高。

《孙子兵法》在国外的流传始于唐代，在历史上对东亚地区的朝鲜、日本、越南等国都产生了巨大的影响。特别是在日本，自17世纪初以来出现了研习《孙子兵法》的热潮，经久不衰。18世纪，《孙子兵法》传入欧洲，先后被译成为法文、俄文、德文、英文。20世纪中叶以来，《孙子兵法》在世界上的影响进一步扩大。今天，《孙子兵法》已经拥有日、法、俄、德、英、意、捷克、罗马尼亚、希腊、阿拉伯、荷兰、西班牙、越南、丹麦、缅甸、泰、朝鲜、马来西亚等诸多语种的译本，在全世界得到广泛传播，并享有巨大声誉。

《孙子兵法》的主要内容

《孙子兵法》共有十三篇，包括《计篇》《作战篇》《谋攻篇》《形篇》《势篇》《虚实篇》《军争篇》《九变篇》《行军篇》《地形篇》《九地篇》《火攻篇》《用间篇》，共7000余字，语言简约，篇幅精炼，然而体系宏大，思想深邃。本书提出了十分完备的军事思想体系和战略战术原则，系统地揭示了战争的客观规律，反映了丰富而深刻的中国古代文化和哲学思想，在中国军事史上占有十分重要的地位。全书以战争运筹和作战指导为核心,层层展开,逻辑严谨,形成了一个极富特色的军事理论体系,其内容涵盖了战争观、战略战术、作战保障、军队建设等军事理论的主要方面,并在这些方面创设了诸多内涵深邃的范畴和命题,提出了系统而深刻的思想。

第一篇《计篇》是全书的总纲,总论制胜之道,包括决定战争胜负的基本因素和战争中的制胜方法两个方面,主张对战争进行综合运筹和总体谋划,机动灵活地作战用兵,提出了以"五事""七计"为主的战略谋划内容和"兵者诡道"的作战指导原则。第二篇《作战篇》,主要论述战争准备问题,强调了战争如果旷日持久会给国家带来的危害,并在此基础上提出了速战速决、"因粮于敌"等重要军事思想。第三篇《谋攻篇》,主要论述谋划攻战问题,提出了"不战而屈人之兵"的全胜战略思想,揭示了"知彼知己、百战不殆"等战争规律。第四篇《形篇》,主要论述实力对比决定战争胜负的问题,提出了"修道保法""立于不败之地""先胜而后求战"等战略思想。第五篇《势篇》,主要论述战势变化和造势用势的问题,提出了"奇正相生""势险节短""择人而任势"等思想。第六篇《虚实篇》,主要论述作战用兵的主动性和灵活性问题,提出了"致人而不致于人""形人而我无形""避实而击虚""兵无常势""因敌变化而取胜"等思想。第七篇《军争篇》,主要论述作战中争取先机之利的问题,提出了"以迂为直,以患为利""避其锐气,击其惰归""夺气攻心"等指导原则和方法。第八篇《九变篇》,主要论述指挥作战的机动变化问题,主张将帅应根据客观情况实施灵活的指挥,同时对将帅提出了"五危"的警告。第九篇《行军篇》,主要论述了不同地形条件下军队行动(包括作战、机动、宿营等)原则和方法,总结了观察判断敌情的"相敌"之法,同时提出了"兵非益多""令文齐武"等治军思想。第十篇《地形篇》，具体论述了六种地形条件下用兵的方法，以及军队的六种失败情况及其原因，特别强调了将帅的责任，提出将帅要"进不求名、退不避罪，唯人是保，而利合于主"的指导思想。第十一篇《九地篇》，主要论述进攻作战中九种地理环境对军队心理的不同影响，据此提出了相应的作战原则和处理方法。第十二篇《火攻篇》，主要论述以火攻敌的方法问题，包括火攻的种类、条件、方法等，同时强调了慎战思想。第十三篇《用间篇》，从战略上强调了掌握敌情的重要性，具体论述了掌握敌情的重要方法——使用间谍问题，包括间谍的类别、用间的原则和方法等，提出了"上智为间者必成大功"的谍战之术。

《孙子兵法》作为我国存世的第一部兵书，总结了春秋及以前历代的军事思想。孙子认为，战争必须以国内政治为基础，"道"作为政治的意义受到孙子特别的关注，他多次提到"道"在战争中的作用，提出了"修道而保法"的思想，更是将"道"列为"五事""七计"之首。在这个基础上孙子对战争规律、谋略原则、具体战法等问题做了全面的总结和创新性论述。

春秋时代频繁的战争使孙子认识到，战争是不可避免的，对待战争一定要认真、慎重，因此他说："无恃其不来，恃吾有以待之；无恃其不攻，恃吾有所不可攻也。"（《九变篇》）严酷的战争是关系到国家存亡、人民生死的大事，必须慎重对待，《孙子兵法》中特别强调的一个指导思想就是他的慎战思想。如"兵者，国之大事，死生之地，存亡之道，不可不察也。"（《计篇》）在"亡国不可以复存，死者不可以复生"（《火攻篇》）的严峻现实面前，孙子以高度理性的态度看待战争，反对以任何感情上的冲动来替代或影响对战争的理智判断和谋划，而一切的军事行动都必须以现实利害为出发点。"主不可以怒而兴师，将不可以愠而致战。合于利而动，不合于利则止。"（《火攻篇》）因此，为了在战争中能够生存下去，孙子提出要"先计而后战"，特别注重庙算的功能。所谓庙算，就是战前所进行的谋划和预测。

《孙子兵法》把用兵中的各个侧面各个环节论述得细密周全，特别是由于它使用"舍事而言理"的叙述方式，将战争中的计与战、力与智、利与害、全与破、迂与直等相互冲突又相互联结的辩证关系分析得鞭辟入里，处处显示出它特有的哲理之光。它的"兵之情主速""攻其不备，出其不意""多算胜，少算不胜""知彼知己，百战不殆""兵无常势，水无常形""齐勇若一""吴越同舟""不战而屈人之兵"等，更成为家喻户晓、人人皆知的名言粹语，为古今中外人所传诵，真可谓寓意深邃、魅力无穷。

《孙子兵法》的成就和影响

《孙子兵法》是中华民族五千年璀璨文化中的瑰宝，是我国现存的最古老的军事理论专著，也是世界上流行时间最长、传播范围最广、历史影响最大的兵学圣典，享有"东方兵学鼻祖""世界古代第一兵书"等美誉。自问世 2500 多年来，《孙子兵法》受到古今中外兵家、学者的推崇。大凡有作为的军事家、政治家、企业家，没有不熟读《孙子兵法》的。"治世之能臣，乱世之奸雄"的曹操深爱此书，并用心作注，他的《孙子注》颇为后人称道；唐太宗、宋仁宗、明代大儒王阳明和丞相张居正、清人朱墉都曾力主学习此书；孙中山曾评价说："就中国历史来考究，两千多年的兵书，有十三篇，那十三篇兵书，便成为中国的军事哲学。"毛泽东同志早在 1938 年在其名著《论持久战》中高度评价《孙子兵法》。在国际上，《孙子兵法》的出现不仅比古希腊希罗多德、色诺芬和古罗马弗龙廷的军事著作都早，比欧洲克劳塞维茨写的《战争论》还早 2300

年。所以早在唐代,《孙子兵法》就流入日本、朝鲜,1660年则有了日译本;18世纪60年代它传入欧洲,英、德、俄、捷、朝鲜、希伯来等多种文字的《孙子兵法》在世界各地广为流传,受到高度评价。美国最著名的军校——西点军校,一直把《孙子兵法》定为必读教科书;许多中外企业家,都把《孙子兵法》作为商战指南。《孙子兵法》一书已以近30种文字在世界范围内广泛流传。

《孙子兵法》先是在国内广为流传,据韩非子《五蠹》记载,战国时"藏孙吴之书者家有之",《战国策》《尉缭子》《吕氏春秋》《荀子》《淮南子》等书里,对《孙子兵法》也多有征引。三国时的诸葛亮盛赞孙子的高超计谋说:"曹操智计,殊绝于人,其用兵也,仿佛孙吴。"(《诸葛亮集》,中华书局1960年版第7页)这里的孙指孙子,吴指吴起,孙子排在第一。曹操本人为《孙子兵法》作注时也有不同凡响的见解,如说:"吾观兵书战策多矣,孙武所著深矣。"唐代李世民与他的名将李靖问对时也赞赏说:"观诸兵书,无出孙武。"他特别推崇孙子特有的观察问题的方法及权衡利弊的能力。

在孙子之前,无论在东方还是西方,都只能从现存的典籍中见到一些有关战争和军事的零散论述。《孙子兵法》第一次构建了一个具有丰富内容的军事理论体系,并且在战争观、战略战术、作战保障、军队建设等军事理论的主要方面,提出了一系列卓越的创见和深刻的思想,由此产生了持久而深远的影响,突出地表现在三个方面。

第一,对中国传统军事思想的影响。《孙子兵法》恰好处在中国有文字记载5000年战争历史的中央坐标点上,既总结了此前2500年的战争实践经验,又经过此后约2500年战争实践的检验和发展。孙子总结春秋及其以前时代的战争经验和军事思想成果,创造性地建立了博大精深的军事理论体系,为中国古代军事思想的发展奠定了坚实的基础,也框定了中国传统军事思想的发展方向，确立了中国传统军事思想的基本特色。自《孙子兵法》问世以来，其提出的诸多命题和范畴，一直是中国传统兵学集中讨论的对象，历朝历代的军事家和兵法著述，在理论上对《孙子兵法》不断有所补充和发展，但在根本上都未能超越《孙子兵法》。孙子的思想，深深渗透于中国传统军事思想的血脉之中，构成了中国传统军事思想的精髓。

第二，对中国现代军事理论的影响。优秀的传统思想是民族宝贵的精神财富。在中国近代以来构建新型军事理论的过程中，《孙子兵法》继续发挥了积极的作用，成为重要的思想来源之一。以毛泽东军事思想为例，从井冈山斗争开始，毛泽东在作战用兵上一直极为强调主动性和灵活性，不拘一格、灵活机动、出奇制胜是其战略战术的突出特点，这与孙子的作战思想和理论（强调"兵无常势，水无常形"）存在深刻的渊源关系。1935年红军长征到达陕北后，毛泽东经过深入思考撰写的《中国革命战争的战略问题》《论持久战》等著作，确立了毛泽东军事思想的主体内容。这个时期毛泽东在军事理论上的卓越创造，有三个主要的思想来源：一是马克思列宁主义，特别是唯物辩证法思想；二是以克劳塞维茨《战争论》为代表的西方进步军事思想；三是优秀的中国传统军事思想，包括《孙子兵法》和历史上一系列著名的以弱胜强战例所蕴含的宝贵启示。在《中国革命战争的战略问题》和《论持久战》中，毛泽东多次引用了孙子的话来说明问题，还特别指出，孙子的名言"知彼知己，百战不殆"仍是科学的真理，我们不要看轻这句话。以《孙子兵法》为代表的中国优秀军事遗产的深刻影响，赋予了毛泽东军事思想深厚的历史内涵，也是毛泽东军事思想表现出独有的中国气派的一个重要因素。

中华人民共和国始终奉行积极防御的军事战略，积极倡导和平共处的五项原则，自觉践行彻底完整的人道主义，构筑起具有鲜明民族特色、中国气派、文化传统和时代气息的当代中国主流战争理论,突出表现在不战而胜的止战思想、积极防御的自卫原则、深沉久远的人道精神和灵活机动的用兵艺术等方面,这些都与《孙子兵法》的影响有关系。

第三,对世界当代军事学说的影响。从20世纪中期开始,《孙子兵法》在世界范围得到广泛传播,日益引起西方战略家和军事家的重视,已经成为他们启迪思维、创新理论的重要灵感源泉,因而对西方当代军事学说产生了越来越大的影响。提出间接路线战略的英国军事理论学家利德尔·哈特,对孙子的思想推崇备至,他在1954年修订出版的《战略:间接战线》中写道:"最完美的战略,也就是那种不必经过严重战斗而能达到目的的战略——所谓不战而屈人之兵,善之善者也。"将其间接路线理论直接溯源到了《孙子兵法》。利德尔·哈特还为塞缪尔·B.格里菲思的《孙子兵法》英译本(1963年出版)写过一篇影响很大的序,对《孙子兵法》做了全面的评价:"《孙子兵法》是关于战争艺术的最早论述,就其对战争艺术论述的广泛性和对战争艺术的理解深度而言,到目前为止尚没有被超越。《孙子兵法》可说是集中了战争中的核心智慧。在过去的军事思想家当中,只有克劳塞维茨可与之媲美。尽管克劳塞维茨的著述比《孙子兵法》晚了两千多年,但相比较而言,《孙子兵法》却更加切合时宜,更能跟上时代的变迁。孙子具有明确的远见、更深入的洞察力、更持久的生命力。"这是很有代表性的看法。美国防务问题专家约翰·柯林斯先生在1973年出版的《大战略》一书中也说:"孙子是古代第一个形成战略思想的伟大人物……孙子十三篇可与历代名著包括两千两百年后克劳塞维茨的著作媲美……他的大部分观点在我们当前的环境中仍然具有和当时同样重大的意义。"

20世纪90年代以来,美军在大力推进新军事革命的同时,出现了一股《孙子兵法》热,各军种各院校都加强了对《孙子兵法》的学习和研究，表现出试图借鉴孙子的思想，从而在新的全球战略环境下，更加灵活有效地运用强大军事力量和高新战争手段。近年美军的《空地一体战》作战纲要和《2010年联合构想》《2020年联合构想》等作战条令，引用了许多孙子的箴言警句。美国人也毫不讳言地承认，自海湾战争以来他们所进行的历次战争的作战理论和战略战术，包括伊拉克战争中运用的"震慑"理论或"快速决定性作战"理论，以及斩首、攻心、精确闪击等一系列战法，都汲取了孙子的智慧。伊拉克战争的作战理念主要来自哈伦·厄尔曼等人1966年所著的《震慑与畏惧：迅速制敌之道》，孙子的名字在该书中先后出现了20多次。随着新军事革命的推进，《孙子兵法》对西方军事理论的影响，正呈现出不断深化的趋势。利德尔·哈特这位"间接路线"战略的倡导者说，他在20多年中论述的战略战术原则几乎全部体现在孙子的十三篇之中。芬兰科协主席、前国防部战略问题研究所所长尤玛·米尔蒂宁在谈到西方"新技术决定一切"的观点时指出："早在两千多年前，伟大的战略家孙子就列举了决定战争胜负的一些因素。"他批评现代一些军事家忽视了孙子所说的"士气"这个最重要的因素。在一部印度人写的《印度军史》中写道：印军之所以能取得第三次印巴战争的胜利，是因为他们成功地运用了孙子避实击虚的打法。《孙子兵法》的影响力已经远远超出了国门，让许许多多著名的国外战略家陶醉沉迷于博大精深的中国传统战略文化之中。

世界许多著名的军事分析家认为，中国著名的军事思想家孙子去世将近2500年之后，仍在深刻地影响着现代战争。据有关资料报道：美国自20世纪70年代末以来，在国防部官员和美军军官中举办了上千次《孙子兵法》讲座。美国陆战队指挥官凯利将军认为，《孙子兵法》是所有机动战的基础。他将该书列为部队的年度读物，要求每个陆战队员必须阅读。有一位名叫马克·麦克尼利的专家写了一部《孙子与现代战争兵法》一书，他谈道："《孙子兵法》是高层军校学生必读的一本书，已经融会在美国陆军和海军陆战队的军事学说之中。"这部书的出版商在向西方读者介绍此书时，称《孙子兵法》是军事理论上的一把"瑞士军刀"，足以应对任何局面。还有许多出台的现代军事理论都是依据孙子兵法创立的。美国著名战略理论家、美国国防大学校长理查德·劳伦斯中将在阐述《空地一体战——纵深进攻》时，认为这一作战原则所根据的原理是《孙子兵法》的"奇正之变"和"避实击虚"。美国1982年新版《作战纲要》，直接引用了大量孙子兵法的名言。这部《作战纲要》编写组的成员对孙子兵法进行了长时间的认真研究。1983年美国出版的《军事战略》，第二章的标题是"军事战略的演变——孙子的智慧"。

现在，人们更加关注《孙子兵法》所反映的中国战略文化的思想内涵。孙子战略思维的重要成就，不仅仅在于他的高超的战争指导艺术，而且还在于他对战争问题认识上的高度理性和人道良知。他主张不战、慎战和胜战，强调先胜、全胜和战胜，既讲求战争制胜之道，更反对穷兵黩武，特别主张以人为本、贵在伐交伐谋、慎用战争暴力等。孙子倡导的这种战争观，集中体现了中华民族热爱和平又不惧怕战争的战略文化传统。在当今世界战争工具越来越完善而战略文化却越来越显得不足，战争道德大大落后于战争手段的情况下，尤其需要把"文明冲突"的误区引导到文明的共存与融合的时代新理念上来。经济全球化、新军事革命和反恐战争都没有解决人类安全问题。我们在反对一切恐怖主义以及任何针对平民的恐怖活动的同时，还应思考这种罪恶与灾难发生的深层原因。单边主义、先发制人的战略，反映对军事力量的过度自信而失去对战略目标的理性选择；双重标准的反恐战争掩盖了地缘战略的真实意图；师出无名、轻启战端而又不信守战争道德，反恐战争中的平民伤亡大大高于军人伤亡，制造的敌人远远超过消灭的敌人，让无辜平民和普通士兵为政府的错误政策付出越来越大的无谓牺牲，这与强调保护人权和标榜缔造文明社会的宣传是绝不相容的。在这样的形势下，《孙子兵法》的价值观、方法论和大战略思想尤其值得我们珍视与弘扬。

20 世纪 90 年代以来，世界范围内的新军事变革脚步不断加快，信息技术的军事运用已经成为新时代国防和军队现代化建设及应用的重要内涵。如何应对新军事变革的滚滚大潮，理智地驾驭信息技术主导的现代化战争，孙子的兵学思想，特别是他的认识论、方法论原则，为我们提供了有益的智慧。即将进入的信息战时代，使传统的军事理论面临着严峻的挑战，过去我们的战争法宝，诸如人民战争、积极防御、后发制人、以劣胜优、游击战、运动战等，都有一个再创新、再丰富的问题。推进中国特色军事理论变革是一项系统工程，要求战略思维主体必须能够从宏观、中观和微观上对理论体系进行设计和规划，同时又要能够从宏观、中观和微观上进行指导，处理好军事问题中系统与系统之间、各种要素之间的矛盾关系，真正将规划落到实处。

《孙子兵法》所包含的丰富的辩证法思想也是其产生深刻历史影响的原因。书中探讨了与战争有关的一系列矛盾的对立和转化，如敌我、主客、众寡、强弱、攻守、胜败、利患等。《孙子兵法》正是在研究这种种矛盾及其转化条件的基础上，提出其战争的战略和战术的。这当中体现的辩证法思想，在中国辩证思维发展史中占有重要地位。《孙子兵法》谈兵论战，集"韬略""诡道"之大成，被历代军事家广为援用，书中不少计名、典故，在中国也是妇孺皆知。其中缜密的军事、哲学思想体系，深远的哲理，变化无穷的战略战术，在世界军事思想领域也拥有广泛的影响，享有极高的声誉。在中国历史上，以《易经》为标志，很早就形成了辩证地看待事物的思维方式。孙子秉承了这个传统，并在其对军事问题的思考中加以发扬和光大。《孙子兵法》研究战争，是以战争的对立矛盾为核心而展开的，涉及了战争各个方面大量的矛盾对立现象，如力量的强弱、人数的众寡、军队的治乱、将帅的贤愚、士卒的勇怯、谋算的得失、部署的虚实、兵力的专分、人员的劳逸、战势的奇正、战法的攻守、时间的速久、道路的迂直、地形的死生、处境的安危，等等。孙子极其强调从矛盾的双方研究问题，兼顾事物的对立面，如"知彼知己""知得失之计，知动静之理，知死生之地""知迂直之计"等等。他还明确提出了"智者之虑，必杂于利害"的思维方法。与同时代的老子一样，孙子也把关注的重点放在对立面的转化上，并怀有比老子远为积极的态度，主张通过人的努力，主动地促使战争态势朝着有利于己不利于敌的方向发展，"故敌佚能劳之，饱能饥之，安能动之"，而不是一味地消极等待。又比如，孙子既高度重视"五事""七计"等客观因素对战争胜负的决定性作用，又极其强调发挥人的主观能动性，伐谋伐交，灵活用兵，积极争取胜利。一方面认为"兵者诡道也"，强调出奇制胜，另一方面又提出"善战者之胜也，无智名，无勇功"；一方面提出"胜可知而不可为"，强调主观不能完全决定客观，另一方面又认为"胜可为也"，主张能动地争取战争中的主动权，积极争胜。这些表面看似矛盾的观点，实质上都具有内在的统一性，体现了思维的高度复杂性和辩证性，绝非简单的机械唯物论者所能够企及。孙子提出"兵以诈立"，主张摒弃陈腐观念和僵化思想的束缚，积极主动地用智用谋，灵活变化，通过迷惑敌人来调动敌人，创造胜机，他还形象地拿变动不居的流水做比喻，即能够像水的流动那样，机动灵活地用兵，做到"战胜不复"，即每一次作战，都不是机械重复老一套的方式，而是适应不同情况，变化无穷，出奇制胜。《孙子兵法》提出了一系列用兵作战的思想、原则和方法，它们构成了孙子作战理论的基本内容，其中无不贯穿着主动和灵活变化的精神。特别是《虚实篇》提出"致人而不致于人""形人而我无形"，即调动敌人而不被敌人所调动,使敌人暴露而自己不露痕迹,从而创造出有利的战机;又提出"因敌变化",即根据敌人的变化而变化,敌变我变,认为"兵无常势,水无常形,能因敌变化而取胜者,谓之神",突出地体现了其富于主动性和灵活性的军事思维特点。

孙子军事思维的特色

军事思维与军事理论息息相关,任何形式的军事理论都是基于军事实践的军事思维的产物。《孙子兵法》之所以会产生如此广泛的影响,是和这部书的哲学思维特点及文化内涵分不开的。从哲学思维特点来看,《孙子兵法》表现了朴素的唯物观点与辩证法。孙子认为,战争有客观的法则,这些法则可以被认识,因而战争双方的胜负也可以预知。他提出道、天、地、将、法五个条件,作为把握战争胜负的条件。

在这个基础上,孙子将战争中经常出现的矛盾现象如敌我、彼己、主客、动静、进退、攻守、速久、虚实、奇正、专分、利害、安危、险易、广狭、远近、众寡、劳逸、强弱、胜败等,均做了精当的分析。在人类历史的长河中,真正伟大的思想成果,不仅不会为时间所湮灭,而且往往随着时间的推移而愈见其不朽的价值。在人类社会迈入 21 世纪之后,《孙子兵法》的影响非但没有消退,反而进一步跨越了地域和语言的局限,受到越来越多不同国家人们的重视和推崇,被东西方共同尊为"兵学圣典"。孙子军事思想之所以具有超越时空的恒久魅力,归根结底取决于孙子思考战争问题的态度和方法,取决于孙子军事思维的特质。

人类的军事思维,随人类军事活动的发展而出现并得到发展。任何形式的军事思想或军事理论,都是基于军事实践的军事思维的产物。军事思维的发达程度及其合理性和独特性,决定了军事思想、军事理论的品质，反映了一个民族军事文化的底蕴，深刻影响着一个民族军事活动的行为模式。我们今天阅读《孙子兵法》，无处不感受到孙子军事思维的理性和智慧之光，正是孙子卓越的思维特质，赋予了《孙子兵法》广大而深邃的思想内涵，并对不同时代的军事实践产生巨大而深刻的影响。

首先，《孙子兵法》的理智性。对待战争的态度，是衡量人类理性的重要标尺。中华民族素以理智而著称，在战争问题上更是如此，孙子是杰出的代表。《孙子兵法》对战争问题的论述，通篇贯穿着理智、冷静、审慎的态度。《孙子兵法》中虽然没有讨论战争观的专门篇章，但当孙子论述其战略、战术思想时，却随处体现出慎重对待战争的基本精神。《火攻篇》中的一段话，集中反映了这一倾向："主不可以怒而兴师，将不可以愠而致战。合于利而动，不合于利而止。怒可以复喜，愠可以复悦，亡国不可以复存，死者不可以复生。故明君慎之，良将警之，此安国全军之道也。"孙子不仅看到了战争的重要性，而且清醒地认识到了战争的代价、战争的危险性和危害性，他一再强调战争关系到国家的生死存亡，也多处谈到了战争对社会的扰动、对国家的耗损，以及给百姓造成的灾难。这种理性和良知使孙子坚决反对情绪化地处理战争问题，而力主审慎地对待战争，从而对人民的生命和国家的安危负责。正是基于这种态度，孙子主张应认真研究和深入了解战争，在《孙子兵法》中开宗明义地指出："兵者，国之大事，死生之地，存亡之道，不可不察也。"在这种审慎的前提下，孙子提出了"非利不动，非得不用，非危不战"的著名作战原则，主张把国家利益和国家安全作为兴师用兵的根本前提，把战争手段作为迫不得已的最后选择。同时，孙子还对为将者提出了"静以幽，正以治"的要求，强调将帅必须具备冷静、理智的品质。唯有保持冷静和理智，才能够做到审慎。

孙子理性对待战争的思维方式给了我们深刻的历史启示：要理性地

控制和把握战争,一是必须从时代主题的高度努力寻求解决安全问题的合理途径;二是必须认清世界多极化和经济全球化的发展趋势,努力推动多种力量的和谐共存和共同发展;三是必须正确认识和运用现代技术赋予人类的控制战争的能力,坚决摒弃在运用武力问题上的轻率态度。

其次,《孙子兵法》的总体性。孙子思考战争问题,并非简单地就事论事,或仅仅局限于狭窄的作战范畴,而是以广阔的宏观视野审视战争,谋求从全局和总体上把握战争。《孙子兵法》的战略思想包括"慎战"与"敢战"相结合的战略态度,以"五事""七计"为基础的综合战略要素观(战略运筹框架),以"不战而屈人之兵"的思想作为最高战略境界,以"知兵之将"作为战略实施主体,以度、量、数、称、胜为基础的综合国力作为战略后盾(物质基础),以"兵以利动"作为战略出发点,以"先知"作为战略决策依据,以伐谋、伐交作为战略基本手段,以"兵者诡道"作为战略指挥原则,从而形成了一个完整的并具有鲜明特色的战略思想体系。

再次,孙子强调对决定战争胜负的多方面因素(道、天、地、将、法)进行综合评估和运筹;强调把战争手段和国家实力培植、外交联盟斗争相结合,通盘谋划,以最低代价达成全胜目标;强调通过国家内外多方面的努力,综合运用政治、军事、外交等手段造成有利的战略态势,"先胜而后战";强调在"安国全军"的总目标下把握战争,把战争视为达成国家安全的一个手段,认为"百战百胜,非善之善者也","不战而屈人之兵,善之善者也",等等。孙子军事思维的宏观性和总体性,使《孙子兵法》在理论上呈现出高屋建瓴的气势,并具有浓厚的大战略色彩,不仅领先于他所处的时代,而且具有罕见的超前性。当代西方一些战略思想家甚至认为,孙子是古代第一个形成战略思想的伟大人物。今天没有一个人对战略的相互关系、应考虑的问题和所受的限制比他有更深刻的认识，他的大部分观点在我们当前的环境中仍然具有和当时同样重大的意义。

最后，《孙子兵法》的科学性。在战争指导上，孙子高度重视"认知"的作用，不仅要求掌握战争的规律，而且特别强调对战争的各方面要有全面的了解和把握，力求做到"先知""尽知"。如说："知彼知己，百战不殆""知天知地，胜乃可全""知兵者，动而不迷，举而不穷"……对认知问题的强调，贯穿于十三篇始终。孙子还明确指出："先知者，不可取于鬼神，不可象于事，不可验于度，必取于人，知敌之情者也。"换言之，就是对战争情况的了解，必须依靠人的能动性。这说明孙子的认知观是建立在朴素的唯物主义基础之上的。因此，孙子反对用迷信的方法预测胜负、指导战争，而主张在掌握各方面情况的基础上，通过对各种相关因素的周密计算和运筹来谋划战争。《孙子兵法》以《计篇》为首，"计"的内涵就包括计算、筹算、计划、谋划。在《计篇》中，孙子第一次明确提出了战争运筹的思想；在《形篇》中，又进一步提出了"地生度，度生量，量生数，数生称，称生胜"的量化分析方法；其他各篇几乎也都有对作战问题进行定量分析的内容。孙子的认知观，以及对认知基础上的计算和运筹、计划和谋划的强调，集中体现了其思维方法的科学性，也使其战争指导理论具有坚实的科学基础。

上述思维特点，贯穿于《孙子兵法》十三篇之中，是《孙子兵法》思想价值的重要内核，甚至比《孙子兵法》的一些具体理论观点具有更为持久的生命力和更加普遍的指导意义。

今天，战争的发展已经远远超越了孙子所处的冷兵器时代，军事系统、战争形态比以往任何时候都更为复杂，战争的手段、作战的方法仍不断地、迅速地发生着变化，而且，在世界一体化的趋势下，军事与政治、经济、科技、外交、文化诸因素的联系比以往任何时候都更为紧密，战争所牵动的内外关系比以往任何时候都更为复杂，各种因素的相互影响比以往任何时候都更为突出。因此，当今时代，思考以及处置战争和军事问题，也就比以往任何时候都更需要有正确的思维方法。

孙子在军事思维上所具有的特点，使他在战争问题上比其他人看得更为深远透彻，把握得更为准确恰当。我们学习《孙子兵法》，也要特别注意从思维上寻求启迪，不仅认真领会其博大精深的思维和理论，而且深入体悟其思考问题的态度和方法，并创造性地运用于分析和解决当前的问题，努力做到联系实际、创新运用。

《孙子兵法》在其他领域中的应用

《孙子兵法》不仅是军事用兵的经典之作，其所阐述的决策模式与过程，亦可适用于其他领域。这部名著已经不是简单意义上的战争著作，而成为政治、经济、外交、经营等各个领域领导者、决策者或从业者的必读书。在这种广泛的应用中，人们不仅在古人的深邃的思想中获得启迪，同时又为这部古老的兵学圣典注入了时代所赋予的新鲜活力。可以说，从大到治国，中到不同行业，小到个人修养和人生智慧，均有可以借鉴之处。欧洲有许多学者相信，千百年来，人类思想史上具有永恒价值的处世智慧包含于三大奇书之中，一是马基雅维里的《君王论》，二是葛拉西安的《智慧书》，三是《孙子兵法》。《智慧书》的中译本序中说："在鞭辟入里地剖析人性底蕴并提出温和的处世对策方面，我敢说整个世界都仅只有一部类似奇书可与之比肩。""人类历史上最伟大的兵书是《孙子兵法》，这几乎可以成为定论。""打动我的，并不是《孙子兵法》如何的神奇和法力无边，而是《孙子兵法》本身的高尚品位；兵法似乎本来应该使将帅们在频繁的征战中捷报频传、使万里山河尸横遍野，而《孙子兵法》却恰恰在阻止人类战争，使数以百万计的青年不至于……无谓地丧生。与马基雅维里《君王论》志在无情地毁灭对手形成鲜明对比，《孙子兵法》是为了救人，而不是为了杀人；是为了阻止甚至消除战争，而不是为了使将帅们津津乐道于战争。因此《孙子兵法》反复申言，战争如果能以和平的方式解决，才是最好的用兵之法。"而今，让战争智慧走出战争，把战争智慧变为生活智慧，把历史智慧变为现实智慧，正是人们关注《孙子兵法》的热点。

《孙子兵法》在我国经济与管理领域的应用也由来已久。据《史记·货殖列传》记载，最早将《孙子兵法》引入经营管理的是战国魏文侯时的白圭。他将孙吴兵法和商鞅之法的原理用于生产经营，善观时变，采取"人弃我取，人取我与"等策略，取得了成功。目前，有许多企业家和经济学家对孙子兵法的商战应用价值有深刻的体会。北京大学国际MBA 中方前院长胡大源说："《孙子兵法》是对两千多年前大量战争实例的精辟总结。当今 MBA 教育的核心就是要培养学生深入观察现实问题进而找出其规律的能力。每个企业都欢迎善于解决问题的经理人。"中国人民大学徐二明教授说："在国外学习战略是将《孙子兵法》作为经典的参考书，他们认为战略中的许多思维方式早在两千多年前就解决了。其实外国人喜欢看的书，反而是我们的《孙子兵法》，他们觉得很有用。近年来，很多管理学学者发现企业竞争与战争有很多相似的地方，他们已经将《孙子兵法》的理念应用于管理运作上。"LG 电子（中国）前总裁卢庸岳说："我很喜欢中国的《孙子兵法》，里面有很多智慧的东西。对于经营管理也很有用。"

20 世纪 60 年代，日本人将《孙子兵法》引进到企业管理之中。日本学者村山孚表示，日本企业的生存和发展有两个支柱，一个是美国的现代管理制度，一个是《孙子兵法》的战略和策略。日本企业家大桥武夫撰写了《兵法经营学》，讲述如何将兵法理论运用于商战，其中特别强调以孙子兵法管理企业。日本的"经营之神"松下幸之助，公开宣称《孙子兵法》是他们成功的法宝。他说："中国古代先哲孙子，是天下第一神灵。我公司职员必须顶礼膜拜，对其兵法认真背诵，灵活应用，公司才能兴旺发达。"日本麦肯齐公司董事长大前研一写了《孙子对日本经营管理产生的影响》一文，指出日本企业所以能战胜欧美企业，原因就在于日本"采用中国兵法指导企业经营管理，比美国的企业经营管理更合理有效"。他在《战略家的头脑》一书中，大量引证《孙子兵法》的内容，宣称《孙子兵法》是日本企业的"最高经营教科书"。

美国的经济学界和企业界对孙子兵法顶礼膜拜并不比日本人逊色。美国著名管理学家乔治在《管理思想史》中说："你想成为管理人才吗？必须去读《孙子兵法》！"美国当今著名经营战略学家哈默在他的文章中多次引用孙子的语录。他说："仅估计已知竞争者的当前战略优势无助于了解潜在竞争者的决心、持久力与创造力。孙子，一位中国军事战略家，3000年前就曾论证道'出其不意、攻其不备'。"

其他国家的有头脑的成功企业家也同样看到了《孙子兵法》的价值。意大利埃尼公司总裁贝尔纳贝说："关于战略这一题目，我正在读《孙子兵法》，这是一本大约2500年前由一位中国将军孙子所写的经典教科书，这是一本关于战略的全面的教科书，今天仍能运用到人类的各种活动中去。"

孙子的思想已经在现代经营战略理论上打上深深的印记。美国营销大师菲利浦·科特勒也曾在其《营销管理》一书中，探讨了兵法在营销中的应用。日本企业家非常推崇孙子"上下同欲者胜"的思想，将其与儒家思想结合创立了温情主义的合作型管理模式。在现代经济战略管理学中，有一个叫作"SWOT"的概念 (Strengths, Weakness, Opportunity and Threats），即"强、弱、机遇和风险"。来华讲授经济学的美国学者约翰·阿利，将"SWOT"与《孙子兵法·虚实篇》联系在一起。他指出："《孙子兵法》的虚实之分及其倡导的以实击虚的效果，与现代SWOT分析方法的效果如出一辙。SWOT分析法是营销中流行的策略性方法。这种方法给出公司强弱的领域，给出市场的机会与风险。应用实力去追寻机遇的观点，可以说是《孙子兵法》的再版。这完全是换一种说法说出了我们计划要做的事情。"这位学者还专门撰写了一篇文章，题目是《孙子七字谋略——营销经理如何应用孙子兵法》。他在文中写道："《孙子兵法》虽然古老，却可能成为未来的蓝图。"

孙子兵法帮助许多企业家获得了巨大商战的战果。美国通用汽车公司董事会主席罗杰·史密斯在1984年销售汽车830万辆，居世界首位。他说他成功的秘诀就是"从2000年前中国一位战略家的《孙子兵法》一书中学了许多东西"，从而使他获得了一个"战略家的头脑"。

"兵无常势，水无常形，能因敌变化取胜者，谓之神。"市场是瞬息万变的，经营者应依据市场变化灵活采取对策。索尼公司应用孙子的这一思想取得了成功。索尼"以正合，以奇胜"，不断根据市场需求，推出新产品，占领市场，支撑企业发展。"夫兵形象水，水之形避高而趋下，兵之形避实而击虚。"这种思想已成为企业的重要战略思想。许多企业避开市场竞争主战场，独辟蹊径，开辟无人涉足的市场，一举获得成功，达到了扬长避短、避实击虚的效果。在这方面，日本的任天堂公司就是一个成功的例子。它原是一家生产扑克牌的小公司，1980年独辟蹊径开发出普及型家庭游戏机，打开日本市场，1986年推出适合美国家庭的游戏机，又开辟了美国市场，现在正席卷欧洲市场。

我国著名企业家张瑞敏对孙子兵法有深入的研究。他认为，抢占市场要有速度，这就是孙子所说的"激水之疾，至于漂石者，势也"，而这个"石"就是顾客。他运用孙子兵法的战略思想，在激烈的商场竞争中获得巨大成功，使中国的海尔走向世界。

沃尔沃中国区前首席执行官吴渝章是一位运用孙子兵法非常成功的企业家。1997年他刚加盟沃尔沃时，该公司在中国年销售量只有27辆。经过5年奋战，他击败了主要竞争对手，将沃尔沃年销售量提高了30多倍，占据了中国汽车市场的主要份额。他深有体会地表示，市场就是战场。不懂市场战争学的企业家，不可能带领企业在长期市场竞争中取得最终的胜利。不懂孙子兵法的企业家，不可能是真正的成功者。古语云：半部《论语》治天下。今朝云：半部《孙子兵法》打江山。《孙子兵法》是商战中的"圣经"。特别是在今天，《孙子兵法》对我们的企业家们更具有深远的指导意义和实际的使用意义。

《孙子兵法》的思想已渗透到了人们文化政治生活之中。"知彼知己，百战不殆"成为人们的格言，军事家评《孙子兵法》为"兵学圣典"，政治家评为"外交教科书""政治秘诀"，哲学家则评为"人生哲学"。《孙子兵法》以其博大精深的思想内容，成为人们日常生活的精神指导和成功指南。尤其值得关注的是它在现代管理哲学和商业经营智慧方面给人们提供的启示，只有有智慧的人才能在生活中游刃有余。《孙子兵法》是智慧的结晶，正是这个缘故，《孙子兵法》的社会功能早已突破了军事的界限，备受世界各国的政治家、外交家、经济学家、企业家以及科学界和体育界的青睐。在日本从20世纪五六十年代起，一批从军队转业到地方的人开始把军事谋略运用到企业经营中，将《孙子兵法》《三国演义》等中国经典名著与企业管理相"嫁接"，这就是日本现在的"兵法经营学派"的由来。由于日本利用兵法在经营实践中创造了让世人为之叹服的经济奇迹，加上国际竞争的加剧，欧美等国家开始重视东方的经营管理思想，由此从20世纪八九十年代开始，西方也掀起了学习和应用《孙子兵法》及其管理思想的热潮，《孙子兵法》也在五花八门的西方管理理论中独树一帜，深受企业界的青睐。

美国哈佛大学、哥伦比亚大学等高等院校，相继开设了东方管理思想课程或《孙子兵法》必修课程或相关讲座，翻译出版中国和日本有关《孙子兵法》与企业管理的书籍。在美国，凡是攻读商学高学位的人和成功的经营者都在战略理论上下功夫，他们把《孙子兵法》当作一部哲学性的书籍来读，而不是一部战术性的书籍。如有人把《孙子兵法》中的道、天、地、将、法当作战略实施五要素，还有人按照"九地"的内容将市场划分为九种情况，并依照《孙子兵法》一一制定战略。有人还把《孙子兵法》中那些以往仅用于军事领域中的专门字句也拿出来研究并应用于企业经济管理，如"诡道"（The Art of Deception）、"用间"（Espionage）等，一些挂名"孙子"的管理咨询公司就专门设计和销售这类模型和书籍，获取利润。进入20世纪90年代以来，西方有关孙子与管理的书籍明显增多，如《孙子：致管理者的兵法》(1998年)、《孙子与信息战》(1997年)、《孙子兵法与企业主管》(1995年)、《商战艺术：源于孙子的巨著》(1993再版)，等等。今天，相当一部分美国人认为在日本商人中，有不少是深谙《孙子兵法》的高手。

在中国，虽然在一段时间里这方面的研究落后于日本等国，但随着社会主义市场经济体制的建立，以及受近年西方孙子热的影响，一批专家学者和企业家开始重视《孙子兵法》在企业经营管理中的应用。如海尔集团的张瑞敏对《孙子兵法》情有独钟，海尔集团有一个管理公式：日本管理（团队意识和吃苦精神）＋美国管理（个性舒展和创新竞争）＋中国传统文化的管理精髓＝海尔管理模式。海尔集团有一个理念：海尔是海，海纳百川，有容乃大，海尔对日本、美国管理文化以及中国传统文化的吸纳、融会与超越，是海尔集团高瞻远瞩企业文化个性的最佳写照。张瑞敏曾说，对他影响最大的有三本书：《老子》《论语》《孙子兵法》。《老子》中"道法自然""淡泊明志"使得张瑞敏在激烈的市场竞争面前能保持平和的心态，《论语》中的诚信思想则对海尔团队精神建设起到了重要作用，《孙子兵法》中战略战术思想使得张瑞敏在管理理念上受益匪浅。安东尼·保罗在1999年6月至7月的《财富》期刊上专门对此有过一篇文章，题目是《中国海尔的威力》，文中对张瑞敏是这样评价的："一位具有强烈现代意识的总裁，以中国古代哲学家的智慧，把一个个处境困难的公司扭转成为商战中的赢家。他的目标是跻身《财富》杂志全球最大500家公司的行列。"

《孙子兵法》蕴涵的商战制胜谋略数不胜数，这也是日益为外国企业家、学者重视的原因，国外许多商界精英都习惯于在身边放一本《孙子兵法》，作为随行法宝，不时翻翻看。如熟知中国文化的美国管理技术大学理事会主席威尔士先生对中国先哲的管理思想有着浓厚的兴趣，他总是随身带着一本《孙子兵法》，他常说："这里充满着管理和领导的智慧，例如领导应该关注战略，同时要放手让大家贯彻实施，让大家有参与感；战争开始前要有充分的计划和准备。现代领导学中的许多观点，在孙子这位中国古代思想家的著作中早有论述。"令威尔士感到不解的是，为什么中国许多经营管理者却一味崇尚西方，于是他感叹道："我经常在课堂上要求听课者，请务必重温你们的历史。"

在和平与发展成为时代主题的当今世界，在高度重视智力因素的知识经济成为主导经济的当今世界，国与国之间实力的较量已从当年侧重军事力量的较量让位于经济力量的较量，特别是科技与人才的较量。在激烈的国际、国内市场竞争中，经营者的决策稍有不慎，就有可能使企业陷入破产的境地，使经济面临衰败的危机。研究发现，兵法与企业管理之间存在许多共同的内在机理和原则，表现为某些理论、方法具有相通性和普遍的适用性。美国著名管理思想史教授克劳德·小乔治，在论及早期军事家对管理的贡献时说："如果我们把工业组织的管理同军事机构的管理相比较，就会发现在管理上取得成功的主要条件是相同的。管理中的一些重要因素——授权、人员的区分、激励等，有许多是从军事上移植过来的。"

孙子兵法的思想理论在其他领域也同样得到广泛的应用。例如，在外交领域，美国著名国际战略专家布热津斯基在他的《运筹帷幄》一书中，直接依据孙子的思想阐述对苏的不战而胜战略，并通过对孙子"得天下之众"的"衢地"的理解，提出了"关键性国家"的概念。在体育领域，据报道说，巴西足球教练斯科拉里带《孙子兵法》出征世界杯，并应用孙子兵法的思想获得了世界杯冠军。还有一篇关于《孙子兵法》与象棋的文章，其中写道："如果我们能够精熟地理解《孙子兵法》，并把其运用到象棋的实战当中，我们可以说是把握了大部分象棋战术的源头，我们的棋艺也会有一个飞跃似的发展，我们的水平会越来越接近一个高手的水平，甚至超越他们。"除此之外，孙子兵法的思想理论在领导艺术、人事管理、人生态度、人生智慧等方面，也有着这样或那样的应用性的联系。

计　篇

　　此篇为《孙子兵法》首篇。《计篇》的计就是总策划，孙子从总体上论述了治军在国家兴亡中的地位，论述了决定战争胜败的基本要素，提出了"兵者，国之大事"的根本观点，在这一基础上，孙子着重论述了战前如何对敌我双方影响战争胜负的各种因素（即所谓"五事"与"七计"）进行分析比较，以预测战争胜负并作出战略决策的问题。此外，孙子还提出了主动造势、因利制权、兵者诡道、庙算决胜等著名的决策原则。

　　计，本义是计算，引申为谋划、制定（作战计划）和计谋之意。《说文》："计，会也，算也。"古代军事谋略家慎计重战，强调"先计而后战"，即战前对彼己双方综合国力进行分析比较，以期对战争胜负作出预测，故此处之"计"与后文之"庙算"义同。孙子在《兵法》开篇，开宗明义郑重阐明应该对战争高度重视，慎之又慎，因为这是"死生之地，存亡之道"。尤其是在战争之前，必须探讨战争胜负的基本条件，然后再审时度势，决定战否。这是孙子的慎战思想。

　　《孙子兵法》的《计篇》具有提挈全书的作用。明朝学者赵本学认为："始计者，说的是战争准备阶段，应先审视自己、估量敌人，从而预测胜负的可能性。能在谋划中预见胜利，才能在战场上获胜；能在决策上有胜利的把握，才能在战场上取胜。如果分析考察不够成熟，而以自己短处去对付别人的长处,那不用交战就注定失败了。"这就是孙子把《计篇》放在兵书之首的意义所在。高明的决策者应该谋划些什么呢?首先,作为研究兵法、指导战略决策的基本出发点,应对战争持有严肃审慎的态度,"兵者,国之大事,死生之地,存亡之道,不可不察也。"其次,列举"五事""七计"是用以考察决定战争胜负的基本条件,"五事""七计",前者阐明决定战争胜负的基本因素,后者阐明了制定战略决策的方法和依据。再次,孙子认为,在决策、选将之后,还要造成有利于我的态势,如此才能制胜。要根据有利于自己的原则,针对具体情况采取灵活机动的策略,掌握主动权,增加胜利的把握。最后,本篇的结论是强调未战前的庙算对战争胜负的决定作用。古代用兵前在祖庙里讨论战略方针、策略、计谋,类似今天高层重要决策会议。庙算过程是根据各方获得的信息,综合分析来制订作战方案。现代企业集团领导层能够"运筹帷幄,决胜于千里之外",其成功的关键是事先的谋划筹措、分析研究,从而根据市场经营环境的客观现实制定切实可行的战略战术,这便是孙子所言之计。

此篇还从战略高度研究战争的本质、将帅任选资格及战争实践的特质。在源远流长的中国军事史上,人们常把战略称为谋、韬、方略、兵略等。《计篇》指出了战略的内涵,所谓"兵者,国之大事,死生之地,存亡之道,不可不察也。"战争是关系着国家生死存亡的大事,我们不能不认真研究它,从战略的高度概括了战争存在的意义。

"五事""七计"以"道"为首,孙子认为,必须从道(政治、道义)、天(天时)、地(地利)、将(将帅)、法(法制)"五事"和"主孰有道,将孰有能"等"七计"两个方面认真地进行分析比较,探索敌对双方的优劣长短,这样就可以预知战争的胜负。把"道"列为首位,体现了他军事思想的卓越与非凡之处。孙子的"道"就是"令民与上同意"的意思,就是战争是否正义、是否得民心。得道多助,失道寡助,只有正义的战争才能上下一致,生死同心,取得胜利。

选将是《孙子兵法》中内容十分丰富的大论题,也是治国、治军的关键。孙子选择将帅,重智、信、仁、勇、严。所谓智,就是指从人类生存的高度把握战争的发展趋势,要有准确的判断力以驾驭战争中的各种因素,孙子十分重视具体决策即本篇所说的"庙算",战前庙堂集合,将帅共谋大计,以预测战争胜负。信,就是个人威信,将帅的威信与仁、勇、严是相辅相成的,共同构成将帅素质的有机组成部分。将帅五德是孙子治军思想中人才学说的集中体现。

"兵者,诡道也。"这是孙子战略思想的又一核心。所谓诡道,是指军事活动充满了诡诈权变、计谋与策划,这个原理,揭示了战争活动的本质。战争中,敌我双方不单是军事力量的较量,而且是政治、经济、文化等多种因素的较量。孙子概括了诡道十二法,他提出兵不厌诈,提出将帅要善于以各种手段隐蔽自己的企图,迷惑引诱敌人,给对方造成错觉和不意,以"出其不意攻其不备"地打击敌人。诡道说构成了孙子战略思想的主题。孙子十三篇,几乎每篇都有论及战争诡道观的内容。21世纪是人类文明高度发展的时代,也是竞争空前激烈的时代,更是人才竞争的时代。无论是政治界、经济界,还是科技界、文化界,领导者的作用都是不言而喻的。我们的领导者如果能融会《计篇》所揭示的精神,遇事究其五事,注重五德与人的综合素质的培养,行事因势利导,工作上就会取得惊人的成就。

【原文】

孙子曰：兵者①，国之大事②，死生之地，存亡之道，不可不察也。

【注释】

① 兵：本义指兵器、武器。引申为军事、战争、兵士等，这里指战争。

② 国之大事：《左传·成公十三年》有"国之大事，在祀与戎"的说法，在这里是指国家的重大事务。

【原文】

故经之以五事①，校之以计②，而索其情③：一曰道，二曰天，三曰地，四曰将，五曰法。道者，令民与上同意也，故可以与之死，可以与之生，而不畏危，天者，阴阳、寒暑、时制也④，地者，远近、险易、广狭、死生也，将者，智、信、仁、勇、严也，法者，曲制、官道、主用也⑤。凡此五者，将莫不闻，知之者胜，不知者不胜。故校之以计，而索其情，曰：主孰有道？将孰有能？天地孰得？法令孰行？兵众孰强？士卒孰练？赏罚孰明？吾以此知胜负矣。

【注释】

① 经：衡量、度量。五事：五个方面的事，即下文的道、天、地、将、法。

② 校（jiào）：通"较"，比较。计：这里主要指"主孰有道"等"七计"。

③ 索：探索、追究。

④ 时制：时令更替的规律。

⑤ 曲制：指军队编制的制度。官道：指各级将吏的职责区分和统辖管理等制度。主用：指军队的物资、费用的供应、管理制度。

【原文】

将听吾计①，用之必胜②，留之③；将不听吾计，用之必败，去之。计利以听④，乃为之势，以佐其外⑤。势者，因利而制权也⑥。

【注释】

① 将：将要。在此是假设之意。

② 用之：指指挥军队的具体行动。

③ 留之：指留下来任用。

④ 听：听从，采纳。

⑤ 外：指在战场上决胜负。与战前的运筹帷幄相对。

⑥ 因：根据。制权：做出作战的决策。

【原文】

兵者，诡道也①。故能而示之不能②，用而示之不用，近而示之远，远而示之近。利而诱之，乱而取之，实而备之，强而避之，怒而挠之，卑而骄之③，佚而劳之④，亲而离之，攻其无备，出其不意。此兵家之胜⑤，不可先传也。

【注释】

① 诡道：诡诈之术。曹操注："兵无常形，以诡诈为道。"
② 示：表面装作。
③ 卑：用作动词，装作卑弱。
④ 佚：安逸，指军队休整好。劳：使疲劳。
⑤ 胜：用兵取胜的奥妙。

【原文】

夫未战而庙算胜者①，得算多也；未战而庙算不胜者，得算少也。多算胜，少算不胜，而况于无算乎！吾以此观之，胜负见矣。

【注释】

① 庙算：古代出兵作战之前，一般要在宗庙里举行仪式，以占卜判断吉凶，分析利弊得失，谋划作战方略，预测战争胜负，故称"庙算"。

【品鉴】

兵者，国之大事，死生之地，存亡之道，不可不察也。

《孙子兵法》开宗明义从战略的高度概括战争存在的意义，指出战争是关系着国家生死存亡的大事，必须慎重对待。本篇集中体现了孙子重战慎战的思想，充分体现了中国传统兵学的伟大之处，这就是它不仅概括和创造了不朽的作战规则，而且它始终秉持义战、慎战的原则而反对穷兵黩武。这一主题思想非常明确，是这部兵书的精髓所在。总体来说，中国传统兵学强调的是战争必须服从社会道义的法则，而不能仅仅是为了伸张一己之利。它给我们带来的深刻启示在于，军事学并不应该导致人类的自我毁灭，相反，军事学必须有深沉的人道关怀。也就是说，军事学必须给人类的军事行为指出正确的方向，这样它才能成为一门真正有益于人类进步而又富于理性的科学。在全球化的今天，中国传统兵学中的这种人道主义与和平主义的精神尤其值得关注并在现代国际交往中得到发扬光大。

当今世界是一个充满矛盾和激烈竞争的世界。国际间的竞争说到底是综合国力的竞争。军事力量既是综合国力的一个组成部分，同时又以综合国力为基础。在综合国力的竞争中，各国已越来越重视从精神方面表现出来的力量，把它看作是一种不可忽视的"安国"支柱。孙子在本篇提出的"五事""七计"的"庙算"，实质上是对综合国力的一种表述。"五事""七计"内涵丰富，包括政治、经济、军事、人才、民意、天时、地利等诸多因素。我们可以把它称为"硬实力"和"软实力"两种形式，而软实力的作用也将越来越凸显。如美国未来学家托夫勒所描述的那样，在当今世界，军事力量和经济力量将不再作为衡量国家实力的主要指标，知识的控制是明日世界争夺权力的焦点。美国哈佛大学教授约瑟夫·奈也认为，一个国家的综合国力，既包括由经济、科技、军事实力等所体现出来的"硬实力"，也包括以文化和价值观念、社会制度、发展模式、生活方式、意识形态等的吸引力所体现出来的"软实力"。一个国家综合国力的增强，越来越体现在两种力量相互提升的过程中。同时由于全球经济一体化的发展趋势，使得一个国家的综合国力的发展越来越受到一体化的制约，从这个意义上说，只有顺应"要和平、求合作、促发展"的时代潮流，才能更有利于综合国力的增强，从而达到"安国"之目的。

然而军事领域的竞争又往往成为一个国家综合国力竞争中最激烈最敏感的领域，欲"安国"也就不能不高度重视军事领域的斗争。所以孙子的"兵者，国之大事"的判断在当代仍然具有普遍的价值。今天的世界，高新技术迅猛发展，高新技术成果正广泛渗透于战斗力的诸要素之中，对战斗力的发展起着越来越重要的作用。并且由于高新技术的广泛应用，世界的格局也在发生着深刻的变化，也相应地带来军事领域的一系列变化。抢占军事高科技的制高点，也就成为国际军事斗争的重要手段。正是由于高新技术的介入和在军事领域的广泛应用，必然会大大加重战争带来的灾难。可见孙子的"慎战"思想在高新技术时代具有更重要的现实意义。正如《孙子兵法·军争篇》中所强调的"军争为利，军争为危"，说明军事领域竞争中"利"与"危"是同时存在、相伴而生的。

中华民族历来就是一个爱好和平的民族。中国的兵家文化和儒家文化一样，其根本精神都是和合文化，都是倡导亲仁善邻、与邻为伴、积极防御的战略思想。儒家主张仁义安天下，墨家主张"非攻"，道家追求建立一种"虽有甲兵无所陈之"的理想社会，主旨都是相同的。在战争的破坏力愈来愈大的当今世界，一国之安危与国际社会息息相关，安己之国与安人之国相辅相成，孙子"慎战"思想把保护人民的生命和财产安全作为战争最高的价值目标，不仅闪烁着中华民族伦理智慧的光辉，也是对人类文明的贡献。孙子在《计篇》里，还谈到道、天、地、将、法五种要素，把"道"列为榜首，认为"道"对战争中的其他要素起统帅作用，这一思想对今天的战争伦理仍有重要启示。其实，中国先秦时代几部主要兵书都把仁义、德治这些儒学的基本概念列为用兵的重要信条。《孙膑兵法》里的"义"，《尉缭子》里的"道胜"与"人和"，都是把仁义和道这些代表德政的东西置于显著的地位。《吕氏春秋》这本书里，记载了魏文侯同魏国大臣李克的一段对话，更是告诫人们如不节制运用力量将会带来灾难。魏文侯在中山国时，向李克请教，吴国灭亡的原因若何？李克答道"屡战而屡胜"，魏文侯不以为然，觉得屡战屡胜乃国家的福气，怎能说是灭国的原因。李克解释，屡战就会使百姓疲惫，屡胜就会使国君骄傲。以骄傲的国君去驱使疲惫的百姓，这样的国家趋于灭亡是合乎规律的。李克进一步解释，骄傲必然恣肆放纵，恣肆放纵就会穷尽物欲；疲惫会产生怨恨，怨恨之余会铤而走险。上下都铤而走险，吴国不灭亡更待何时。吴王夫差自刎乃情理所至。也正是循着这样的思路，《吕氏春秋》主张以节制开始，引出"适威"（运用威力应适当）、"慎大"（谨慎对待强大）、"慎势"（有节制地对待权势）、"不侵"（不可随意欺侮别人或别国）、"慎己"（时刻不忘审查自己）等观念，宣扬以"节"制"暴"，这与孙子的以慎待战的思想是一致的。

然而在这个问题上，西方学者并不是很了解中国的历史传统，他们以西方国家向外扩张的历史作为标准来看待中国未来的历史发展，认为中国人的实力达到相当的规模后，就会寻求向外扩张的道路。美国学者亨廷顿便是持这一观点的代表。他说："中国的历史、文化、传统、规模、经济活动和自我形象，都驱使它在东西方寻求一种霸权地位。这个目标是中国经济发展的必然结果。所有其他大国英国、法国、德国、日本、美国和苏联，在经历了高速工业化和经济增长的同时或在紧随其后的年代里，都进行了对外扩张、自我伸张和实行帝国主义。没有理由认为，中国在经济和军事实力增强时不会采取同样的做法。"（塞缪尔·亨廷顿《文明的冲突与世界秩序的重建》，新华出版社1998年版，第255页）

从某种意义上说，亨廷顿的这番话的确反映了西方国家历史上的共性和经验，但如果以此来推断中国的未来发展，又有失妥当和公允。中国自秦汉以后，建立了统一的国家，此后的2000多年间，虽然也有分裂时期，但这是统一国家内部暂时的分裂，很多战争发生在中国版图之内，也就是发生在中国的各个地区和民族之间。在这期间，除了元代的成吉思汗建立过地跨欧、亚的蒙古大帝国外，很少有向外扩张的历史。这里特别值得一提的是郑和下西洋这一历史壮举。2006年是郑和下西洋600周年纪念日，许多国家自发组织纪念活动，从亚洲到非洲，从太平洋到印度洋，许多不同肤色的人们被这位14世纪至15世纪的明朝中国人深深打动。郑和为什么能打动世界，首先来自一种探索精神。600多年前绝大多数国家还视海洋为畏途，视远航如梦想，但从1405年至1433年，28年里郑和七下西洋，船队规模一次比一次大，航程一次比一次远，不断追求超越，直至病逝途中。这种探索精神属于全人类，也始终激励着后来者敢闯未知新世界。然而郑和打动世界更重要的原因还在于，郑和以自己的行动展示了一个大国所弘扬的和平与发展的美好意愿。郑和率庞大船队访问亚非40余国，不是"耀兵异域"，未使邻国感到受威胁，而纯属敦睦邦交的和平之旅，所经之处往往将干戈化为玉帛，经贸加速融通，文化和谐交流，其航程因此被誉为"海上丝绸之路"。这种不以大欺小、不恃强凌弱的宽广胸怀和友善交往，一直被传为美谈。即使在今天，它依然在爱和平、求发展的人们中产生强烈共鸣，而令世界感佩。可以说，始于600多年前的郑和下西洋，是中华民族传播文明的远航，是人类征服海洋的壮举，是推进和平合作的探索，其伟大业绩和丰富内涵越来越得到人们认同，并作为人类的共同财富载入史册、光耀未来。今天人们庆祝郑和远航，可以宣扬中华民族爱和平的文化传统，打破近年来所谓"中国威胁论"的迷障。这与孙子所主张的安国全军、慎战义战思想也是一脉相承的。

道者，令民与上同意也，故可以与之死，可以与之生，而不畏危。

孙子在本篇列举了与战争密切相关的五大要素——"道天地将法"，被称为"五事"。道是使上下同心的方针和政策，天即自然时机和社会时机，地就是地理形势和交通运输之利害，将是指选择将帅，法就是军队的组织体制、编制和国家的法制等，孙子认为应从这五个方面来分析研究战争胜负的可能性。这五个因素当中，最根本最重要的因素是"道"，被列在首位。可见道在治国、治军中的重要性，也说明有作为的统帅和领导者重"道"的意义所在。道的内容是"令民与上同意"，就是民众与国君的意愿相一致，这样，民众在战争中就可以为国家出生入死而不怕危险。这里把人的因素放在第一位，人的因素又集中表现在"民与上同意"，即上下一心。强调的是无论发动战争还是进行作战都必须争取人心，使上下和谐，同心同德，这是取胜的根本。作战时，所谓人心主要指民心、将心、军心，这三心是互相联系又密不可分的。得民心，战争需要的人力物力就能源源不断地得到供应；得将心，将帅才会为之拼命沙场；而争得了一个安定环境，有一个稳定的社会局面，才能使军队在作战时无后顾之忧。这些精彩的命题和论述，成为治理国家的重要依据。北宋文学家苏洵在他的《心术》中说，"为将之道，当先治心。"人心向背是事业成败的关键，这已经成为古老的中国政治智慧的结晶。古往今来，凡兴国安邦之君大多都能认识到，政治的成败，在于统治者对于民众的态度和随之而来的民心向背。"得人心者得天下，失人心者失天下"这句话，道出了治国安邦的真理。今天人们越来越认识到，"上下同心"的道理包含的不仅仅是治国安邦的智慧，也越来越多地体现在人们的管理理念当中。

《东方管理智慧》的作者张应杭在总结中国管理思想精髓时认为，中国式的管理是以"道"为尊，道体现的是一种管理思想和理念，体现的是一种文化的凝聚和境界。他把管理思想与管理技巧区别开来，一个是道的层面，一个是术的层面。对道的层面的重视和关注，是东方管理智慧的一个重要方面，也越来越引起西方管理学者的关注。因此作者认为，如果说在20世纪七八十年代，我国的管理学的发展主要表现为向西方学习的话，那么进入21世纪的中国管理学理论和实践，更要关注传统的管理智慧。关于东方管理智慧的精髓，作者认为，西方的管理学以"术"见长，中国式的管理理念则是以"道"为尊，"道"构成了中国传统管理理念的一个精髓。那么，道的内涵又是什么呢？作者认为，西方的一些学者在某些管理层面，比如说营销技巧、谈判技巧、方案制订等方面，做得非常细致，他们甚至可以建立一些模型比如数学模型来解决某些问题。但问题是，如果说只有技术层面的东西而没有道，或者说不提供一种路径、没有一种境界的话，所有的操作技术都没有意义。而中国的管理智慧恰恰是在"道"的问题上，弥补了西方管理学的某些欠缺。这就是说，"道"的追求构成了中国古代管理智慧的基本特色。"道"的具体内涵又表现为儒、道、佛等不同思想派别所追求的不同观念，如儒家的德性自觉、道家的境界和佛家的信仰等。（张应杭《东方管理智慧》，鹭江出版社2007年版，第4页）

目前，发达国家的军队在部队管理中普遍采用"领导凝聚"论，强调以情动人，以理服人，在领导者和被领导者之间建立牢固的感情纽带，把一个单位建设成为凝聚力极强的群体。如在西点军校的教育理念中，一个卓越的领导者必须要有一群优秀的下属发自内心的支持。首先要求学员必须善于与人沟通，团队要有好的表现，领导人必须非常尊重每一位成员，包括开放的心胸和真正的双向沟通，耐心倾听部属的建议，即使是最离谱的意见也要给他们表达的机会。同时，创造共同的敌人来进行训练，激励众人一起打倒他，训练之后，教官对优秀团队而非某个人进行公开表扬鼓励。还有教育学员学会关心别人，领导力的一个突出表现取决于领导者是否对团队的每一位成员都真正关心，他们认为人是有智能的复杂生物，会对理解和关心做出积极反应。理解人、关心人的领导者不仅会得到每一位下属全心的回报，还有他们的耿耿忠心。

对道的追求，能为今天的管理活动带来很多启示，如人心的凝聚、企业文化的创造、团队的和谐等等。道，对于企业来说就是企业文化，就是为成员寻找观念共同点，不断强化成员之间的合作、信任和团结，使之产生亲近感、信任感和归属感，实现文化的认同和融合，在达成共识的基础上，使团队具有一种巨大的向心力和凝聚力，这样才有利于团队成员采取共同的行动，去努力完成共同的目标。企业文化有着各自不同的特色，如联想与海尔、华为与海信，他们的企业文化各有特点，有时甚至是企业家思想的外化。张瑞敏就特别注重从世界知名企业中学习各自成功的经验，融汇到海尔的企业管理当中。如从美国通用电气公司前总裁杰克·韦尔奇那里学到了不断创新的精神，向日本的企业学习团队精神——丰田的团队管理是全世界最好的，向韩国企业学习拼搏精神。

IBM咨询公司对世界500强企业的调查表明，这些企业之所以成功的关键是具有优秀的企业文化，企业文化是它们实现技术创新、体制创新和管理创新的根本原因，也是它们闻名于世、位列500强的根本原因。文化是经济发展的核心因素，企业的生存和发展离不开企业文化的培植和哺育。文化是经济发展的深层推动力，经济活动往往是经济、文化一体化的运作，经济的发展比任何时候都呼唤文化的支持。任何一家想成功的企业，都必须充分认识到企业文化的必要性和不可估量的巨大作用，在市场竞争中依靠文化来带动生产力，从而提高竞争力。以人为本、服务社会是世界500强企业的文化共识。世界500强企业管理演变的历史也证明，那些能够持续成长的公司，尽管它们的经营战略和实践活动总是不断地适应着不断变化的外部世界，却始终保持着稳定不变的核心价值观和基本目标。这种在不断发展的过程中又能保持其核心价值观不变，正是世界500强企业成功的深层原因。谁拥有文化优势，谁就拥有竞争优势、效益优势和发展优势。为了在知识经济条件下增强企业的竞争力，世界500强企业还十分注意提高组织的整体学习能力，在世界排名前100家企业中，已有40%的企业以"学习型组织"为样本，进行脱胎换骨的改造，通过这些措施来增强国际竞争力。

创建于清初的"同仁堂"是北京著名的老字号。"同仁"一词源于《易经》"同人"卦。"同人"卦的符号是离下乾上，下面是火，上面是天，因而称为"天火同人"，反映了全家同舟共济、共同创业的意愿。从现在来看，也就是要形成一种团队精神。"同仁堂"的堂训"同修仁德，亲和创业"，日本丰田汽车公司的社训"发挥温情友爱精神，把家庭美德推广于社会"，松下电器公司的经营理念"全员式经营，共存共荣经营"，都是为了凝练团队，造就一种团队精神。作为企业的领导者，要能够将各式各样的能人凝聚在所组织的战略目标之下，为实现该目标而努力奋斗。由共同的信念和目标所构成的凝聚力，是发展事业的力量源泉。

将者，智、信、仁、勇、严也。

孙子认为，在战争中将帅的素质不仅关系到国家的安危，也是军队建设的一个关键性因素。他对将帅提出了"五德"的素质要求，即将帅必须具备才智、诚信、仁爱、勇敢、严明这几个方面的基本素质。"五德"的主张体现了《孙子兵法》的治军道德伦理思想：打仗要依靠人，人的因素是战争的第一要素，《孙子兵法》重视军队的建设，要求从将和士兵两个方面提高队伍的素质。人们常说，强将手下无弱兵，军队只有由品德高尚、胸怀宽广、智勇双全的将帅带领才能取胜，实现"安国保民"的目标。

人们将孙子的观点古为今用,提出了管理者综合素质的建构体系,将孙子关于"将"的思想融入其中,如道德伦理素质、心理人格素质、观念素质、经济与管理素质、政治与军事素质、文化素质、经验素质、能力素质等。孙子提出的五个方面被融合在其中,作为衡量将的素质的基本方面。

日本学者占部都美在他所著的《怎样当企业领导》一书中就认为,企业领导人应具有的素质就是如孙子所说的"智信仁勇严"五个方面。日本学者及企业界普遍流传的对企业家素质认同的观点是,品质方面的使命感、危机感、正义感、积极性、进取性、忍耐性,能力方面的捕捉信息和鉴别信息的能力、不断创新和竞争的意识、说服能力、理解能力和凝聚能力、克服困难和追求成功的能力等。美国企业家协会调查400名企业经理后总结出几个特征:工作效率高,有进取心;逻辑思维能力强,创造性强;有较强的自信心,能指导他人工作;以身作则,善用个人权力;组织动员力强,善于交际,善于建立密切的人际关系;乐观,有自制力;主动、果断、客观,有正确的自我批评;工作有灵活性。这些关于管理者综合素质的理解实际上都包含了孙子所说的五个基本方面。

关于智的方面,也就是智谋才能。自古以来,胜人一筹的智谋是一个领导者首先具备的素质。唐太宗李世民以他的深谋远虑和卓越智慧成就了中国历史上最辉煌的一页——贞观之治;朱元璋由一介平民成为明朝的开国帝王,同样是由于其不凡的智慧和领导才能;东汉末年,曾经雄踞冀、青、幽、并四州,拥兵百万、猛将如林、谋士如云的袁绍被弱势的曹操击败,其重要的原因就在于智谋的多寡。关于信的方面,也就是信用、信任、威信,信是管理者的立足之本,是管理者获得权威和有效执行能力的来源。关于仁的方面,对管理者而言也就是与人为善、关心下属、体恤百姓。勇的方面,也就是做事要勇敢果断、当机立断、无所畏惧,面对困难要有超人的意志力,勇于拼搏,敢于创新,尤其面对日益激烈的市场竞争环境,现代企业的发展要求管理者具备开拓精神,勇于探索,敢于创新,又要勇于承担责任。严的方面,就是要纪律严明,要求严格,任何一个组织都是一个复杂的系统,要使这个系统保持快速高效、有序协调地运转,管理者就必须善于运用科学严密的管理手段,离开严格的管理,组织将陷于混乱无序之中,效益也自然不复存在。严格、严明也包括管理者自己,就是要求管理者严于律己、坚持原则、以身作则,为员工起到模范带头作用。只有这样,管理者才能在日常经营过程中严格管理,保证企业规章制度的顺利执行。

对于一个组织来说,最珍贵的资源乃是它的人力资源,人才是最基本的资本,这已成为当前国际经济生活中新的价值观念。当今世界的各种竞争,归根究底都受人才竞争的主宰。所谓"千军易得,一将难求",一个优秀的管理人才更是难得。因此,怎样培养人才的问题也就成为这个人才竞争时代人们特别关注的问题。

就军事领域来说,西点军校对学员领导力的培养就是一个成功的例子。对西点人来说,领导力就是影响他人的能力,领导力的提升与每个人的日常行为举止结合起来,成为每个人的日常需要,不断提升领导力成为学员的一种基本生活方式和最重要的价值观。西点给予人的,在于通过严格的学术、体能和军事培训,改变人的人生基本信念和行为,使他们能够在不同的环境中成为称职的卓越的身体力行的领导。西点军校对学员领导力的培养有三点:首先,把军事领导学作为必修课,并采用自主式管理不断提高学员的领导能力。军官领导能力的高低直接关系到部队战斗力的发挥。领导能力的培养既需要掌握一定的领导科学知识,又需要有一个实践锻炼的过程。西点军校把领导能力的培养作为一项重要内容，每学期安排一到两门军事领导学的相关课程，将其作为学员的必修课，以了解军事领导学的内容、程序和方法，熟悉各级军官所要履行的职责和具有的权力。同时把领导力的培养渗透到日常教学训练之中。对学员的集体竞争意识和团队合作精神的训练提出了要求，以充分发挥集体的聪明和智慧。采取自主式管理，让学员在实践中锻炼领导能力，实行学员连均由高、低年级学员混合编成，连里的连、排、班长都由高年级学员担任，学员连的教学和生活秩序都由学员自主管理，担任相应职务的学员行使领导权，高年级学员毕业和新学员入校时，将适时进行调整更换，从而使每个学员都有担任领导的机会，由被管理者逐步转变为班长排长连长，从而达到锻炼提高领导能力的目的。其次，采取自由选择专业课程和启发式教学方法，增强学员的主观能动意识。西点军校认为，具有独立决策能力的主观能动意识和富有想象力的创新精神，是一名合格军官的必备素质，是适应未来战争的基本条件。他们可以自由选择专业、课程和兵种。学员一入学就有充分的自主决策权，需要不断地独立思考、分析和判断自己的能力和需求。最后，营造培育和熏陶领导力的有利环境，为学员成长进步创造良好氛围。在西点，不论走到哪里，随便问一个高年级的学员在西点最大的收获是什么，你得到的回答都是惊人的一致，那就是领导力的提升。学员自己对此极为自豪和荣幸，西点人对自己的身份也表现出忠诚和骄傲，在美国政界和商界，一条"灰色长线"（得名于西点学生的灰色军装）贯穿美国的精英层。

　　作为领导者来说，能力应该是其整体素质中的核心素质。它主要表现为决策能力、组织能力、沟通能力、影响能力等。杰克·韦尔奇在卸任通用电气 CEO 后，仍然在相当长的一段时期里是全球企业界、管理界所关注的焦点，尤其在中国，自 2001 年《杰克·韦尔奇传》和 2005 年他的《赢》一书出版后，韦尔奇的管理理念与操作技巧就不断地被新兴的中国企业家反复推敲。韦尔奇认为领导者的素质除了诚实、才智和心理成熟外，还必须具备五种特征。第一，必不可少的重要特征——在连续工作很长时间的情况下仍然能保持充沛的精力。不论面临顺境还是逆境，都能以积极乐观的心态面对。第二，能够激励其他人，能够把他们的旺盛精力释放出来。第三，敏锐、深刻的洞察力——能迅速地对情况做出准确判断，说是或不是，而不是模棱两可的也许。第四，重要特征是执行能力——很简单，就是干实事的能力。第五，就是领导者必须热情，他们热情似火，他们执着坚定。如果你是一个领导者，你就有责任物色和培养那些将来可以成为领导的下属。

关于"仁"的方面，孙子提出用、养并重，并把仁爱管理放在制度管理之先，这种管理方法，对今天提倡的"以人为本"的管理理念有重要启示。在管理实践中，许多人认为管理就是使用组织的制度和规范来做就行了，而许多组织和管理者失败的前车之鉴说明，严管和厚爱永远是管理中两个不可忽视和不可或缺的重要方面。严格的管理能够形成组织中群体的良好行为模式，而对下属的仁爱之心，则更能增强组织的凝聚力，形成万众一心的组织氛围。孙子十分重视对士兵的关心。如他提倡用、养并重，《九地篇》认为，"三军足食，谨养而勿劳"，注意对士兵用和养的重要性。他还主张要将仁爱管理放在制度管理之先，比如"卒未亲附而罚之，则不服，不服则难用也"。当然，对下属的仁爱也要把握一定的分寸，这一点孙子在《地形篇》中提到："厚而不能使，爱而不能令，乱而不能治，譬如骄子，不可用也。"关于仁爱管理与制度管理的关系，其实与人们经常说的情感智慧有关，也就是管理中情商的运用。当今社会人们越来越认识到情感交往的重要性，情感的适当表达和运用，确实是智慧的表现，不仅能对事业起到很好的推动作用，也有利于良好人际关系的生成。韦尔奇就是一位十分重视情感智慧的人，在他的工作方法里，有一项特别的内容是他与下级之间的非正式沟通。如通过与下属打电话、写便条等方式，疏通他与员工的关系，使员工能更主动更积极地为企业工作。有一次，韦尔奇所在的公司里有一位中层主管在韦尔奇面前第一次主持简报，由于准备不充分，又由于过于紧张而两腿发抖。这位主管告诉韦尔奇："我太太跟我说，如果这次简报砸了锅，你就不要回来算了。"韦尔奇独具慧眼，看到这位中层主管的太太是在为公司的兴旺操心，他心存感激。在回程飞机上，他差人送一瓶最高级的香槟和一打红玫瑰给这位经理的太太，并在便条上写了如下的话："你先生的简报非常成功，我们非常抱歉，害得他最近几个星期忙得一塌糊涂。"这位中层主管对韦尔奇这份关爱极为感激，在后来的工作中表现得异常出色，韦尔奇的感情投资收到了回报。

　　的确，领导与其说是一门科学，还不如说是一门艺术。刘备能够网罗关羽、张飞、诸葛亮、赵云等大将为其出力，就是领导艺术的很好运用，他不仅能引人、识人、用人，而且对朋友有信，对下属有义，造就人心向往、团结一心的局面，这里面一个重要的力量来源就是人格魅力。泰国曼谷东方饭店曾先后四次被美国《国际投资者》杂志评为"世界最佳饭店"。饭店管理的巨大成功与总经理库特·瓦赫特法伊特尔是密不可分的。库特先生像管理一个大家庭那样来经营东方饭店，其管理饭店的秘诀就是"大家办饭店"。库特先生除了有一套行之有效的管理措施之外，他的人格魅力也使他在管理这个世界著名饭店时得心应手。他虽然当了数十年的总经理，是主宰饭店一切的最高负责人，但却从不摆架子，对一般员工也是和蔼可亲。哪个员工有了困难或疑问，都可以直接找他面谈。他在泰国很有声望，曾被泰国秘书联合会数度评为"本年度最佳经理"。为了联络员工的感情，使大家为饭店效力，库特先生经常为员工及其家属举办各种活动，如生日舞会、运动会、佛教仪式等等。这些活动无形中缩小了部门之间、上下级之间的距离，对于提高员工的工作积极性、融洽相互之间的关系、改进饭店的工作起到了推动作用。在东方饭店，从看门人到出纳员，全体员工都有一个办好饭店的荣誉感。员工们除了有较丰厚的工资外，还享有许多福利待遇，如免费就餐、年终"红包"、紧急贷款、医疗费用、年终休假、职业保险等。这些对于员工来说无疑是一种促使他们积极为饭店效力的极其重要的措施。

关于领导者的素质，最集中地体现在"德"与"才"两个方面，而"德"对"才"又具有绝对优势的地位，有一种说法是：有德奇才是精品、有德有才是正品、有德无才是次品、无德无才是废品、无德有才是毒品，的确很有道理。由于领导者在组织或团队中处于中心地位，他的理论素养和实践能力，他的一言一行，对事业发展和目标的实现有举足轻重的影响。当前，我国经济社会生活的各个层面都发生了深刻的变化，社会经济成分、组织形式、就业方式、利益关系、分配方式越来越多样化，导致社会群体不断分化，不同群体的经济状况、价值观念和利益诉求出现明显的差别，人们思想活动的独立性、选择性、多样性和差异性日益增强，各种思想观念相互影响相互激荡。这种社会深层变化，对领导者素质优化提出了新的更高的要求。作为现代的企业家，他应该具有经济家的头脑、战略家的眼光、哲学家的思维、探索家的精神、艺术家的领导艺术，善于组织、善于用人、善于经营、善于创新和善于协调等素质。

计利以听，乃为之势，以佐其外；势者，因利而制权也。

势，是《孙子兵法》中的一个重要概念。孙子所说的势，主要是从军事学的角度来展开。书中除了这里的"势者，因利而制权也"的概括外，还有两处讲到势，一处是《势篇》中"激水之疾，至于漂石者，势也"。意思是湍急的流水以飞快的速度奔流，以致能使石头漂移，这是由于水势强大的缘故。另一处也出自《势篇》，"故善战人之势，如转圆石于千仞之山者，势也。"意思是高明的将帅指挥军队打仗时所造成的有利态势，就好像把圆石从八千尺高山上往下飞滚那样，不可阻挡。从这里可以看出，势也就是指情势或趋势，或者某种力量的表现，它们都是仰仗事物运动中产生的力量的展现。在中国古代文献中，势表现在政治、经济、社会生活的许多方面。荀子曾说，当朝天子占有至尊的地位，天下的任何人都难以同他相比（"天子者势位至尊，无敌于天下"《荀子·正论》）；《孟子·公孙丑下》里面也说过，"虽有智慧，不如乘势。"势是敌对双方竞争的根本，也是任何一方获胜的关键。

孙子十分重视军事行动中的态势，这里的意思是指，计谋有利并且得到执行，才可以去制造有利于我方的军事态势，用来辅助出兵国外后的行动。军事态势，就是利用自己的优势而制造权变。在后世兵家那里，高明者总是利用一切机会，制造有利于自己的军事态势，在自己一方有利的情况下如此，在自己一方不利的情况下更是积极地制造有利的态势，才有可能化不利为有利，变被动为主动。东汉末年，献帝建安七年（202），曹操经过官渡之战击败袁绍后，奠定了统一北方的基础。又经过几年不断的征战，北方的割据势力渐渐被消灭。到建安十二年（207），袁绍的儿子袁尚、袁熙等投奔匈奴，又被曹操战败，他们就率领残部数千骑投奔到恃远不服曹操的辽东太守公孙康处，曹操利用公孙康与袁尚、袁熙之间的矛盾，借公孙康之手彻底铲除了袁氏的势力。这就是兵家善于利用自己的军事优势而制造权变的典型。

对于势的运用，往往有顺势、借势、造势等不同形式。新加坡是地处东南亚，面积很小的一个岛国，基本上无可开采的自然资源，连淡水也靠邻国马来西亚供给，这是它显著的不利方面，与此同时，它又有着无人能比的独特优势。它位于东南亚地区中心，扼守太平洋与印度洋两个大洋的航行要道——马六甲海峡，因而成为亚、澳、欧、非四大洲相互联络的必经之地。这一得天独厚的地理位置，使得它有可能变成上述四大洲的海上与空中交通枢纽。该国领导人及决策机构看到了自己国家的这种独特优势，采取了一系列顺势的步骤，以加速发展自己国家的经济。他们先是用拓宽转口贸易渠道的办法积累资金，利用地理位置的优势源源不断地把欧美廉价商品和先进的技术设施运送到东方，同时把东南亚国家盛产的橡胶等原材料，汇集到新加坡然后输送到欧洲；同时大力发展加工贸易，尤其是技术促进型贸易，取得了不菲的业绩，还利用便捷的国际运输线路大力拓展本国的石油开发与经济开发服务业以及旅游业，等等。

顺势指的是先有了一个有利的位置或态势，凭借这种优越态势去发挥自己所长，以增加和强化自己的优势地位。而造势则是自己还没有现成的好的态势，但存在着取得好态势的条件与可能，通过自己敏捷的思考和灵巧的动作加上持续不懈的努力，最后夺取了好的态势，使自己的发展上升到一个新的台阶。在孙子看来，造势比顺势更深了一层，他认为，势和计紧密相关，势是计的进一步延伸。他说，有利的计策被采纳，还要设法造势，辅佐计的实施，计谋才有望成功。这里说的"为之势"就是造势的意思。日本的科技立国政策，就是经济活动领域中成功的造势典型。自20世纪80年代起，日本就适时调整自己的经济战略，提出了科学技术立国的新方针，加强了以电子工业为中心的新兴工业的发展，并向国外转移消耗能源和资源大的产业，使自己在短时间里变成世界上高科技领先的国家，在国际竞争中处于优势地位。同时又大力引进外国的高科技手段，从60年代中至80年代中的20多年间，共引进2万多项先进技术和管理经验，花费的资金只相当于研制国家为此花费的1/30，大大节省了自己的经费。

竞争中要善于造势，善于分析营造有利的形势，并善于利用自己的优势，因势定谋，借势成事，也就是善于利用一切资源营造于自己有利的态势。俗话说，大树底下好乘凉，借助强者的优势，你可以在众多竞争者中脱颖而出，可以实现自己能力无法实现的目标。蒙牛在创业之初就是运用"借势成事"的策略，借助当时市场老大伊利的品牌形象唱成了一出出借势的好戏。刚创业时，牛根生知道，在蒙牛羽翼未丰满之前，是不能与牛奶业的老大伊利展开正面交锋的，所以，牛根生等几位主要负责人巧妙地通过"创内蒙古乳业第二品牌"的宣传和"中国乳都"等概念的推出，叫响了蒙牛自己的品牌。当时，内蒙古乳业的头把交椅是伊利，在蒙牛创立的时候，伊利的年销售额已经达到数十亿元，是蒙牛的几十倍。但是除了伊利，内蒙古众多的其他牛奶业基本没有自己的知名品牌，属于消费者的随意购买品，根本没有品牌的知名度和忠诚度，蒙牛提出做"内蒙古乳业第二品牌"，一下子就将自己从众多的乳业小品牌中脱颖而出，获得了伊利之下、万众之上的品牌地位和市场关注。而且，蒙牛这个内蒙古乳业的第二品牌，表面上是第二，但这个第二在人们的潜意识里是时刻与第一相联系的，其实是借着与第一的关系，时刻在宣扬自己。利用伊利这个第一的品牌，蒙牛轻松地被人们认可，赢得了自己的市场。牛根生等蒙牛负责人还提出了"中国乳都"这个概念，全力打造内蒙古这个大品牌，在他们看来，一个品牌的地域优势是可以利用的。因为呼和浩特的奶源在全国也是最优的，人均牛奶拥有量也居全国第一，借助这个地域优势，牛根生在呼和浩特的主要街道投放灯箱广告，提出了"我们共同的品牌——中国乳都呼和浩特"这样的主题，得到了呼和浩特市民与政府的关注和支持。蒙牛十分善于利用事件营销，利用神舟五号载人飞行任务这一事件就是借势成事的经典一例。中国航天基金会对合作伙伴的挑选要求十分苛刻，必须是民族企业，必须是行业领导性企业，必须是中国驰名商标，必须同航天精神相关联，与中国航天合作不是短时间能达成的，早在2002年上半年，蒙牛就与中国航天基金会方面进行过接触。通过多次严格的对公司的奶源、生产设备、市场流通等环节的考察、调研，并进行多次物理、化学、微生物学的分析，于2003年初蒙牛终于成为中国航天首家合作伙伴。2003年10月16日6时23分，神舟五号飞船在内蒙古大草原安全着陆，宣告中国首次载人航天飞行圆满成功，蒙牛结合此次事件，成功地完成了自己品牌的提升。蒙牛乳业的总裁牛根生没有仅限于赞助，而是在"神五"着陆的那一刻又做了一次全方位的营销，利用广告把蒙牛的"中国航天员专用牛奶"告诉了全国的消费者。那一刻，中国人事实上是把对神舟五号，对整个民族的自豪感和蒙牛品牌连接到了一起。在广告词的内容上，蒙牛各种类型的新版广告也是别具一格，让人耳目一新，不易忘记。例如：举起你的手，为中国航天喝彩；健康是强国之路，整个事件的发生是那么自然。蒙牛这次1500万元的投资，借航天之势为蒙牛品牌与市场带来了强势的效果。寻找一个比自己更强大的一方，借助他们的实力与势力，使自己摆脱原来弱小的地位，得到别人的关注和尊重，借势成事，行动起来去与强者发生联系，在其中得到自己想要的收益，这是一条重要的竞争规则。

兵者，诡道也。

这是孙子对用兵作战中克敌制胜的奥妙的高度概括。这句话的意思就是，用兵打仗是一种以智慧出奇制胜的行为。其实诡道就是以智力取胜之道，就是根据是否有利而采取相应的行动，是随机应变的巧妙行为。对于这句话，人们的理解往往引申到"兵不厌诈"或"以诡诈为道"，突出了欺诈、诡谲这一方面，实际上在《孙子兵法》中欺骗手段只是无数随机应变手段的一种，欺诈并非诡道的全部内容。诡道的行为表现可以理解为神和巧，也就是智力型的军事行为。运用于现代企业，也就是智力型的经营之道。

当然，在企业经营之道中，诡道的运用是有原则的。特别是当今世界，企业对社会的责任越来越大，企业所追求的牢固可靠的社会名望往往超过高速成长的利润。因此，企业的经营策略绝不可以有损企业声誉，绝不可以有负于社会责任。尽管是生死搏斗的商业战争，企业的领导者所采取的任何经营策略，都不应置法律和道德于不顾。

孙子在本篇中所列举的胜敌妙法有十二种，即"能而示之不能""用而示之不用""近而示之远""远而示之近""利而诱之""乱而取之""实而备之""强而避之""怒而扰之""卑而骄之""佚而劳之""亲而离之"，这十二种妙法归结到一点，就是"攻其无备，出其不意"，就是说进攻就要攻击敌人毫无防备的地方，出击就要攻击敌人意料不到的地方。这是兵家取胜的奥妙，这是需要根据具体情况的变化而随机应变，不可能事先传授的。在十二法的每一具体战法中都贯穿着"攻其无备，出其不意"的思想，战争就是斗力又斗智，而斗智的谋略更为兵家所看重。

大家都听说过"康熙帝智擒鳌拜"的故事。康熙皇帝玄烨是清朝入关后的第二位皇帝，登基的时候年纪还很小，虽然经过祖母的悉心培养可称得上是少小持重，但担负国家的重任还为时过早。好在顺治在遗诏中已命索尼、苏克萨哈、遏必隆和鳌拜辅佐朝政，而且还有祖母鼎力相助。四大臣在顺治帝的灵前曾立下誓言：竭尽忠诚，不谋私利，不结党羽，不受贿赂，忠心仰报皇恩，全力辅佐君主。孝庄皇太后在玄烨登基之初便向王室宗亲、文武大臣发出谕旨：要报答我儿子顺治皇帝的恩情，就要偕四大臣同心协力共辅幼主，这样才能在历史上名垂不朽。在刚开始辅政的时候，四大臣遇事协商，待太后决策后，再以皇帝或太后的名义发布谕旨，辅政大臣虽无决策权，但他们可以入值、草拟并代幼帝御批，后来鳌拜就是利用这一权力而专权乱政的。

鳌拜是镶黄旗人，他的父亲是清朝的开国元勋。此人野心勃勃，善于玩弄权术，骄横跋扈，任人唯亲，广结党羽，独断专行。康熙考虑到鳌拜集团势力强大，要除掉他，必须有周密的准备，而且只能智取，不能力敌，以免打草惊蛇，激成巨变。康熙一面用麻痹稳定术：特下旨加封鳌拜一等公，后又加封为太师；加封其子纳穆福为二等公，后又加封为太子少师，使他们位极人臣。另一方面，和亲信大臣索额图密商后，定出一条计策，假借做游戏，以锻炼身体为名，招收一批强壮灵活、忠实可靠的少年入宫，练习摔跤。这些少年入宫后，天天与康熙一起摸爬滚打，不过一年，个个都练出一身铁骨钢筋。康熙八年（1669），不满16岁的玄烨以讨论明年自己的大婚仪式为名，宣鳌拜进宫。当下，鳌拜走进宫殿，由索额图陪行，见到一帮少年互相摔跤打斗，毫不在意，见到皇帝后，还拿出辅政大臣的架子，正颜厉色地奏道："主子年已成人，为何别的不好耍，独要招呼这班小孩子在内廷胡搅，成何体统！"康熙微微冷笑道："你还给朕讲起体统来了。"说着便历数鳌拜的件件恶行，向摔跤的伙伴一招手，他们便扑上来，众少年一拥而上，终于把鳌拜捆得结结实实，押入大牢。康熙皇帝上任之初，面对鳌拜把持朝中大权、一手遮天的险恶局面，面对鳌拜几十年结下的权势之网，沉着冷静，利用出其不意之策，靠布库戏这一满族的摔跤游戏，清除朝中的旧势力，为清王朝的发展铺就了一条坦途。

十二种胜敌妙法中的"能而示之不能"，是说能打反而假装不能打，自己有战斗力，能够与敌作战，却假装自己胆怯，从而暂时可以不与敌交战，为的是造成敌方的错觉，误以为我方真的不堪一击。然后再利用敌人的错觉，步步误导，选择有利的作战时机，将敌人歼灭。后世的兵家对此有"退一步，进两步"的说法。这一示弱的方法，不仅在军事争斗中有奇妙的应用，而且在社会政治斗争中，在日常生活中也有重要启示。

战国中期，周显王二十八年（前341），魏惠王派庞涓攻打韩国，韩国向齐国告急求救，齐国以田忌、田婴为将，孙膑为军师，领兵直奔魏国都城大梁（今河南开封），以解救韩国。正在韩国激战的庞涓听到齐国派兵乘魏国国内空虚袭击大梁，急忙抛开韩国，领兵回国。齐国的军队深入魏国的国土后，就听说了魏国已经派兵前来迎击。军师孙膑对田忌说："他们三晋的士兵向来强悍、英勇，也看不起齐国人，认为齐国士兵胆怯怕事，善战者就应利用这一态势而诱导敌人。《孙子兵法》上说，'军队奔走百里而去争利其将军就会被擒获，奔走五十里去争利，军队才只有一半的人能赶到。'"孙膑遂建议齐国军队撤退，并制定了减灶计谋。这一计谋要求：齐国军队在魏国第一天宿营时，命令士兵垒十万灶做饭，第二天就垒五万个，第三天则垒三万个。齐军有条不紊地撤退了。恼怒异常的庞涓尾随齐军而来，渴望击败齐军，以报十余年前的桂陵之战之仇。追赶了三天，庞涓看到齐军减灶，遂真的认为齐军胆怯，高兴地说："我早就知道齐军一向胆怯，他们来到我们的国土上才只有三天，而士兵逃亡的就已经超过一半了。"于是，庞涓丢下步兵，只率领少数精兵轻装加速追赶。依据庞涓的行军速度，孙膑估算庞涓率领军队当在夜晚时候赶到马陵。马陵道路狭窄，两旁山高林密，形势险峻，正是设伏的理想之地。于是，孙膑命士兵在一棵大树上，砍去树皮，写上"庞涓死于此树之下"几个大字，并将齐军中善于射箭的万余士兵埋伏在马陵道的两旁，约好到晚上只要看到火光就万箭齐发。

天黑时，庞涓果然追到了马陵道，朦胧中他看到道旁的大树被砍得露出了白色的木质，上面隐约写有一行字迹，遂点起火把照看，庞涓尚未看完，埋伏在道路两旁的齐军万箭齐发，魏军顿时大乱，庞涓此时知道自己智穷兵败，已无力回天，并叹道："成就了孙膑这小子的名声。"随后自刎而死。齐军围歼庞涓及其精兵后，又大败魏军。马陵之战，孙膑利用三晋士兵素来悍勇而轻视齐国士兵的特点，减灶示弱，造成庞涓误以为齐军真的逃亡过半的假象，遂促使庞涓轻兵追赶。最后，孙膑又在马陵道布下伏击阵，庞涓中伏，兵败身亡。孙子所谓的"能而示之不能"的胜敌妙法，在此一战中得到了充分的展现。

示弱不仅可以轻易地战胜对手，同时这样还可以减少乃至消除别人对自己的不满或嫉妒。要使别人对你放松警惕，造成亲近之感。正如古人所言："示弱取胜，其大智也。"把自己的优势藏起来，充分展示自己的短处、弱点，使对手上当，放松警惕，从而迷惑对方，达到成功的目的。人所共知，山外有山，强手之上有强手。任何一个人都不会永远处于一个优势的地位。美国通用公司前总裁杰克·韦尔奇说："这个世界是属于弱者的，因为弱者最懂得适应"。他是一个事业有成的强者，可他承认弱者更适应这个千变万化的社会。相对强者来说，弱者能很好地调整心态，他懂得适应，因而弱者的天地更广阔，有更多的选择机会。弱者懂得理解和尊重，懂得协商和妥协，他的要求和梦想更切合实际，能够顺势而为，因势利导，减少很多不必要的麻烦，获得更多的生存机会。

作战篇

本篇着重论述了庙算决策之后如何从实际出发进行战争准备的问题。孙子认为，由于战争规模的日渐巨大，其对人力、物力以及财力的依赖也越来越严重；特别是深入敌国的战争，因其远离后方，装备及给养补充就更加困难。在这种情况下，战争如果久拖不决，将势必导致劳民伤财。基于这一认识，孙子提出了"贵胜不贵久""因粮于敌"和"胜敌而益强"等重要观点。此外，孙子还认为，将帅作为"民之司命，国家安危之主"，如不能"尽知用兵之害"，也就不可能"尽知用兵之利"。作战，指开始进行战争前的准备的意思，非指一般意义上的战场交锋。作，有始、兴、起的意思。

战争是经济实力和综合国力的竞赛。这是古今中外一切军事家的共识。两千五百多年前的孙子，重点论述了这一真理，并由此引申出"兵贵胜，不贵久"的战争根本原则，不能不说是十分可贵的。孙子认为，兴兵作战，动员"驰车千驷，革车千乘，带甲十万"出征时，还要千里送粮，供给战士武器、物资，而且要供给使者来往所需的经费。每日消耗千金是很平常的事情。武器粮草、给养、交通的准备，是进行战争的物质基础。孙子所指出的战争对人力、物力、财力的依赖关系，就是军事对于后勤的依赖关系。中国早在黄帝时期，就有了军事后勤概念的萌芽。根据《左传》中提到的《军政》《军志》《典金》等已经失传的中国早期兵书资料，即可发现古人已有关于军事后勤的零散论述。只是到了孙子，才使这一论述理论化、完善化。

在孙子时代举兵十万，已属于大兵团作战，如此的大兵团在外作战对于经济的消耗是可以想象的。物资运输，是军事后勤的第一件大事，在战争中，运输是军队的生命线，运输的畅通与否直接关系着战争的胜负。孙子时代，在远途战争中，由于交通运输工具落后，军队往往就地购买百姓粮食，致使物价飞涨，百姓财货枯竭，军力耗尽，战马疲惫，国家也就陷入贫困中。孙子早已意识到了政顺民心、百姓为本的重要，根据这一战略思想才提出"役不再籍，粮不三载"的征兵纳粮原则，从策略上，重视从敌国补充粮食供给，要"因粮于敌"，以大大节省本国经济实力的消耗，他进而提出，不仅要重视从敌国补充粮草，还要重视从敌军中补充武器和兵员。军事活动自古都是民众所承担的巨大负荷，因此"役不再籍"等思想是顺乎民心的，也具有一定的进步意义。

战争对于民众是巨大的消耗性重负荷，在生产力低下的孙子时代尤其如此。"十万之师，日费千金"，意味着军事消耗量。战争的目的是获得胜利，而不是持久的消耗。大量的消耗最终要转移到民众身上，这必然导致民怨沸腾，国势危急。因此，战争是不能久耗的，节约时间可以避免不必要的大量消耗。古今中外，都无不主张速战。"兵贵胜，不贵久"的军事思想，首先是从经济消耗来考虑的。经济是军事的基础，长期的战争是任何一个民族都无法承受的重负，从军事后勤学角度所总结的这一战略原则是经得起时代考验的。在今天进行的现代化战争，军费开支就不是什么"日费千金"，而是日费万金、亿金了。海湾战争，多国部队每天消耗军费就高达十亿美元，由此可见，"兵贵胜，不贵久"不仅是战略原则，而且是战术原则，在实践中，战机是至关重要的，错过机会，就会吃败仗。战争就在于选择一个重创敌军而又能保全自我的方法。在战役中，必须以快速作为军队行动的方针，打仗需要敏锐、高速、灵活。神速是军队取得胜利的秘诀。诸葛亮遗恨五丈原，是因蜀国连年征战，国力消耗殆尽。史上战争范例无不昭示这一点。"兵贵胜，不贵久"的谋略思想在现代企业竞争中的影响尤其深远。抓住战机，提高效率，用高速度击败竞争对手，是企业经营中的一个制胜法宝。

【原文】

孙子曰：凡用兵之法，驰车千驷①，革车千乘②，带甲十万③，千里馈粮④。则内外之费，宾客之用，胶漆之材⑤，车甲之奉，日费千金，然后十万之师举矣。其用战也胜，久则钝兵挫锐，攻城则力屈，久暴师则国用不足⑥。夫钝兵挫锐，屈力殚货，则诸侯乘其弊而起，虽有智者，不能善其后矣。故兵闻拙速⑦，未睹巧之久也。夫兵久而国利者，未之有也。故不尽知用兵之害者，则不能尽知用兵之利也。

【注释】

① 驰车千驷（sì）：战车千辆。驰车：快速轻便的战车。驷：原指一车所套的四匹马，这里用作量词，是"乘""辆"之义。

② 革车千乘（shèng）：重车千辆。革车：又称重车、辎车，用于运输物资，作战时又可制成营垒或保障物。

③ 带甲：穿戴盔甲的将士。

④ 馈（kuì）：赠送。这里指向前线运输（粮食）。

⑤ 胶漆：古代用于甲胄、弓矢等的油漆类物品。

⑥ 暴师：部队在外作战称"暴师"。暴："曝"之本字，露的意思。

⑦ 拙速：指军事行动虽笨拙一些，但实际易于取得速胜。

【原文】

善用兵者，役不再籍①，粮不三载②。取用于国，因粮于敌③，故军食可足也。

【注释】

① 籍：名册。在此用作动词，为按名册征集兵员之意。

② 三载：多次运送。三：虚数，意为多次。

③ 因粮于敌：从敌方取粮。因：依靠。

【原文】

国之贫于师者远输，远输则百姓贫；近于师者贵卖①，贵卖则百姓财竭，财竭则急于丘役②。力屈、财殚，中原内虚于家③。百姓之费，十去其七；公家之费，破车罢马④，甲胄矢弩，戟楯蔽橹⑤，丘牛大车⑥，十去其六。

【注释】

① 贵卖：指物价上涨。卖：买卖。

② 丘役：指战时以丘为单位征集兵员和物资。丘：古代地方一级行政单位。

③ 中原：在此指国内。

④ 罢：疲惫，疲劳。

⑤ 戟楯蔽橹：泛指各种兵器械具。楯：同"盾"，即盾牌。橹：古时攻城用的大盾牌。

⑥ 丘牛：指在丘役中征集来的牛。大车：泛指辎重车辆。

【原文】

故智将务食于敌，食敌一钟①，当吾二十钟；萁秆一石②，当吾二十石。

【注释】

① 钟：古时容量单位，一钟六十四斗。

② 秆：农作物秸秆。石：古时容量单位。一石四钧，一钧三十斤。

【原文】

故杀敌者，怒也①；取敌之利者，货也②。故车战，得车十乘已上，赏其先得者，而更其旌旗，车杂而乘之③，卒善而养之，是谓胜敌而益强④。

【注释】

① 怒：指将士对敌人怀有愤恨的心情。

② 货：财货。这里指用财货奖赏士卒的意思。

③ 车杂而乘之：指将与我方的车掺杂一起乘用。

④ 胜敌而益强：指战胜敌人，增强自己。

【原文】

故兵贵胜，不贵久。故知兵之将，生民之司命①，国家安危之主也。

【注释】

① 司命：星名。这里借指民众命运的掌握者。

【品鉴】

　　善用兵者，役不再籍，粮不三载；取用于国，因粮于敌，故军食可足也。

　　"因粮于敌"是孙子提出的重要的军事经济思想。孙子充分注意到了战争较量在本质上其实是国家经济力量的较量，因此在此提出了"因粮于敌"的思想。俗话说，兵马未动，粮草先行。古代战争消耗主要在粮草上，粮草供给对军队、对国家都是一个沉重负担，往往会造成劳民伤财、国困民乏的状况。孙子提出"因粮于敌"的思想，突出了作战中后勤保障的重要性，深入敌境作战，夺取敌人粮草，就地解决补充给养的问题，这样就可以减轻本国负担，免除运输的压力，而且有较高的保障，极大地减轻了本国的财政开支和人民负担，使战争能够按照本国的意图顺利地进行而取得胜利。史载，魏明帝派遣司马懿出兵征辽西，当时从洛阳出兵到辽西，不足三千里。明帝问出兵往返需要多少时间，司马懿回答说："从洛阳出发到辽西需一百天，在辽西打仗一百天，回来需一百天，还需拿出六十天休整军队，这样一年的时间就足够了。"在如此速度的行军下，军需物资的供应就是个大问题。诸葛亮六出祁山，屡战屡败，其中一个重要原因是粮草供应不上。拿破仑远征莫斯科，俄国人坚壁清野，拿破仑在粮食告罄、衣物无着的情况下被迫败退而归。可见战争对于后勤给养的依赖关系。

　　战争中这种就地取材、以战养战的策略，与商业活动中借地生财、借钱生钱的做法是一致的。在企业生产和商业经营中，"因粮于敌"也是一个重要策略。现代管理工作需要运用集体智慧为组织领导提供科学的理论、策略和方法，帮助管理者做好决策工作。而一个成功的管理者也必然善于利用各类专家的头脑来为自己工作，一个聪明人也比较善于从别人身上吸取智慧的营养来补充自己。

美国的杜邦公司是世界最大的化工企业,年营销额为350亿美元以上。此公司的成功之道与巧借"外脑"不无关系。早在50年前,杜邦公司在美国第一个设置了具有战略价值的经济研究室,由受过专职培训的经济学家组成,这些专家对公司的情况非常了解,对杜邦公司发展的有关情况也很熟悉。他们的工作是着重研究全国性和世界性的经济发展现状、结构、特点及发展趋势,调查与杜邦公司产品有关的市场动向,并就和杜邦公司事业利益相联系的经济动向进行分析和预测,为杜邦公司进行经营决策提供依据。杜邦公司的这个智囊机构,几十年来为该公司作出了一系列正确的决策,公司经营的范围从化纤、生物、医药、石油,扩展到电子、运输,项目达1800种,生意越发兴旺。

曾国藩就是一个善于利用"外脑"的人。曾国藩（1811—1872）,字伯涵,号涤生,湖南省湘乡市白杨坪村（今双峰县）人。曾国藩6岁读书,道光十二年（1832）考取秀才,28岁中进士。清朝到嘉庆时期,官场腐败,军队战斗力削弱,百姓怨声载道,1851年太平军在广西金田起义,一路北上,势如破竹,打遍了整个江南,清朝官兵都不敢接战。这时服丧在家的礼部左侍郎兼兵部右侍郎曾国藩受命在湖南办团练,组建了湘军。这支军队后来成了镇压太平军的主力,经过几年的血战后,竟然平息了太平军起义,创造了一大奇迹。曾国藩也因此备受清廷的重视,被称为"中兴良将""不世之才"。毛泽东在谈起历史人物时说过,"愚于近人,独服曾文正。"可见曾国藩的影响力之大。曾国藩的成功,在很大程度上得益于他善于用人,能够最大程度地发挥部下的能力。在运筹帷幄的问题上很善于借重部下的智力。曾国藩组成了一个人数众多的幕僚,从创办湘军开始,曾国藩就开始物色人才,随着战争的日益发展,湘军的日益扩大,幕府人物也越来越多。曾国藩的幕府中人员范围广泛,他没有学术上的门户之见,他的幕僚来自九个省,就出身而言,上至进士、举人，下至诸生、布衣，等级不一，他均待如上宾。他突破了古代幕僚多为书写文书、分配钱粮等细务的事务性框子，更多地让他们出谋划策，指点政事，成为政务性人员。这就借用了他们的脑力，集思广益想出许多自己无法想出的思路和方法。曾国藩还善于利用将领的统御力，让将领担当起领军打仗的重任。曾国藩本来是文人，并不懂行军打仗，他直接指挥过几次战役：靖港之役、湖口之战、祁门之战，每次都是大败而归，自己也差点丧命。这样曾国藩明白自己不是领军打仗的材料，此后他只负责调兵遣将，决不插手具体的作战指挥和部署。他重点抓两件事，其一是抓紧对官兵进行思想教育，把军队办成一个大学校，让军队上下一心，同仇敌忾。其二是致力于制定大的战略，先夺武昌，以两湖为根据地，再顺势强攻，直捣金陵。由于他集中精力潜心钻研，又借用幕僚的智慧，这一战略十分成功，他自己主要负责选拔重要将领，把具体军务交给手下将领，让他们全权处理军事事务。湘军都是由曾国藩招募将领，而将领们自行招募兵勇，他们招的都是同乡，曾国藩越级就根本指挥不动，他也不想去越级干预。曾国藩任用了名将左宗棠、李鸿章、李续宾、李元度、曾国荃等人，再用他们全力领军。

  一个优秀的管理者，要善于利用各类专家的头脑，在专家工作的基础上作出正确的决策。对于一个国家来说，则是需要通过引进人才来带动一国经济的发展，这一点在今天的人才竞争中已得到充分说明。美国是一个经济和科技高度发达的国家，人才和资源都很丰富。但是即使美国这样的强国，为了保持其先进的势头，为了科技和经济发展的需要，也非常重视从别国输入人才、资源、科技成果和本国市场所需要的外国的好商品。美国从别国引进各种人才尤其是科技人才尤为突出，以此来弥补美国本国人才资源的不足。又因美国的优厚待遇和良好的研究条件，美国获得了大量最宝贵的财富——人才资源。这些外来人才在美国的大学、研究机构、高科技产业部门中占有较大的比重，并发挥着重要作用。据前几年的资料表明，二次大战后，美国已引进高级科学家、工程师、医生等24万余人；若从美国本国自己培养，每人从小学到大学毕业，政府要花费教育经费5万美元，还不计算由家庭和社会付出的更多的培养费用，这样24万大学毕业生就需120亿美元教学经费。美国的经济发展也在很大程度上受益于外来人才资源的引进。

日本则善于在学习中求发展，日本人在科技上得益于美国和西欧发达国家的先进科学成果和技术发明。以索尼公司为例，当初以仿制美制录音机起家，后来又因抢先购买了美国贝尔实验室所研制的晶体管专利，而制成世界上首台晶体管收音机。晶体管收音机的新商品上市，使索尼公司再度获取大利。日本当初为了发展电子计算机工业，破例让IBM公司在日本建立独资企业，并让其产品在日本市场销售，这样，日本引进了电子计算机工业，几年后日本人也学会了这方面的技术，并加上自己的创新和改进，以质量更优价格更廉的产品又打入美国和西欧市场，并在这种双方的贸易战中频频告捷，使美国在对日贸易中出现连年巨额逆差。

取敌之利者，货也。

古往今来，激励士气是战胜敌人的重要条件。孙子在这里特别强调，在夺取了敌人的资财后，就要分出一部分奖励部下，这样可以达到激励士气的良好效果。常言说：重赏之下，必有勇夫。悬设厚重的物资奖赏，是历代兵家治军用兵十分重视的一种办法。重奖的目的在于鼓舞士气。奖赏运用得当，能调动起广大官兵的积极性，提高军队的战斗力。刘邦就是这方面的典型，他很懂得领导艺术，正是由于他能够信任人才，善于激励，及时地论功行赏，充分地调动士兵的积极性，从而把当时天下的人才都集结在自己的周围，形成了一个优化组合的团队，这样一来，他夺得天下也是必然的事情。使用人才，要信任人才、尊重人才，同时也应该奖励人才，因为奖励是对人才贡献的实实在在的肯定。刘邦夺取天下以后，根据各个人的不同功绩，对功臣论功行赏，不但封赏了萧何、张良、韩信、彭越等一批人，还封赏了他最不喜欢的人——雍齿。

恰当的激励方式也是企业成败的关键所在。作为企业的经营管理者，要善于激励士气，调动企业员工的能动性，根据人的需求动机，将贡献与福利结合起来，用关心人、激励人、逐步满足人的方法，使员工个人的需求与企业的目标联系起来，上下同欲，充分调动人的主动性和积极性去进行创造性的工作，强化员工对企业的归属感。西方管理学家将这一规律概括为一个公式：工作绩效＝能力＋激励。

当然，除了物质激励，精神激励也是一种重要的激励方式。如，注重企业目标与个人目标相结合。让成员了解企业的发展目标，同时了解自己在目标实现过程中的作用。把组织目标和个人目标结合起来，员工对组织产生感情和责任心。还要注意让工作本身具有激励作用。当员工把工作本身视为一种工作报酬时，人们往往愿意在工作中充分展现自己的才华，并从工作过程中感到最大的满足。因此，作为一个好的管理者应较多地考虑如何使工作本身变得具有更多的内在意义和更高的挑战，让员工有一种自我实现的感觉。要培养员工的参与感，创造和提供一切机会让员工参与管理是调动他们积极性的有效办法。通过参与决策和管理，可以强化员工对组织的归属感、认同感，进一步满足员工的自尊和自我实现的需要。而实现这一任务的关键是通过一系列连贯的政策、体制和程序塑造员工个人的价值观和行为，使企业的每个成员都能融入独特的企业文化中去。

在知识经济时代，人才的竞争日趋激烈，企业经营管理的一项重要任务就是通过激励机制，吸引、留住人才，激发员工工作的热情和创造力。因此，为了满足人们随着生活质量的提高而出现的多种需求的需要，管理者必须要丰富现有的激励手段，实现激励体系的多维化发展。人需要的多样性和复杂性，决定了激励具体手段的多样性。实践证明，只有多种激励手段的有效结合和综合运用，才能起到良好的激励效果。

目标激励也是个人事业发展的重要动力。司马迁是汉朝太史令司马谈之子，年仅10岁的时候，他就开始学习用古文字写书籍。司马迁的父亲在去世前对他说："现在汉朝兴起，海内统一，那些明主、贤臣、忠臣以及死于道义的人士的感人事迹，我身为太史却没有把他们记载下来，断绝了天下的历史，这太可怕了。你可要继承我未完成的事业啊！"司马迁遵守父亲的遗嘱，编写他的书。过了七年之后，司马迁因为替李陵辩冤而遭遇宫刑，被囚于狱中。于是他自己叹息道："这是我的罪过啊！身体被残毁了，没有用了啊！"然后又退一步而深思地说：《诗》《书》之所以意思隐晦、文字简短，是由于作者想要表达他心中的思虑。从前周文王被囚于羑里（今河南省汤阴县北），推演出《周易》；孔子被围困于陈国、蔡国之间，作有《春秋》；屈原被流放，才著《离骚》；左丘明两眼失明，乃撰《国语》；孙膑被挖去膝盖骨，而兵法得以写成；吕不韦被免相迁居蜀郡，世传《吕览》；韩非被秦国囚禁，写有《说难》《孤愤》；《诗》三百篇，大多是圣人贤士发泄愤懑的创作。这些人都是因不能实现自己的理想和主张而郁闷愁苦，因而追述往事，思考未来。于是他想到了自己，便决心忍受苦痛，发愤编写唐尧以来的历史。这就是司马迁发愤撰写《史记》的经过。

事实上无论是司马迁还是孔子、屈原、左丘明、孙膑、韩非等人，他们的作品与其说是悲愤之作，不如说是目标激励使然。目标在人的一生中所起的作用是很大的，人的理想决定了人们行动的目标，当人们有意识地明确了自己的行动目标，并把自己的行动和目标不断加以对照，知道自己前进的速度和不断缩小达到目标的距离时，他行动的积极性就会持续高涨。全球化的市场竞争，使得企业特别关注员工的激励。一是员工是企业最重要的资源，人力资源投入的程度和效果明显影响着企业的竞争力；二是如今最剧烈的竞争是人才的竞争，人才争夺战愈演愈烈。在管理上，管理者与员工共同确定了目标，员工实现此目标后自我评价很好，就能起激励作用。其他情形下员工所确立的工作期望、追求实现之后，都起激励作用。管理者都可以善加利用。

钢铁大王安德鲁·卡内基为什么付给施瓦布100万美元的年薪，也就是一天3000多美元的薪水呢？施瓦布是天才吗？不是！或者是他的钢铁知识比别人更渊博吗？也不是。施瓦布说，他之所以能获得这么高的薪水，主要是他出色的为人处世及管理才能。"我认为我拥有的最大的资本，就是鼓舞和激发员工热情的能力。这种热情是无法用金钱来衡量的财富。而充分发挥一个人才能的方法，就是赞赏和鼓励。在这个世界，批评最容易扼杀一个人的进取心了。我从来都不批评任何人。当我希望别人勤奋工作时，我最先选择的是激励，而不是指责。我更加乐于称赞，而不喜欢挑剔。当我对别人的工作感到满意时，除了由衷的褒奖之外，我不知道还能说什么。我经常和世界上著名人物打交道，我发现所有的人，无论他如何伟大，地位如何高，没有不希望得到赞美的。"这就是施瓦布的做法。善于运用激励和赞赏是管理者的重要工作方法。

车杂而乘之，卒善而养之，是谓胜敌而益强。

孙子注意到战争中如何使敌方的力量转化为自己的力量这个问题。他提出，车战中如果缴获敌人的战车十辆以上，要奖励最先获得者，并更换车上的旗帜，将缴获的战车混杂使用，俘虏的士兵应善加供养，这就叫作战胜敌人而自己更加强大。敌方的人、物资源为我所用，这本身已经削弱了对方的力量，同时也使自己更加强大。这是孙子提出的"胜敌而益强"的对敌原则，就是所谓战胜敌人就更加壮大自己，在这里"借"的道理很重要。东汉末年，天下复乱，黑山起义军、黄巾军等纷起各地。汉献帝初平三年（192），青州（今山东北部和胶东半岛一带）黄巾军百万余众攻入兖州，曹操进军兖州攻打黄巾军，一直追击到济北。黄巾军投降，有士兵30多万人，曹操从中选拔精壮的士兵加以改编，号称青州兵。从此，曹操有了一支独立的武装力量。后来，曹操不仅陆续接受投降的部队，而且他帐下的许多将领也都是从敌方那里投降来的，这使曹操的势力在混战中越来越强。曹操能在战争中比较好地处理降卒问题，做到"卒善而养之"，最终为自己所用，从而壮大了自己的力量，实现了孙子所说的"胜敌而益强"的目的。

《诗经·小雅·鹤鸣》："他山之石，可以攻玉。"攻就是琢磨。别的山上的石头，能够用来琢磨玉器。原比喻别国的贤才可为本国效力，后比喻能帮助自己改正缺点的人或意见。《诗经》是我国有文字记载以来最早的一部诗集，可以说是我国上古人民智慧的结晶。善于学习他人长处是我国文化的传统，也是传统文化源远流长与传承的根基。这种好的传统一直影响国人的做事方式。我国自古就有访学、游学的优良传统。今天，作为管理者也十分重视学习成功的经验，如20世纪50年代学习鞍钢，20世纪60年代学习大庆，20世纪80年代学习邯钢，20世纪90年代学习宝钢、海尔、三星、索尼等。西方管理学中开发出一门专门谈学习别人经验的方法，那就是所谓的比较研究方法。跨国公司很注重这种比较的方法，尤其是日本企业，由于原来的管理不如西方，技术也不如西方，日本人很重视研究西方的管理理论，然后开发属于自己的管理理论。如在技术上通过解剖竞争对手的产品进行学习，称谓

"teardown"；在管理上借鉴美国的 PM（预防保全），开发属于日本人的"TPM"；丰田的大野耐一历时几十年开发出 TPS，即丰田生产管理法，成为世界管理方法中的一极。

随着我国企业逐步走向世界，以儒家文化为核心的企业管理思想与西方的技法结合起来，将形成有中国特色的管理理论。这种融合当然首先应该学习、吸纳西方理论，"他山之石可以攻玉"，要巧借各种力量，能利用多少资源就等于拥有多少资源，能团结多少人员就等于拥有多少队伍。现代社会企业的生产要素，如资本、劳动力、土地、技术、企业家已实现市场化的资源配置。如何通过市场配置，巧借外力，是企业经营管理能力与水平的体现。

故兵贵胜，不贵久。

战争对于民众和国家是巨大的消耗性负荷，军队长期作战，会使国家经济发生困难，对国家不利。战争的目的是获得胜利，而不是持久的消耗，大量的消耗最终要转移到民众身上，这必然导致民怨沸腾、国势危急。所以，作战最贵速胜，不宜久拖。

孙子提出"兵贵胜，不贵久"的军事思想首先是从经济消耗方面来考虑的。经济是军事的基础，长期的战争消耗是任何一个民族都无法承受的重负。在今天，进行现代化战争，军费开支就不是什么"日费千金"，而是日费万金、亿金了，更应该从军事后勤学的高度来认识孙子这一思想的重要意义。"兵贵胜，不贵久"不仅是战略原则，而且是战术原则。在战争实践中，战机是至关重要的，错过机会就会有面对败局的危险。战争就在于选择一个重创敌军而又能保全自己的时机行动，时机一到，就必须以快速作战作为军队行动的方针。因为速度就是力量，在各种条件不变的情况下，速度与力量成正比，势速则难御，流水之所以能漂石，靠的是速度，有速度就有优势。1940年希特勒以突然袭击的方式向苏联展开了全线进攻，苏军措手不及，仓促应战，在德军的强大攻势面前很快就败下阵来。由于战争初期，德军采用突袭方式对苏军进行持续打击，使苏军一直到莫斯科保卫战时才勉强站住脚，稍有喘息的机会。三国时期司马懿也是靠神速进兵，灭掉叛将孟达，使魏国西南边境得以稳定。

"兵贵胜，不贵久"的谋略思想在现代企业市场竞争中的影响尤其深远。抓住商机，提高效率，用高速度击败竞争对手是企业经营中的一个制胜法宝。也就是说，在快节奏的现代生活中，无论是新技术新产品的开发、引进、推销，还是向客户提供各方面的服务，谁抢先一步，谁就会胜利，反之，则被淘汰。现在人们常说，时间就是金钱，效率就是生命，就是讲工作效率的提高可以使时间增值，犹太人的一句重要格言就是"勿浪费时间"，把时间看作商品。他们常以一分钟多少钱的概念来工作。假设一位犹太人经理月收入为二万四千美元，每天的收入就是八百美元，一小时则是一百美元，一分钟为十七美元，在他工作时间内不愿耽搁一分钟。因此犹太人不欢迎那种没有预约的不速之客，并且在谈生意时犹太人常会将会晤时间进行压缩，迟到当然是不容许的。用犹太商人的话说就是：商业谈判，就好比快车相互错车那一瞬间一样，假如你不牢记彼此都处在争分夺秒的快车道上的话，你永远做不了犹太人的贸易伙伴。可见犹太商人能掌握巨大的财富源于他们对时间的珍惜，在有才干的犹太人办公桌上，是绝对找不到"尚未决定"的公文的。一旦接到有关生意的信件，就当机立断进行处理。

1997年据美国《Appliance》报道，中国海尔的发展速度在世界家电企业中居第一位。海尔美国贸易公司执行总裁米歇尔·詹默尔在纽约接受采访时说：美国海尔的业务高速发展，并计划到2005年销售额达到

10亿美元。而这一切仅仅发生在海尔进入美国市场的10年之后。在海尔，计算时间的单位是秒。这种以秒为单位的时间观念，使海尔创造了无数的市场先机。2003年6月中国第一台出口海外的大型商用空调在青岛海尔顺利下线，这台中央空调被出口到英国。海尔空调从建立到出口大型空调，只用了3年时间，却跨越了世界商用空调的百年历史。张瑞敏说：把自己置于一个开放的系统中，在这个系统中，不断地挑战自我，不断地进行调整。如果按常规来做商用空调，首先要有技术人员，没有技术人员，要去聘请或自己培养；再不行，就合资，这条路要走下来的话，海尔不可能在这么短时间做出商用空调。现在海尔通过互联网整合了国内外很多资源，大家因为有共同的利益纽带连在一起。只有整合资源——包括技术、设备，甚至产品的开发，才能够做得非常快。

总之，孙子在此提出的速胜论，揭示了战争指导中的一般规律，速战与持久战，是战争中经常运用的策略和战术，终归还要看具体情况而定。一般而言，速战速决更为军事将领所常用，因为它能快速地止住战争，使社会资源不至于大量地消耗，有利于社会的安定和发展。

不尽知用兵之害者，则不能尽知用兵之利也。

孙子在本篇中反复强调用兵可能给自己带来的危害，这里说到，不完全懂得用兵的危害，就不能完全懂得用兵的利处。战争不仅给对方带来灾难，也给自己带来严重的后果。在现代人看来，战争没有赢家，即使战争的胜利方，也必须为此付出相当大的代价。孙子对战争利害的辩证认识，不仅反映了他对战争的深刻洞察，而且对指导今天更为复杂的战争局势仍有重要意义。

孙子首先通过对战争后果进行的冷静分析，深刻揭示了战争的残酷性和灾难性。战争造成国家财力的巨大消耗，"驰车千驷，革车千乘，带甲十万，千里馈粮；则内外之费，宾客之用，胶漆之材，车甲之奉，日费千金，然后十万之师举矣。"就是说动用十万军队打仗，战争的各种开销每天要耗费千金。又说到军队远征，财源枯竭，国力衰弱，百姓贫穷，此为"用兵之害"。还有，用兵动武，引起上下躁动不安，运输物资会荒废农业生产，交战双方相持数年，为了一日之胜而不惜耗费大量的金钱，加重人民赋税。这里又反映出《孙子兵法》的慎战原则，强调要"非利不动，非得不用，非危不战"。就是说，对国家不利，没有胜利的把握，不到危机之时，都不要轻易开战。在《谋攻篇》中说的"五胜"第一条就是"知可以战与不可以战者胜"。在什么情况下可以打或者不可以打要很清楚，这样才有可能取胜。慎战原则反映了《孙子兵法》在一定条件下的避战思想，主张减弱战争的频率，缩小战争的损失。

战国后期，秦国成了当时战争中的常胜国家，遂对三晋发起了频繁的军事进攻，韩、魏、赵三个国家在秦国的军事打击下几乎丧失了还击的能力。赵国在名将廉颇、赵奢和贤臣蔺相如等人的扶持下还能支撑危局。后来赵王听信了秦国的离间计，任命赵括为将代替廉颇。赵括从小就学习兵法，也熟读兵书，每当谈起军事问题的时候，就自以为天下没有人能够抵得上他。但赵奢仍认为他不能带兵打仗，他认为：用兵作战，是事关个人生死及国家存亡的大事，而赵括却认为是很容易的小事，如果赵国任命赵括为将，那么使赵国军队灭亡的一定是赵括。结果不出其所料，长平一战，赵国元气大伤。赵括正是由于熟知兵法，认为天下无人可比，从而看不到用兵本身所具有的危险，结果落了个身败名裂的下场，也流下了一个纸上谈兵的名声。

中国有句军事古训"忘战必危"，然而更重要的是"好战必亡"。东汉大政治家、军事家曹操在《孙子序》中说，"恃武者灭，恃文者亡，夫差、偃王是也。"又说："圣人之用兵，戢时而动，不得已而用之。"反映了对待战争的谨慎立场。历史也能证明这一点。中国在秦朝时，建立了统一国家，至汉代，统一格局已然定型，此后的2000年间，虽然也有分裂时期，但这是统一国家内部暂时的分裂，很多战争发生在中国版图之内，也就是发生在中国的各个地区和民族之间。郑和七次航行海外，其目的并不是开拓和占领殖民地，或掠夺别国的财富，而只是弘扬天朝的国威。因此，中国历代王朝所关心的是国内秩序，而非向外扩张，是内部的整合、平衡而非去欺侮他国。这种文明是建立在内涵式发展基础上的文明，而不是外延式扩张式的文明。中国的人文意识导向是自我发展，自强自立，但不给别国带来危害，要求的是协调发展，共存共荣。这与孙子所倡导的战争利害观是一致的。

当今世界，随着世界经济向全球化方向发展，各国的利益相互渗透，你中有我，我中有你，因此，任何国家都不可能把自己的经济发展局限在本国疆界内。随着经济的不断发展，经济的全球化趋势还将进一步扩大。同时，各国在诸如环境污染、核扩散等全球利害相关的问题上，也存在着一定的共同利益，因而都更加关注和重视参与国际事务。在这种情况下，维护国家安全面临着一系列新的问题。而且随着世界经济的一体化进程的逐步加快，国家之间的联系越发紧密，国家安全受到国际社会的制约程度越来越大，与外部的国际关系秩序息息相关，维护国家安全也越来越依赖于国际社会各方面力量的状况及影响。维护国家安全，最重要的是坚决反对地区霸权主义和全球霸权主义，抑制或消除破坏世界和平与稳定的总根源。同时必须做好以战止战、以武力维护国家安全的准备。积极在政治、经济、军事等方面做好应对战争的准备。古人云：天下虽安，忘战必危。面对错综复杂的国际形势，我们在集中精力进行社会主义现代化建设的同时，必须高度重视增强国防实力，加强人民军队的革命化现代化建设，为社会主义现代化建设提供强有力的安全保障。

谋攻篇

本篇可看作是全书的核心,主要论述了如何运用谋略克敌制胜的问题。孙子以"不战而屈人之兵"和"全胜"作为将帅用兵艺术所应当追求的最高境界,突出强调以谋胜敌,并深刻揭示了"知彼知己,百战不殆"这一著名的军事规律。但是,孙子并不认为"不战而屈人之兵"在任何时候都是可以做到的。所以,他首先从战略的高度出发,将战争的谋划与决策做了一个层次上的划分,即"上兵伐谋,其次伐交,其次伐兵,其下攻城";同时又立足于战场决胜的实际情形提出了一系列具体的作战原则,即所谓"十围""五攻""倍分""敌战""少逃""不若避"。主要目的就是以最小的代价取得最大的胜利。

孙子特别重视谋攻,在论述以谋略攻城的方法时,并不停留于现象本身,而是把它提高到战略学的高度来认识。他从战争的目的是最大限度地消灭敌人和保存自己这一点出发,提出一种"全利"的原则。看出战争从"伐谋"到"伐交"到"伐兵"到"攻城"这一逐步升级的过程,并论述了力量对比与攻守形势的关系。

【原文】

孙子曰：凡用兵之法，全国为上①，破国次之；全军为上②，破军次之；全旅为上，破旅次之；全卒为上③，破卒次之；全伍为上④，破伍次之。是故百战百胜，非善之善者也；不战而屈人之兵⑤，善之善者也。

【注释】

① 全国：使敌方举国降服。以下"全军"、"全旅"等均为全胜之意。

② 军：古代军队编制单位。

③ 卒：周代军制。每卒百人。

④ 伍：周代军制。伍是最基本的战斗单位，每伍五人。

⑤ 屈：屈服。在此为使动用法，使……屈服。

【原文】

故上兵伐谋①，其次伐交，其次伐兵，其下攻城。攻城之法，为不得已。修橹轒辒②，具器械，三月而后成；距闉③，又三月而后已。将不胜其忿④，而蚁附之⑤，杀士三分之一，而城不拔者，此攻之灾也。故善用兵者，屈人之兵而非战也，拔人之城而非攻也，毁人之国而非久也，必以全争于天下⑥，故兵不顿而利可全⑦，此谋攻之法也。

【注释】

①上兵：用兵的上策。伐谋：以智谋取胜。

②修橹轒辒(fén yūn)：攻城的工具。修橹：大盾。轒辒：攻城用的四轮车。

③距闉(yīn)：在敌方城墙附近堆积土山。闉：通"堙"，小土山。

④胜：承受。

⑤蚁附之：形容像蚂蚁一样爬梯攻城。

⑥全：全胜。指前述之"全国"、"全军"之胜。

⑦顿：通"钝"，指部队遭受损失，锐气受挫。

【原文】

故用兵之法，十则围之，五则攻之，倍则分之，敌则能战之，少则能逃之，不若则能避之。故小敌之坚，大敌之擒也①。

【注释】

①小敌之坚，大敌之擒：兵力过于弱小而战斗力坚强的军队，若与强大敌人硬拼，必定会成为强大敌人的俘虏。

【原文】

夫将者，国之辅也，辅周则国必强①，辅隙则国必弱②。

【注释】

①辅周：辅佐严密周详。

②辅隙：辅佐不周详，有疏漏。

【原文】

故君之所以患于军者三①：不知军之不可以进，而谓之进，不知军之不可以退，而谓之退，是谓縻军②；不知三军之事，而同三军之政者③，则军士惑矣；不知三军之权④，而同三军之任，则军士疑矣。三军既惑且疑，则诸侯之难至矣，是谓乱军引胜⑤。

【注释】

① 患：危害。
② 縻（mí）军：牵制束缚军队。
③ 三军之政：军队的行政事务。三军：泛指军队。
④ 权：权变，机变。任：指挥，统帅。
⑤ 乱军引胜：扰乱军队，失掉胜机。

【原文】

故知胜有五：知可以战与不可以战者胜，识众寡之用者胜①，上下同欲者胜②，以虞待不虞者胜③，将能而君不御者胜④。此五者，知胜之道也。故曰：知彼知己者，百战不殆；不知彼而知己，一胜一负；不知彼不知己，每战必殆。

【注释】

① 识众寡之用：懂得如何根据兵力多少采取正确的策略。
② 同欲：同心。
③ 虞（yú）：预料、准备。
④ 御：本义为驾驭，引申为牵制、控制、制约的意思。

【品鉴】

不战而屈人之兵，善之善者也。

孙子的战略战术思想主要可归纳为"兵者，国之大事"的战争观、"不战而屈人之兵"的全胜思想和"知彼知己，百战不殆""避实而击虚""以正合，以奇胜"的作战方法，特别重要的是他强调的尽量避免用流血来达到战略目的的战略思想。《谋攻篇》的这段话"凡用兵之法，全国为上，破国次之；全军为上，破军次之；全旅为上，破旅次之；全卒为上，破卒次之；全伍为上，破伍次之。是故百战百胜，非善之善者也；不战而屈人之兵，善之善者也。"成为几千年来脍炙人口的军事名言，其核心就是实施战略的非攻原则。强调不通过武力交锋而达到战略目的才是最圆满的胜利，是战略家所追求的最高目标和最完美的境界。"不战而屈人之兵"的全胜战略对彼此双方、对世界都有好处，"全"是孙子谋略思想的核心。要实现"不战而屈人之兵"，需要军事实力与谋略乃至于天时、地利等各个方面的结合。以"全胜"谋略为核心的战争思想，不仅具有重要的理论创新意义，而且具有很重要的现实指导意义。这里我们又看到孙子在开篇时所强调的对战争的谨慎态度。他强调"非危不战"，即不到危急关头，不贸然发动战争。这是因为战争会耗费大量的人力、物力、财力，"日费千金"，使双方都大伤元气，损失惨重，如果战争失败，更有割地、赔款甚至亡国的危险，孙子告诫说："明君慎之，良将警之，此安国全军之道也。"（《火攻篇》）20 世纪 60 年代的越南战争和 20 世纪 80 年代的阿富汗战争，分别使美国和苏联遭受了严重的挫折，是最有代表性的例子。

过去人们在讨论"不战而屈人之兵"的观点时，只是把它作为一种征服敌人的战略战术，实际上，比百战百胜还要高明的不战而屈人之兵，还是《孙子兵法》人文精神的集中体现。这一思想首先代表了孙子军事伦理思想的重要内容。在孙子看来，不经过流血战争而能征服或慑服敌人，正是军人价值最高、最理想、最完美的实现形式。这说明，孙子的战争观已超越了战争的本身，在更高的理性层面上进入了人本的伦理境界。这一境界就是爱好和平。这是建立在对现实战争灾难的深刻理性反思的基础上建构起来的。与孙子同时代的老子、孔子等思想家，都有崇尚和平止息战争的思想。孙子的"不战而屈人之兵"说，是希望不用任何武力征伐而能御敌、退敌、胜敌，诚如孙子所说："故善用兵者，屈人之兵，而非战也；拔人之城，而非攻也；毁人之国，而非久也。必以全争于天下，故兵不顿，而利可全，此谋攻之法也。"

孙子"不战而屈人之兵"的"和平"思想内核，在当代军事活动中将越来越被重视，"不战"的目的性也将日益被国际社会所认同。特别是信息武器投入战争，有可能使以往的"消灭敌人，保存自己"转变为"牵制敌人，保卫和平"。运用信息武器更有利于进行伐谋、攻心，为"不战而屈人之兵"从理想转化为现实提供更充分的条件，甚至交战双方运用"虚拟战争"的形式一决雌雄，也不是没有可能的。总之，战争推动着军备竞争，军备竞争导致人类对和平的追求；武器装备现代化的程度越高，人类向往和平的呼声也就越高。从20世纪前期的45年大战阶段到中期的45年冷战，再到和平与发展成为时代的主题，近百年的历史揭示了一条军事斗争发展规律：人类必将通过"不战而屈人之兵"的战略走向世界和平。

在今天这样一个科学技术空前发达的时代，只有"不战"才能缓和世界局势，这也是"核武器时代的战略"将孙子"不战而屈人之兵"战略思想提到空前高度的意义所在。唯有真正实践了孙子"不战而屈人之兵"全胜战略的深层和深刻的内涵，即"不战"而"安国全军"，从根本上朝着"全"的境界努力而"益天下"，人类和平的前景才会是光明美好的，正是从这个意义上讲，孙子"不战而屈人之兵"的全胜战略思想能给世界和平与人类安宁的美好愿望以极重要的启示。当今时代的主题是和平与发展，"不战而屈人之兵"将在更高的价值目标上成为当今世界走向和平、合作、发展的理性选择。

建立平等、互助、协调的和谐社会，一直是人类的美好理想与追求。从现实看，建立在多元价值观基础上的多元文化乃至政治、经济格局是当今世界发展的必然，而多元文化之间的冲突则是当今世界和平发展的障碍。著名社会学家费孝通晚年提出不同文化之间要"各美其美，美人之美，美美与共，天下大同"。承认多元价值观的存在，实现不同价值观之间的和谐共生，是维护世界和平、走向天下大同的根本途径。在全球化的今天，任何一种价值观只有融入更为丰富、更为多样的世界文明中，才能维系自己的生存和发展。不同价值观之间的交流、理解、共享、融合，是世界文明共存共荣的根本出路。

上兵伐谋，其次伐交。

孙子在《谋攻篇》中对战争的形式做了大致的划分，他认为战争有四种不同的方式，即谋略战、外交战、野战、攻城战。最上策是挫败敌人的战争图谋，其次是挫败敌方的外交同盟，再次是野战，最下策是攻城。从这里可以看出，谋略战是一种智慧之战，以智取胜可以避免或减少在战场上相互厮杀造成的人员损失，而攻城之所以是下策，是由于攻城战有可能使士卒伤亡，减员三分之一，而城还是攻不下来，这对部队来说是场灾难。所以孙子主张"故善用兵者，屈人之兵，而非战也；拔人之城，而非攻也；毁人之国，而非久也"。这种以智谋攻取战胜敌人的方法不是残酷杀戮所能比拟的。在天下混乱、各地势力蜂起的年代，要想谋取战争的胜利，外交活动是必不可少的，孙子将伐交列为仅次于伐谋的最佳用兵选择手段。伐交，也即外交，伐交的目的是孤立敌方，使它的同盟破裂，造成于我有利的态势。有时候，外交成功，就可以变危机为有利时机，变被动为主动，以至于扭转局势，并取得最终的胜利，或达到最终的目的。随着时代的发展，外交在世界政治中的作用越来越重要，孙子的伐交谋略依然具有重要的指导意义。

战国时期，秦国想要讨伐齐国，但是又害怕齐国与楚国联盟，于是派使者张仪前往楚国，意图拆散齐楚联盟。张仪到达楚国以后，用明珠、宝玉等贵重礼品买通了南后，让她向楚王进言，说秦国派张仪来求见楚王，愿割地六百里献给楚国，只求秦、楚两国和好，互不侵犯。于是，楚王接见了张仪，张仪力陈秦楚和好对两国都有利的道理，并表示秦国愿意割地六百里作为两国和好的礼物。楚王见利忘义，欣然接受了张仪的游说，并答应秦楚两国和好，互不侵犯。楚王接见秦国使者张仪的消息传到了齐国，齐王大怒，认为楚王接见秦国使者并愿与秦国和好，破坏了齐楚联盟，并且其中有阴谋，秦、楚企图共同对付齐国。从此，齐国与楚国结下怨恨，互不往来。实际上，张仪所说秦国愿割地六百里是一个诱饵。当楚国派使者去接受六百里割地时，张仪却说，不是秦国的土地六百里，是他自己的封地六里。楚使者回报楚王以后，楚王大怒，大骂秦王失信，并出兵伐秦，结果正中了秦国的计谋，被秦国打败。从此以后，楚国完全处于孤立无援的境地。秦国使用了伐交战略破坏齐楚联盟，为秦国以后逐个击破齐国和楚国创造了条件。

进入20世纪之后，人类历史上空前的两次世界大战，特别是核武器出现之后，将西方军事思想的缺陷暴露无遗。以西方人对克劳塞维茨以来的军事理论进行反思为契机，中国传统兵学的价值又一次表现了出来。第一次世界大战使英国军事学家利德尔·哈特对拿破仑战争以来的西方军事理论产生了强烈的幻灭感，正是在对西方近代军事理论的清算过程中，利德尔·哈特发现了《孙子兵法》在战略思维、战略价值观上的重要启发意义，并由此提出了"间接路线战略"。二战之后，以美国为首的西方接连陷入了朝鲜战争、越南战争的失败，西方军事理论的问题进一步暴露了出来。尤其是越南战争的失败，给西方人以极大的触动。越南战争，美国人是严格按照西方军事理论来打的，然而在这场历时11年的战争中，美国几乎打赢了每一场战斗，然而却输掉了整个战争。这不但使美军的战场指挥官感到迷惑不解，而且连战争的最高决策者也不得不反思，这场怎么说似乎也该赢的战争到底出了什么问题。在这种大背景下，更多的西方人将眼光投向了《孙子兵法》，希望能从东方古老的智慧中得到启示。结果是不少人得出了这样的结论：西方世界的失败，正是因为违背了孙子的教训。美军作战部队司令威斯特摩兰在《一个军人的报告》中回顾越南战争时，引用了孙子"兵久而国利者，未之有也"的名言，说"进入越南是我国所犯的最大的错误"。另一位美国著名的战略思想家柯林斯在他的《大战略》一书中也指出："孙子说：'上兵伐谋'……美国忽视了孙子的这一英明忠告，愚蠢地投入了战斗。我们过高地估计了己方的能力，过低地估计了敌人的能力。"

运用计谋结交更多的朋友以孤立最顽强的敌人，从而取得政治、经济和军事上的优势，这是《孙子兵法》的政治谋略。伐谋、伐交思想是当代非对称战略思想的核心，也是当前维护国家安全与利益的最佳方式。当前，在维护国家安全问题上，许多国家采取了非对称谋略，即以非对称的战略力量和不对应的战略手段，遏制和对付可能构成的威胁。当今世界，国际与地区的霸权主义、强权政治与民族宗教狂热，是对国家安全构成威胁的主要因素。面对影响和危及国家安全的威胁，以威胁对付威胁、以威胁遏制威胁的对称战略，不可能减少和消除威胁，相反可能增加和扩大威胁。实行非对称战略，以伐谋、伐交为本，将减少和缓解国家面临的安全威胁，以和平来保障安全，实现和平共存与和平共处，从长远来看，对维护国家安全是有利的。

以伐谋、伐交为主，以实现和平共存与和平共处，这也是建设和谐世界理念的一个基本要求。建设和谐世界的理念，是胡锦涛在2005年4月22日雅加达亚非峰会上第一次提出来的。这一理念充分展示了中国坚持走和平发展道路的决心，它将中国近年来在国际上所倡导的新秩序观、新安全观、新发展观、新文明观等有机联系在一起，必将成为国际社会认识、了解、判断中国外交政策和行为的一个重要参数。这一思想的提出将进一步巩固中国负责任、建设性的国际形象，也必将成为化解"中国威胁论"的有力武器。建设和谐世界的基础是包容，包容是当今世界文明多样性的客观要求。文明多样性是人类社会的客观现实和基本特征，也是人类文明进步的重要动力。在人类历史上，各种文明都以自己的方式为人类文明做出了积极贡献，而目前在我们生活的这个星球上，有60多亿人口，200多个国家和地区，2500多个民族，6000多种语言，以及包括基督教、伊斯兰教、佛教等在内的多种宗教和包括不同"主义"在内的多种政治信仰，因此整个世界文明是丰富多彩的，必须承认和尊重这种客观存在。各国应该坚持平等对话和交流，倡导开放和兼容并蓄的文明观，加强不同文明的对话和交流，努力消除相互的疑虑和隔阂，使人类更加和睦，让世界更加丰富多彩。不同地区的不同文明应该以平和、包容的心态看待彼此的差异，差异不应该成为地区冲突和矛盾的根源，而应该成为不同地区相互借鉴和融合的动力，应当以平等开放的精神，维护文明的多样性，促进国际关系民主化。

历史已经证明，国与国之间的对抗、冲突、争夺不但无助于化解矛盾，无助于建立合作与保障安全，反而会进一步激化矛盾，使得纷争迭起，战乱不已。总结过去，最深刻的教训是各国和平共处，建立对话、协商机制，就全人类共同关注的问题加强沟通，增进了解，扩大共识，在有条件的情况下寻求更好的合作，树立互信、互利、平等、协作的新安全观。因此，协商对话、谈判合作是建构和谐世界的根本途径。这也是孙子提出的伐谋与伐交思想在现代世界的重要启示意义。构建和谐世界，任重道远，但这一外交理念体现了时代与历史发展的客观要求，符合世界各国的根本利益，是国际关系发展的必由之路。

故小敌之坚，大敌之擒也。

孙子固然十分强调谋略的意义，但也决不忽略具体用兵的方法。在如何开战的问题上，孙子对每一种情况都进行了分析，这是孙子关于审己察敌，量力用兵，分合为变的胜敌原则，反映了集中兵力确保必胜的作战指导思想。将帅在兵力部署上要善于变化，用小的代价换取大的胜利。也就是说，要一切从战场实际出发，趋利避害，"量敌而用兵"。

战场上如何才能做到趋利而避害，关键是一个"权"，也就是权衡。《军争篇》里有"悬权而动"，是指战场指挥应权衡敌我形势，相机而动，这里的"悬权"，也就是将秤砣挂在秤杆上来回移动的意思。"权"的本意是指秤砣，用来秤物体之轻重。《汉书·律历志上》里说："权者，铢、两、斤、镒、钧、石也，所以移物平施，知轻重也。"此处的"移物平施"就是指秤砣在秤杆上来回移动，以确定物体的分量。《孙子兵法》里，用到"权"字的地方大约是三处。一是在《谋攻篇》里，有"不知三军之权，而同三军之任，则军士疑矣！"意思是：不知道用兵的权谋而胡乱干涉军队的指挥，将士就会产生疑虑。说的是国君有可能贻害军事的三种情况中的一种情况。二是在《军争篇》里，当谈到军队如何争取有利情况时，有一句话是"廓地分利，悬权而动。"后人理解为开拓疆土，权衡形势，相机而动。三是在《计篇》里说的"势者，因利而制权也。"就是说，所谓"势"，指的是根据是否对我有利而采取相应的行动。可见在孙子那里，权是一个十分重要的理念。

"权"的观念也反映在类似的兵书中，《左传·僖公三十三年》记载了宋国大夫狂狡不懂权变而被擒拿的历史事件，说明有无权变的意识，足以影响战争行动。相传，宋大夫狂狡与郑国一名士兵在战斗中相遇，这位士兵逃跑时失足掉在井里，狂狡无视双方敌对的战争状态，死守仁义规范，他倒拿着戟将这位落水的士兵从井里拉上来，而没有想到要将他杀死或俘虏。由于狂狡是倒拿着戟，等于将武器送到对方手里，结果，当这位士兵从井里被拉上来后，顺手刺伤狂狡，并将他擒拿。史官对此评论说，狂狡不顾战场上的拼死厮杀，死守仁义规则，又违反上级的杀敌命令，遇到紧急情况不知权变，竟然把戟递到对方手里，无形中给对方提供了擒拿自己的机会，真是自取其辱。

《左传·僖公二十二年》又记载了宋楚泓水之战的故事，也是讽喻宋襄公不懂权变而最终招致失败的史实。事情经过是，宋、楚两国交兵，楚军渡河作战，为宋军半渡而击提供了大好时机。奇怪的是，宋襄公却以对方还没有渡完河为理由，不允许出战，当楚军渡完河后，他的部下司马子鱼又劝他发动攻击，他又不允许，说："寡人虽亡国之手，无鼓不成列。"要求自己的军队列好阵势，敲起鼓来，再向楚军进攻，结果宋军大败。子鱼批评宋襄公说：楚军渡河，为我们提供了进击的有利时机，你不去利用；楚军渡河后未摆开阵势，军队混乱，又是上天帮助我们，你又不去利用，虽说有"无鼓不成列"的古训，但金鼓本来是用于鼓舞士气的，你为什么死守古训而不知变通呢？先迎战楚军，然后击鼓，不是也可以吗？他痛惜宋襄公死守仁义，缺少权变意识，放过了歼敌的大好时机。

关于权的观念，不仅兵家有，儒家也有。孔子就有类似的话，《论语·子罕》中说:"可与共学,未可与适道;可与适道,未可与立;可与立,未可与权。"这是孔子对他的弟子子罕讲的一段话。意思是,有些人也有志于学,但所学的未必是道;有些人虽然有志于道,但未必能立于礼;有些人虽然立于礼,但往往把礼当成一种死的规矩,用固定的办法去应对变动了的事,不善于将原则灵活地应用,这就是"未可与权"。依照孔子的意思,一个合乎规矩的人,既应能通晓原则,又要能结合实际,灵活应用。后人董仲舒对孔子这段话作了一种解释,认为"未可与权"是指"反经而合乎道曰权",这里说的经是指某项原则,而某项新举措看来似乎违反原则,其实与原则相合,这就是权。

孙子在讲"权"的时候,是基于双向思维这样的理论基础。他认为,权的目的在求利,但利与弊总是连在一起的。《虚实篇》中有"故策之而知得失之计",是说预测用兵的利弊以决定对策。《军争篇》中又说:"故军争为利,军争为危。"是说军争是有利的,但军争也是危险的。《作战篇》里还说道:"故不尽知用兵之害者,则不能尽知用兵之利也。"是指不能完全懂得用兵坏处的人,也就不能完全懂得用兵的好处。孙子不只认为利和弊相互包含,而且也能在一定条件下相互转化,这是权变意识的重要内容,也是双向思维的又一层含义。如《九地篇》说:"投之无所往,死且不北,死焉不得,士人尽力。"这是说,假如把部队逼到无路可走的境地,便死也不会败退,既然士卒连死都不怕,也就会尽力作战了。也就是说,士卒进入绝地本来是坏事,但如果运用得好,使军心巩固,也能在绝处求生,坏事又变成好事。这也是双向思维的方法。孙子的权变意识给我们一个启示就是,利与弊不仅相关,而且在一定情况下可以相互转化。也就是说,人在对待任何一种关于利益问题时,都必须将利和弊连在一起来思考,认真权衡,才能做出更好的选择。曹操在注解孙子关于利的论述时说:"在利思害,在害思利。"后来也有人把这句话扩展为"两利相权取其重,两害相权取其轻"。

对于这样一个问题,孙子还有一个著名论断,就是"小敌之坚,大敌之擒"。意思是:假如自己的力量并不强大,就不要在战场上死死地拼杀。《吕氏春秋》这部书里表达过类似的思想,就是说,所有人凭自己的经验都能分出大小与轻重,没有人愿意拿脑袋去换帽子,也没有人愿意残害肢体去换衣服,如果有人愿意这样做,周围人一定会嘲笑他分不出轻重。因为,帽子是用来装饰头部的,衣服是用来装饰身体的,残害所装饰的身体,去换取装饰身体的事物,无异于舍本而逐末。所以《吕氏春秋》又说道"圣人去小而取大"。这里包含着一条重要启示就是懂得放弃。权衡的目的就是做到该索取的时候一定要索取,该放弃的时候一定要放弃,这是一种智慧的表现。从人生哲学的观点看,对得到与放弃应当有辩证的看法。获得并不一定幸福,放弃也不一定痛苦。懂得权衡利弊的人,应当懂得获取的意义,也应当懂得放弃的价值。在某些情况下,选择放弃不仅值得,也是睿智的。其实人生很多时候需要适时的放弃。世间有太多美好的事物,对没有拥有的美好,我们一直在苦苦地向往与追求,为了获得而忙忙碌碌。有人说放弃也是一种美,是有道理的。

夫将者,国之辅也。辅周则国必强,辅隙则国必弱。

孙子充分肯定人才的重要性,对"将"在战争中的地位和作用给予了很高的评价。《孙子兵法》开篇就提出战争是关系国家生死存亡的大事,把"将"看作是比较、分析敌对双方各种条件及探求战争胜负可能性的"五事"之一。《作战篇》提出"知兵之将,生民之司命,国家安危之主也"。把深知用兵之道的将帅看作是民众生死的掌握者,是国家安危的主宰者。这些都是把"将"的作用放在身系国家安危强弱这样一个高度来认识。孙子在本篇也是竭力宣扬将帅的地位和作用,将帅辅佐周密,国家就强盛；辅佐有疏漏，国家就要衰弱。这样将帅的地位和作用不仅关系战争的胜负，而且关系到民众的生死与国家的安危存亡。

在我国历史上，历代思想家政治家都认识到"为政之要，惟在得人"，他们深切地懂得军事人才在决定战争胜负、国家兴亡中的重要地位和作用，发出了"千军易得，一将难求"的感叹。俗话说："一将无能，累死三军"，一个团队是否重在用将，是否用好将，可以说直接关系到这个团队的生存和发展。一支队伍，首先选好领导，才能保证胜利。将帅是一切军事活动的中枢，无论建设军事、管理军队，或是指挥作战，将帅都起着主导作用。孙子不仅把贤能的将帅看作关系战争胜负的重要因素，而且看作事关国家生死存亡的重大政治问题。历史虽然延续了数千年，但以人才为本的重要建军思想始终没有变。

战国时期，中原各国连年战争，争雄称霸，中国总未能统一。秦国虽然逐渐强大，在战争中经常取胜，但是还未能形成一套正确的战略构想。自范雎任秦国国相以后，他提出了一套适合秦国的发展战略，从而使秦国开疆拓土，完成了统一中国的大业。范雎，魏国大梁人，博学多能，有安邦定国之志，在魏国做了一个外交小官，因才能显赫，受人嫉妒被害，几乎丧命，逃往秦国。在秦臣王稽的推荐下，上书秦王，提出明主立政，有功者赏，有能者官，劳大者禄厚，才高者爵尊，无能者不能滥职，而有能者不能遗弃的主张，得到秦王的召见，为秦王提出了重用贤者，免去滥臣，远交近攻，开疆拓土的发展战略。秦王完全采纳了范雎的建议，罢免了穰侯，任用范雎为相国，命令大将白起停止伐齐，并与齐楚结好。再派大将伐韩、伐魏、攻赵，大败赵、魏、韩，大大扩大了秦国的疆土。秦昭王能识人，并敢于用人，正因为如此，才使得秦国得以不断壮大和发展，最终称霸诸侯。

既然人才这么重要，那么无论是治军、治国还是治理一个企业，都会面临一个选拔、培养和使用人才的问题，这是关系到事业成败的关键问题。三国中的主要人物诸葛亮，长期以来被人们视为智慧的化身，也留下了非常多的经典故事，如"草船借箭""三气周瑜"等，但他在人才的培养和使用方面，却有一些值得让人深思的地方。特别是在蜀国后期，关羽、张飞两员大将去世以后，蜀国可用的人才就捉襟见肘，甚至出现了无人可用的程度，以至于出现了"蜀国无大将，廖化作先锋"的情况。这其中最主要的原因就是诸葛亮忽视了人才的培养。这样，在刘备去世后，蜀国就开始走向衰弱，这个结果又不得不让诸葛亮自己更加事必躬亲，最终累死五丈原。反观曹操，在人才选拔上提出了"唯才是举"的方法，同时推行"军屯"，创立了封建社会的九品雏形，形成了一支庞大有效的团队，最后逐渐消灭了吴、蜀。

商业领域的竞争也像率军打仗一样，必须选好领军人物。杰克·韦尔奇当年被选拔时，董事长琼斯可是经过十年时间考察才最后确定下来的，看上的就是韦尔奇创新的意识和追求第一的坚强意志。结果是韦尔奇给 GE 创造了新的历史。同样，他退休时选择伊梅尔特也是不遗余力。联想集团柳传志在选拔将才方面也是很经典的，对杨元庆、郭为等人多年栽培，最终两人都很优秀，于是给他们一个又一个平台。果然是联想得到继续的发展，越做越大、越做越强。柳传志的选人经验，就是看你是否具有搭班子、带队伍、做战略的能力。结果，随着联想事业的发展，联想也开创了人才辈出的局面。

的确，对于一个企业来说，没有智勇双全的人物的辅助，不能有效利用身边的人才，在残酷的竞争中就可能被动挨打甚至处于倒闭的境地。而你一旦拥有了这种优势，在商场的竞争中，得胜的就可能是你。克莱斯勒作为美国汽车工业的三大公司之一，长期保持着强劲的发展势头。然而到了 20 世纪 70 年代初，由于公司领导经营决策的失误，导致连年亏损。到 1979 年，克莱斯勒公司的亏损达 11 亿美元，各种债务高达 48 亿美元。倒闭，似乎是公司必然的结果了。然而，李雅柯卡的出现，挽救了公司的命运。受命于危难之时的他，认真地调查和分析了公司的现状，大刀阔斧地对公司进行了改革，整顿高层领导、压缩规模和削减人员等几项措施的实施，使公司去掉了沉重的负担。紧接着，他又采取了有效的策略和措施，使公司不仅没有倒闭，而且盈利速增，很快就又迅猛地发展起来了。由此可见人才对企业兴衰所起的重大作用。

在用人的过程中，还要具备"记人之功，谅人之过，容人之短，用人之长"的胆略与美德。只有这样才能感动人才、留住人才，让才为己用。对于将才的选取，要用能人，忌用完人。"疑人不用，用人不疑"，是当今商海中择人用人的经验之谈。企业主管与人才，正如"伯乐"与"千里马"。只有真正的伯乐，才会发现千里马，也只有是名副其实的千里马，才会在群马中突显出来，被伯乐发现。但"千里马常有而伯乐不常有"。工商界有一句话："人才即经营。"经营中财力固然重要，然而更重要的是人。只要有了人才，自然会有财路。因此，培养和运用人才，发挥每一个员工的最大潜力是至关重要的。

作为一个企业，需要培养什么样的人才，这是每一个企业管理者所面临的问题。一般说来，循规蹈矩的中层管理人员比较受欢迎。因为，这些人员都是公司的老臣，熟悉公司的情况，了解上司的习惯与脾气，思路往往与上级合拍一致，上司对于此类下属指挥起来得心应手，这些人一般不犯大错误，他们的工作作风严谨而审慎。然而，在具有挑战性的当今时代，更需要一批挑战性的人才。这些人才所具备的特点是：不安于现状，总在寻求新的开拓与进取，对现成的制度与做法会产生怀疑。这些人才是企业不可多得的创业人才。作为企业的领导，对手下有创造性的人才，只要驾驭得当，让他们发挥自己的创新特长，就能使企业永远充满进取的活力,具有挑战性。培养接班人绝非一朝一夕之事,所谓"十年树木,百年树人",就是说人才的栽培需假以时日,更需花费精力培养接班人,要有耐心和长远的眼光。现在许多年轻人,不愿多辛苦,把跳槽视为常事,这样的人,即使头脑灵活,有一定能力,也非候选对象。另一种人,进入角色需要一定时间,但一旦熟悉了业务,一样会有条不紊,准确完成任务,干行政管理应该取这一种人作为栽培对象。因为严格地讲,行政管理人员并不一定需要第一流的科技头脑与敏捷的反应,管理最大的特点是条理化、制度化,是平衡、协调能力,是对企业概况、下属人员的熟悉与调控,更主要的是敬业乐业精神,而这一切,都必须通过一定时间的培养。大家都熟知,刘邦在夺取政权后与群臣有一段著名的"三不如"的对话:"夫运筹帷幄之中,决胜于千里之外,吾不如子房;镇国家,抚百姓,给馈饷,不绝粮道,吾不如萧何;连百万之军,战必胜,攻必取,吾不如韩信。此三者,皆人杰也,吾能用之,此吾所以取天下也。"刘邦能夺取天下,而出身富贵人家的项羽却丢了天下,这里面的关键在于项羽不会用人,刘邦会用人,而且会用各种不同类型的人才,将他们的才干充分调动出来,服务于自己的大事业,这正是刘邦的成功之处。刘邦所说的,其实也是一切领袖成事的第一秘诀。

曾国藩的成功之道中极重要的一条,也在于他有杰出的识才用才的本事。时人说他善于衡人,尤擅长相士。曾氏用人的原则是德为主,才为辅,先看德行操守,次看学识,再看才具。他对人才广收慎用。识别后,将他们一一合理使用。在识与用之间,他还善于培养人才。他的教育特点立足在褒奖,也就是多用奖励,少用苛责,他有两句名言:"扬善于公庭,规过于私室。"在十多年的战争岁月里,曾氏依仗着千万人才成就了大事业,同时,他也通过这些战事培养了一批卓越人才。这批人才,对晚清政治、军事、文化、外交各个方面都发挥了重要作用。在识人用人中，曾氏尤注重对替手的选择。他在给九弟的一封信中就说："办大事者，以选替手为第一义。"这说的是他自己的经验。替手就是代替自己的人，曾氏很重视寻找一个全面的替手，经过多年的培养观察，他最后将李鸿章选为自己的接班人。曾氏与李的关系发展有几个阶段：结识—雕琢—磨炼—寄予大任—视为接班人。事实证明，正是李鸿章将曾氏的事业推向前进。在军事方面，李鸿章的淮军最终平定了捻军，后来日益壮大，成为晚清军界中的一支最重要的力量。在洋务方面，他大规模地开设兵工厂、创设机器局、选派留学生等。曾氏只是拉开洋务运动的序幕，洋务的大局面还是他的替手李鸿章打开的。李鸿章对曾氏十分推崇，且称他所做的事都是老师所开创的。李鸿章执掌晚清军事、外交大权30年，权倾天下，炙手可热，曾国藩在死后很长时间里一直保持着高大的形象，与李鸿章的地位和推崇是分不开的。

在培养企业人才方面，日本企业家井植薰的经验也值得一提。井植薰是日本著名家用电器制造公司——三洋电机株式会社的创始人之一。他认为一个企业最核心的任务之一是"造人"，这比制造产品更重要，要想使企业在激烈的市场竞争中立于不败之地，"造人"是第一要务。他给自己提出的要求是：要想塑造别人，先得塑造自己。他在担任三洋的各部门领导职务直至社长的全部时间内，为这一点花费了很多心血。但是，劣质的总经理是根本不可能塑造出优秀的工人来的，所以只有竭尽全力将自己塑造成一名称职的企业领导人，才能有充分的资格去教育和培养他人。井植薰认识到，这不仅仅需要刻苦学习、持续的自我启发和探索，还需要经常保持着让人感到痛苦又必须持之以恒的自我约束精神。他每天去公司上班的时间可以精确到以秒计算的程度，天长日久变成了一种习惯。由于公司管理严格，绝大多数工人都能准时到达。

约翰·阿戴尔是世界上第一个领导力专业的教授，国际上公认的领导学权威，其首创的战略领导、以行动为中心的领导力等理念和方法至今仍然是管理学领域的热门话题。阿戴尔曾经是阿拉伯军团中的一名年轻的副官，短暂的军旅生涯没有让他成为战功显赫的将军，却成为影响他日后人生的不可或缺的经历。他通过对色诺芬、拿破仑、丘吉尔、蒙哥马利等西方历史中优秀的军事战略家的研究，把领导分为三个层级：团队领导、运营领导和战略领导，其中战略领导是最高层次的领导。战略领导区别于其他领导的特性是，它意味着对整体而不是部分负责。就是说，战略领导就是要成为领导的领导。而一个战略领导者应该为整个组织提供方向，应该更加关注"道"，而非"术"。阿戴尔很推崇斯利姆将军的一句话："领导是关于精神的。"因此，他坚信领导永远是一门艺术而非科学。阿戴尔对战略领导的要求提出了五个步骤，即抓住头100天、创建高层团队、正确执行战略、改变组织文化和时间管理。阿戴尔还提出对自己整个事业和生活进行战略思考的必要性，他认为，人们所理解的人生规划就是为自己的生活和事业制定一个计划，其中包括一系列应该完成的目标和长期任务，这些目标或任务是具体的、有时限的，完成"生活目标"的人就是胜利者。这样的规划在阿戴尔看来有一定的道理，但是并没有反映全部事实，因为长期来说，一个人的任务越具体，他就越容易错失目标，会使一个人成为井底之蛙。因此对个人事业和生活进行战略思考，就要运用想象力和创造力，这样才能保证你的能力和天赋能够在其中自然地创造性的展现，不断出现新的灵感之窗。

将能而君不御者胜。

孙子在本篇中阐明了取得战争胜利的五种情况，也就是知胜五法。即知道可以打或不可以打的，能胜利；懂得兵多兵少用法的，能胜利；全军上下同心协力的，能胜利；以自己的有准备对付敌人无准备的，能胜利；将帅有指挥才能而国君不加以干预的，能胜利。这五种情况，就是孙子提出的预知胜利的方法。"将能而君不御者胜"是其中的一种情况，这一论断反映了封建社会领兵挂帅的将军与君主之间的合作关系，特别强调了思想上协调一致的重要性。

"将能而君不御者胜"是《孙子兵法》在用人问题上的一个重要观点，孙子认为，要获得胜利，制约因素很多，但从用人的角度看，起码要具备两个条件：一是"将能"，二是"君不御"。国君要为"能将"充分施展才能创造和提供良好的环境。君主应信任在外指挥作战的将领，不能乱加干涉、掣肘，这是孙子关于机动灵活用兵的思想之一。将帅有能力组织指挥军队作战，国君就不要越权干预指挥，应该大胆放手让将帅发挥主观能动性，作为将领应该在"唯人是保，利合于主"的最高原则下根据战场实际情况大胆行事。当国君的命令不符合客观实际时，身在战场、熟知军情的将领要从实际出发，绝不能囿于君主陈命而机械服从，这样才能取得战争的胜利。要做到这一点，必须以君与将的相互信任为前提。

刘邦在用人上就有这样一个特点，一旦决定用某人，他绝不怀疑，放手使用，这也是他能成功的一个重要方面。最典型的例子就是对陈平的使用，陈平从项羽的军中出来投靠刘邦以后，得到刘邦的信任，让刘邦的很多老随从不满意，所以就有人到刘邦那里说陈平的坏话，然而刘邦还是坚持对陈平委以重任。当时，刘邦和项羽的楚汉之争正处于一个胶着的状态，为了让陈平能够成功地实施反间计，刘邦拨款黄金四万斤给陈平，并且不问出入，可以想见刘邦对陈平的信任。诸葛亮之所以"事必躬亲"就是没有充分授权，一来蜀国没有系统地培养出人才；二来没有发挥下属的潜能，没能把权力下放；再有就是虽然短暂地放了权，却又患得患失，导致他事事不放心，工作越来越忙。

孙子"将能而君不御者胜"的用人思想在今天仍然有很强的现实意义。选准人,有了将,这只是开展工作的第一步,有了人才之后的关键问题是如何创造有利的环境和条件,使人才充分施展自己的才能和抱负。干预和束缚太多,不利于调动人才的积极性,不利于事业的发展。上级对下级要信任,不要越级指挥,更不要不了解情况瞎指挥,这就是用人不疑。《经济日报》列举"十种不受欢迎的企业家",事必躬亲的老板即为其一,文章说:事必躬亲的老板,他属下的人永远是附属品,不能发挥其创造的才干,也不能留住真正的人才。

与"将能而君不御者胜"相反,"掣肘"下属必然不利于事业的发展。孔子的弟子宓子贱,奉鲁国君主之命到亶父去做地方官,但是,子贱担心鲁君听信小人谗言,从上面干预,使自己难以放开手脚工作并充分行使职权发挥才干。于是,在临行前,子贱主动要求鲁君派两个身边近臣随他一起去亶父上任。到任后,子贱命令那两个近臣写报告,他自己却在旁边不时摇动两人的胳膊肘,使得整个字体写得不工整。于是子贱就对他们发火,两人又恼又火,请求回去。两人回去之后,向鲁君抱怨无法为子贱做事。鲁君问为什么,两人说:他叫我们写字,又不停地摇晃我们的胳膊,字写坏了,他却怪罪我们,大发雷霆。我们没法再干下去了,只好回来。鲁君听后长叹道:这是子贱劝诫我不要扰乱他的正常工作,使他无法施展聪明才干呀。于是,鲁君就派他最信任的人到亶父对子贱传达他的旨意:从今以后,凡是有利于亶父的事,你就自决自为吧。五年以后,再向我报告要点。子贱郑重受命,从此得以正常行使职权,发挥才干,直至亶父得到了良好的治理。这就是著名的"掣肘"典故的由来。后来,孔子听说此事,赞许道:此鲁君之贤也。

古今道理一样。管理者在用人时,要做到既然给了下属职务,就应该同时给予与其职务相称的权力,不能搞"扶上马,不撒缰",处处干预，只给职位不给权力。领导用人只给职不给权，事无巨细都由自己定调、拍板，实际上是对下属的不尊重、不信任。这样，不仅使下属失去独立负责的责任心，还会严重挫伤他们的积极性，难以使其尽职尽力，到头来工作搞不好的责任还得由领导来承担。

《贞观政要》中记载了齐桓公与管仲的一段对话。齐桓公有志于称霸天下，向管仲请教如何防止有害于霸业的行为。管仲回答："不能知人，害霸也；知而不能任，害霸也；任而不能信，害霸也；既信又使小人参之，害霸也。"可见，在大政治家管仲看来，对人才的使用和信任是同等重要的。

信任是对人才最有力的支持。首先要相信他们对事业的忠诚，不要束缚他们的手脚，才能让他们创造性地开展工作。其次，要相信他们的工作能力，既要委以职位，又要授予权力使他们敢于负责，让他们明白自己的职责，忠于职守，遇事不推诿，大胆工作。现代企业家的经验已经证明，虚心听取并采纳下属的正确意见，给下属以更大的独立性和自主权，是一位合格领导者的高素质的表现。企业领导应认识到，他的威信和才能不表现在专横独断，而表现在博采民意；不在刚愎自用，而在于从善如流；不在包揽一切，而在富于想象。作为一名称职的领导者，其素质也不是表现在对上层领导唯唯诺诺，毕恭毕敬，而在敢于探索，敢于负责；不在死守成规，而在办事灵活；不在盲从权威，而在有个人信念，有独立见解。当代许多杰出的领导人都具备这样的优秀品质。

西门子公司是德国一家知名度很高的公司，在这个公司，员工有充分施展才华的机会，公司不但肯及时提拔那些出类拔萃的员工，而且对一时不能胜任工作者，也不会将他们列为另类。特别值得一提的是，他们允许下属犯错误，理由是犯过错误的人在个人发展道路上至少不会再犯同样的错误。美国的钢铁大王卡内基说："将我所有的工厂、设备、市场、资金全部夺去，但只要保留我的组织人员，四年之后，我仍将会成为一个钢铁大王。"卡内基死后，人们在他的墓碑上写下了这样的话："这里躺着一个善于使用比自己更能干的人来为他服务的人。"卡内基的墓志铭如实地记下了他一生的发迹结论。他白手起家，成为世界钢铁大王，在钢铁行业乃至其他行业中，实属一个奇迹。

自己能经营赚钱的企业家，说明他有经营本领，而不用自己经营，请别人为他赚钱的企业家，更体现出他的经营才华，因为他经营的是人才。卡内基从没受过高等教育，更没学习过钢铁知识，怎么能够经营好年产几千万吨钢铁的钢铁厂呢？他最主要一条秘诀是：请别人为他管理，也就是他所说的，善于访求比他更有管理钢铁业才能的人为他服务。他在1912年时，以年薪100万美元聘请查理·斯韦伯为其钢铁公司的总裁，当时不但震惊美国，全世界的人也为之咋舌，当时的100万美元相当于现在的1亿美元。因为他深知斯韦伯超凡的企业管理才能，给他高薪，把权力完全下放给他，自己不加任何干预，这样才可以充分发挥他的才能，相信由他来管理钢铁公司要比自己来管理强得多，而所赚取的利润远远多于给他的工薪。事实不出卡内基所料，斯韦伯上任第一天，通过应用行为学的鼓励技巧，将当班的日产量用粗笔写在地上，激起了下一班的工人的竞争意识，使其钢铁公司每班产量提高15%，即从每班产6吨上升为7吨，1个月后，产量成倍增加。现在这一事例已成为管理界最成功的案例之一。在同等的设备和人力、物力投入的情况下，产量的增加，说明其成本降低了，赢利增大了。卡内基的钢铁公司自从斯韦伯任总裁后，迅速扭亏为盈，并促使了卡内基成为钢铁大王，卡内基所赚到的钱比斯韦伯所得到的工薪多成千上万倍。请别人为自己赚钱更能体现出一个企业家的领导才能。卡内基充分运用了"尽人之智为己用""用人不疑，大胆放权"的古今中外的经营之道。

孙子所说的将能君不御，最主要的就是强调要充分相信并重用人才，只有相信并重用人才，才能体现出不御，才能充分发挥人才的作用。通用前总裁杰克·韦尔奇无疑是近年来风头最劲的企业家，号称全球第一CEO，然而在1961年，当时他只是一名工程师，虽然年薪不低，但是他觉得公司的经营作风让人窒息，于是来到通用还不足一年的韦尔奇萌发了辞职的念头。是他的年轻上司罗宾·古托夫挽留住了他。作为一个经营高手、销售奇才，罗宾·古托夫说："我今生最成功的推销说服就是说服并挽留住了韦尔奇，因为留住了韦尔奇，才能有通用今天的辉煌。"当时，作为部门负责人的罗宾·古托夫听到韦尔奇即将离职的消息后，感到非常震惊，他决心不惜一切代价留住这位优秀的年轻人。于是，他在告别宴会的前一天，邀请韦尔奇夫妇共进晚餐。在就餐之际，古托夫对韦尔奇发动了整整4个小时的说服攻势。他发誓将充分利用公司的资源和背景为韦尔奇创立一个宽松自由的工作环境。12年之后，韦尔奇在他的年度工作报告中雄心勃勃地写下了他的长期目标是要成为通用的首席执行官。数年后，他做到了，并且在CEO的位置一干就是20多年，把通用公司做成了全世界最有实力的公司。

对于一个优秀的领导者来讲，他并不一定要身体力行，不一定非要有最出色的管理经验，他只要能够留住最优秀的人才，给他创造环境并充分地使用人才，就足以成为优秀的领导者。这些事例说明人才的重要，又说明人才的难得，因此，择人不仅不能求全，还要敢于选用那些有才干、也有过错的人，用人不疑，善于授权，这既是衡量领导者水平的问题，也是一个广开才路的问题。管理者只有充分信任部属，大胆放权，才能使部属产生责任感和自信心，从而激发部属工作的积极性、主动性和创造性。在现实生活中，有这样两种管理者：一种是事必躬亲，大事小情都要过问，甚至不放过任何细节，整天忙忙碌碌，辛辛苦苦，无所作为；一种是集中精力抓大事，而把日常的具体事务交给下属去做，因而工作有条不紊，成效显著。对以上两种人，下属更喜欢哪一种？当然绝大多数人喜欢后一种。因为没有一个下属不把上级交给的任务当成是对自己的一种信任。而对管理者来说，不善于运用委托艺术，就只能陷入事务之中，成为琐事缠身的事务主义者。不敢委托，实际上是对下属的不信任。

管理者对下属的信任是一种无形的力量。当一个人得到完全信任时，就会以其全部的智慧和力量，去完成上级交给的任务。因此，管理者一定要建立起上下级之间的信任感。在具体工作中，既然你信任某人能够担当重任，就应该大胆委托给他，放手让他处理各种事务。"用人之神"松下幸之助说过这样的话："如果一个管理者认为他的职务权力只能由他个人行使，那就没有一个人有能力胜任其工作。委托不只是在职责上分散权力，而且要让他人代替自己去执行具体任务。在现实生活中，没有一个管理者能够不通过别人的帮助而获得成功的。"事必躬亲是不可取的。侵夺下属工作的权利，就是侵夺他们的成长权、成就权，而缺乏对下属的信任，失去下属的信任感，要想成就大事是很困难的。在一个决策集体中，随意介入下属分管的事务，是令人忌讳的，也最容易"祸起萧墙"。当然，用人不疑是与疑人不用的原则联系在一起的。管理者要与时俱进，不断调整人才政策，使人才有一个良好的生存发展环境。人力资源管理的根本目的还在如何用人，而前提必须是有人可用，能人可留，它集招人、用人、考核、沟通、晋升、培训于一体，需要每个管理者用心思考，本着"不拘一格选人用人"的气度及胸怀，为企业培养优秀人才。

知彼知己，百战不殆；不知彼而知己，一胜一负；不知彼，不知己，每战必殆。

孙子"知彼知己，百战不殆"的精辟论述，指明了战争指导者对敌我双方情况的了解和认识与战争胜负之间的关系，揭示了指导战争的普遍规律，这一思想，包含着唯物主义辩证法和认识论的深刻哲理。了解敌我双方的情况对战争胜负是十分重要的，这一具有普遍意义的指导思想不仅给历史上的军事家们以深刻的启迪，而且也被用于企业乃至各行各业当中，成为至理名言。

在今天看来，孙子所讲的"知彼知己，百战不殆"蕴涵了丰富的情报思想。世界上许多国家都把情报工作作为国家安全发展战略的基础，是国家安全的支柱。任何国家在做出决策时，特别是制定一些重大的政治、外交、军事政策时，一份有价值的战略情报一旦被使用甚至可以抵得上百万雄师。情报在战争中可以影响战斗进行、战略战术的制定而且影响战术的运用，在一定程度上决定战争的胜败。从宏观上讲，情报是经济发展、科学发展的保障。经济情报和科技情报显示一个国家的经济、科技的发展动向，为国家制定经济、科技的发展战略提供依据。特别是一份科技情报的获取，不仅可以使己方避免耗费大量人力财力时间去研发，而且能迅速地运用到生产中并创造出巨额的财富。过去很多战争都是为了控制主要生产要素和财富与实力的来源而进行的。古代的农业社会是为了控制土地而战，近代是为了控制矿藏、资源和财富与工业基础而战，二战中日本和德国发动的侵略战争即是如此。到了21世纪，信息成为主要的生产要素和财富与实力的来源。由此，相应的战争形式从传统战争过渡到了信息化战争。在信息化战争中，由于信息化装备主宰战场，距离将不再是作战中的障碍，因而可实现"不战而屈人之兵"，使人类从古至今的愿望真正变成现实。

打仗是这样，企业竞争也是如此。所谓彼，是指企业经营的外部环境，己是指企业本身情况。对企业领导来说，了解企业自身情况并不困难，而了解企业外部环境尤其是竞争对手的情况却绝非易事。怎样做到知彼，孙子兵法为我们提供了以下几种方法：一是进行事先的摸底工作掌握情况。孙子说："策之而知得失之计，作之而知动静之理，形之而知死生之地，角之而知有余不足之处。"这句话的意思是，通过认真分析，可以知道趋利避害的方法，通过挑动对方，可以了解对手的活动规律，等等，这里的策之、作之、形之、角之，实际上是告诉我们在任何正式行动之前要进行各种试探侦察的方法。二是要注意情报收集，主要目的是收集对方的第一手真实情况，以供领导决策。但是应辨明情况的真伪，为此，就要综合各种收集的情况，在此基础上进行详细认真的考证，而后再加以运用。

在当今尖锐复杂的国际商战中，围绕经济技术情报，世界上一些发达国家之间正不间断地较量着，这就是经济情报战。哪个国家占有优势的经济情报，就意味着哪个国家经济就能繁荣。从古到今，日本一向是非常重视情报工作的国家之一，其情报工作广泛深入到商业、科技等领域中，在国民经济发展中发挥了重要作用。正是由于日本高度重视技术经济情报和信息的搜集、利用，所以在第二次世界大战后，经过30多年的时间，国民经济有了突飞猛进的发展，现已成为世界主要经济大国。《日本情报机构秘史》的作者理查德·迪肯明确指出，在发展和完善《孙子兵法》所阐述的情报原理和实际运用上，日本人取得的效果远远超过中国人。

日本一家石油化工设备公司，在我国大庆油田的设计投标中一举获胜，就是成功运用知顾客之彼的典型事例。在大庆油田开发初期，该公司通过一份中国画报封面上的王进喜的一张照片，从他身穿皮大衣，背景是漫天大雪中推断出，大庆油田可能在东北某地。后来，该公司又从《人民日报》的一条新闻报道中知道王进喜到了马家窑，并说了一声"好大的油田"，由此推断出，马家窑是大庆油田的中心，1966年该公司又从报纸上得知王进喜出席了全国人民代表大会，由此推断，大庆出油了，否则王进喜当不了人大代表。后来公司又收集到一幅钻塔照片上的钻台手柄的架势并推算出了油井的直径，又根据我国国务院工作简报估算出了大庆的产油量。当大庆油田出油后，我国向全世界各国征求油田设计方案时，日本石油化工设备公司将其长期积累的信息加以综合分析，并根据这些情况提出了设计方案，结果该公司一举击败英、法等国公司顺利中标，这不能不说是其深知顾客之彼的胜利。

诺基亚公司地处北欧，前身是芬兰一家有百年历史的老牌公司，生产橡胶以及加工木材和纸张，苏联一直是该公司的最大销售市场。19世纪末该公司开始介入芬兰的电缆通讯业务，20世纪末重点发展信息产业、移动电话，形成自己的特色。20世纪80年代，一位年轻的银行职员奥里拉认为如果苏联政局发生变化，这一市场可能在一夜之间消失，对公司来说将会是最大的不幸。诺基亚公司的总裁很赏识奥里拉远见卓识的超前推断，于是在1985年就果断地聘请他为自己的战略顾问。1991年他所预见的危机果然应验，诺基亚橡胶与木材的最大顾主苏联解体，公司面临了最大的困境。翌年，奥里拉被任命为诺基亚集团总裁，重新确定公司方向。他提出立即全面改革业务，调整结构。奥里拉仔细分析了世界经济的走势，认为工业社会将向信息社会过渡，信息产业将大有前途，他毅然决定将发展重点放到移动电话上来，便不惜工本招揽人才，到20世纪末，诺基亚已拥有44个研究所和1.3万多名研究人员。奥里拉之所以成功，在于他对商品世界的观察，有远见卓识超人的眼力。

当今社会，人们已把竞争情报同人才、物资、能源一起统称为影响人类社会发展的四大要素。在日本，许多企业家的案头都有这样的座右铭："出色的竞争情报等于光辉的未来。"对企业而言，开展包括竞争对手、竞争环境、竞争策略等方面的竞争情报研究工作，建立和规范适应企业自身发展需要的竞争情报工作的运行机制已势在必行。世界上经济发达国家的很多国际化企业或集团都以信息化促进企业或集团的经济增长。国家都有独立的竞争情报专业机构，一般称为竞争情报专业人员协会，或称为工商信息联合会、协会，活动内容多样化，主要包括战略规划、市场调研、技术跟踪、对手环境监测、信息咨询服务等。

21世纪是一个信息化时代，信息事业的发展将呈现以下三大趋势：一是信息综合化，各门类信息学科将向更深、更高层次发展，各学科之间交叉渗透；二是信息竞争化，信息已渗透到社会各领域，成为科学发展的要素之一，国家、企业间的信息化竞争将异常激烈；三是信息产业化，信息事业在社会经济发展中的作用无法估量，其发展转向规模化、集团化、形成产业化。企业决策层必须转变观念，把信息化建设当作一项跨世纪工程来抓，在竞争情报资源的建设上、在竞争情报工作队伍的建设上倾注力量，才会使竞争情报工作真正成为企业生产经营管理和科技进步的重要支柱。

当今社会正处于知识经济时代，在信息大爆炸的年代里，衡量一个国家、一个企业的标准不再是看其拥有的有形资产，而是看它创造、吸收、消化、再生信息的能力。要在如此纷繁复杂的竞争环境中取得竞争优势，企业在运营过程中必须从其所处的环境中不断收集各方面的信息，同时进行相应的信息处理。没有充分有效的信息资源，企业其他资源的运行就失去了方向，战略的制定、实施就无从谈起。因此，重新认识、研究中国古代兵家的信息管理理论，就具有很重要的现实意义。

形 篇

本篇主要论述了战争中如何从敌我双方实力出发,巧妙运用攻与守这两种基本作战形式,达到"自保而全胜"的目的的问题。孙子认为,敌人能否被战胜决定于敌人,自己能否被战胜则决定于自己。所以,战争指导者应首先创造使自己不被敌人战胜的条件,而不放过敌人可被战胜的时机。孙子指出,"胜兵"总是"先胜而后求战","败兵"总是"先战而后求胜",而"修道"与"保法"则是"立于不败之地"的关键所在。

形,含有形象、形体等义,在战争中指一切客观的、可见的、相对稳定的各种与实力有关的因素。本篇所论,主要是物质条件和物质准备的情况,对战争胜负的决定性影响问题,故以"形"名之。

孙子在本篇提出"善战者,立于不败之地,而不失敌之败也"的兵家名言。其实质是强调将帅要有预见能力。孙子的战略思想体系中,"全胜"占有突出的地位。《形篇》的出发点是"全胜",不同之处在于此处着眼的基点,是敌我双方军事实力这一物质基础,不少学者将孙子所言之"形"称为"军形",正是这个道理。

【原文】

孙子曰：昔之善战者，先为不可胜，以待敌之可胜，不可胜在己，可胜在敌。故善战者，能为不可胜，不能使敌之可胜。故曰：胜可知，而不可为。不可胜者，守也；可胜者，攻也。守则不足，攻则有余。善守者藏于九地之下①，善攻者动于九天之上，故能自保而全胜也。

【注释】

① 九地：与下文"九天"相对，形容地之极深处。

【原文】

见胜不过众人之所知，非善之善者也；战胜而天下曰善，非善之善者也，故举秋毫不为多力①，见日月不为明目，闻雷霆不为聪耳。古之所谓善战者，胜于易胜者也。故善战者之胜也，无智名，无勇功，故其战胜不忒②，不忒者，其所措必胜，胜已败者也。故善战者，立于不败之地，而不失敌之败也。是故胜兵先胜而后求战，败兵先战而后求胜。善用兵者，修道而保法③，故能为胜败之政④。

【注释】

① 秋毫：禽兽在秋天长出的绒毛，分量极轻。

② 不忒（tè）：没有差错，在此指必然性。
③ 修道而保法：指加强军队内部修整和各项规章制度的执行。
④ 政：在此指主宰战争的胜负。

【原文】

兵法：一曰度，二曰量，三曰数，四曰称，五曰胜。地生度，度生量，量生数，数生称，称生胜。故胜兵若以镒称铢，败兵若以铢称镒①。胜者之战民也，若决积水于千仞②之溪者，形也。

【注释】

① 以镒称铢：比喻兵力占绝对优势。镒、铢都是古代重量单位，一镒为二十四两（一说二十两），一两为二十四铢，镒与铢的比例为576∶1。
② 仞：古代长度单位，一仞等于八尺或七尺。

【品鉴】

胜兵先胜而后求战，败兵先战而后求胜。

孙子对战争中的双方有细微且精深的研究，在《形篇》中对胜兵和败兵的不同表现做了深刻的观察，认为能够取胜的军队是先有胜利的把握然后才去与敌人交战，必将失败的军队是先盲目投入战斗企图在作战中求得侥幸的胜利。孙子所说的"善战者，先为不可胜，以待敌之可胜""胜兵先胜而后求战""事备而后动"等，意思都是说，善于用兵者，不只是充分利用自己的积极条件，而且还须尽可能创造有利条件，使自己立于不败之地，而绝对不被敌人战胜，然后寻求有利时机与敌作战，从而得以战胜敌人。《孙膑兵法》也强调这一点，认为"兵不必胜，不可言战；攻不必拔，不可言攻"。就是在作战中要遵循"先胜后战"的原则。所谓先胜，就是在对敌作战前，必须制订出克敌制胜的总方案，以及多方面的具体计划、部署、措施等，然后再投入战争，这就会"百战百胜"。三国时期，从蜀国后主刘禅建兴五年（227）到十二年（234），诸葛亮多次兴兵伐魏，每次不是由于失误，就是由于道远粮尽无功而返。建兴十二年春，诸葛亮进行他生命中的最后一次伐魏军事行动。诸葛亮自知面对的是强大的敌人，也知道很难取得决定性的胜利，更清楚魏军多数情况下并不急于与蜀军交战。因此，蜀军就多次挑战，企图激怒对方，以求在交战中取得胜利。而司马懿多次与诸葛亮交兵，也十分明白诸葛亮先战而后求胜的心理，因此对蜀军的挑战避而不应，使蜀军久困战地，无功而返。蜀军与魏军，一者先战而后求胜，一者先胜而后求战，被动与主动已经很清楚了。

做任何事都需要有条件，条件是否充分、有利，将直接关系到事情的结果。所以，当准备做某件事时，一定要事先考虑周全，做好准备，只有这样，才能使所做的事情顺利完成。奔驰牌汽车之所以位列"世界十大名牌"之首，究其原因，也是"先为不可胜"，把自己置于不败之地。首先奔驰公司具备无处不在的售后服务，他们在西德时设有1700多个维修站，雇有5.6万人做保养和修理工作。如果车辆在途中发生意外故障，只要就近向维修站打个电话，维修站立刻就会派人来修理。另外，安全、节能在同行中也处于领先地位。1953年该公司装备车辆使用承载式焊接结构，既美观又安全，接着又研制出"安全客舱"，可以保证载客的内舱在发生交通事故时不会被挤瘪。在每一部奔驰小轿车上，从车身到驾驶室，有136个零部件是为安全服务的。可靠的质量，完善的服务，安全的性能，使奔驰牌汽车处于"先为不可胜"的地位，在世界各地保持旺盛的销售态势。

同样，人们不管做什么事，谨慎的性格也是获得成功的必要条件，这就是不办没有把握的事。谨慎的性格带来稳健的办事风格，而这一切又离不开思考。是不是善于思考，是一个人素质能力的体现，一个善于思考的人，必然足智多谋，办法和点子多；相反，则会人云亦云，随波逐流。人与人的差距，往往就体现在思考问题的方法上，一个善于观察、学习、思考和总结的人，必然进步快，业绩突出，也就更容易成功。在面对差距和挑战时，需要及时调整心态，增强自己的独立思考、随机应变的能力。

善用兵者，修道而保法，故能为胜败之政。

孙子说过："不可胜在己，可胜在敌。"（《形篇》）又说："昔之善战者，先为不可胜，以待敌之可胜。"（《形篇》）意思是，使自己不可被敌人战胜，主动权在于自己；可能战胜敌人，要看对方是不是给自己机会。这样，善于用兵的人，总要首先创造条件，使自己不被敌人战胜，然后等待和寻找敌人可能被我战胜的时机。这个时机的到来，要靠自己从一开始就集中全力进行内修，即不断自我修炼以强化自己，从政治、经济、军事、外交等各个方面创造条件，使对方逐渐转弱，自己逐渐变强大。这就是修道保法的功夫。

在"五事""七计"中，孙子把道放在首位，作为战争取胜的根本指导思想。这里又提出要继之以保法，然后才能取得战争的胜利。《计篇》中的道是指"民与上同意"的意思，即得民心者胜。在孙子之后，孟子提出关于道的问题，认为："得道者多助，失道者寡助；寡助之至，亲戚叛之；多助之至，天下顺之。以天下之所顺，攻亲戚之所叛，故君子有不战，战必胜矣。"（《孟子·公孙丑下》）要取得战争的胜利，首先就要修道，即修明政治，使上下同心；其次是要保法，所谓法，是指军队的编制、职责、制度等。"修道而保法"，是古代兵家共同的主张，被认为是用兵作战、克敌制胜的先决条件。

在一个真正的军事家眼里，军队从来不是一个单纯的作战机器，而是一个以成长为特征的生命体。战国时期的大将吴起就非常善于用兵，他认为，要充分发挥军队的战斗力，就必须做到内部团结。否则，国内不协调不能出兵，军队不协调不能取胜。所以，善于治理国家的君主，在动员民众打仗时，首先要搞好内部团结，方能克敌制胜。吴起平时与军中士卒同吃一锅饭，关心士兵疾苦，从而赢得了士卒的爱戴。吴起还特别强调军队必须服从命令，只有守信用、讲政策、明法令，才能做到发号施令。吴起后来到楚国后实行一系列变法，使贫弱的楚国开始富强起来，政治修明，兵力强大，南平百越，北并陈、蔡，西伐秦国，威震中原。

再对照项羽和刘邦，曾经力拔山兮气盖世的项羽，在长达七年的楚汉相争中屡战屡胜，却在垓下败给文不知诗书、武不知阵战的刘邦，而刘邦凭着唯一的一次胜仗获得最后的胜局，原因就在于项羽从来只从战争看战争。项羽是一个缺乏战略大局观的人，而刘邦在张良等人的辅助下通过步步为营，很好地实现了他们制定的战略布局。楚汉争霸中，项羽的疲于奔命就是"只重战术、没有战略"观念的鲜明体现。当他的军队所向披靡时，他意识不到他正从战役的胜利中走向战争的失败。相反，刘邦专注于军队能力的成长而不是一城一池的得失，重用并无独特作战才能但有高超经营能力的萧何，在决定性的一次战役中，让楚军在四面楚歌中一败涂地。项羽陷入绝境之际，把自己失败的原因归于天，他至死也不明白，只懂得打仗的人最终会打大败仗，这就是战略战术的关系对于战争胜负的重要意义，战略相对于战术来说是有根本性的决定性的意义。而所谓战略，就是孙子所谓的修道。这也是修道保法战略思想所揭示出的战争规律。

现代管理同样遵循这样的规律，修道即对道的追求、宣传和教育，由于道的有无是团队在竞争中生存和发展的根本保障或条件，因此，修道而"令民与上同意"自然是团队培训教育的根本目的。松下幸之助重视人才、科研和智力开发，松下认为，公司最大的实力是经营力，就是经营者的能力，掌握了经营关键的人是企业的无价之宝，因此他强调在出产品之前出人才，制造产品之前先培养人。松下公司设有教育推进部，负责领导技术训练工作，下设松下电器工学院和技术能力开发会，组织技术训练工作。松下强调培养所谓松下人，他对职工进行两方面的教育训练，一是基本技术的训练，另一种是松下精神的训练。

在现代管理实践中，人们已经越来越认识到，做企业管理，固然需要有驾驭市场的能力，需要有研发新产品的创新精神，需要很多诸如管理沟通、商务谈判之类的技巧。但是仅有这些还不够，在这些因素之上，还应该有一份道义之心。如果说前面这些因素都是"术"，那么，后者就是作为形而上的、精神层面的东西，这就是"道"。早期西方古典管理学理论，主张利润最大化，并曾经直接导致许多生产厂家和消费者之间发生冲突。所以，西方在20世纪四五十年代的时候，消费者维护自我权益的运动此起彼伏，很多企业就因为消费者的维权运动而被曝光，有些因此而破产和倒闭。还有一些企业由于对社区安全构成了危险，对自然环境造成了破坏，也被媒体曝光而破产。正是因为有了这么多的经验教训，企业经营管理者逐渐意识到：过分的功利，以破坏自然环境来谋取个人的私利，以破坏他人安全、身心健康来谋取个人的私利，其结果都是适得其反。因此之故，企业经营管理者开始更加关注企业行为背后的道义问题。

企业发展的历史经验也在不断说明证实这样一个道理：企业界如果不能普遍有效地建立道义论的经营思想，那么市场经济秩序将很难维持，又怎么能保证企业有核心竞争力呢？有一份统计数据表明，中国企业的平均寿命只有7年，而国际上企业的平均存活期是36年，差距非常大。想想我们企业的平均寿命为什么那么短，2000年有本很流行的书叫《大败局》，能够给我们一些启示，作者吴晓波认为，那么多有名的企业最后都不可避免地走向失败，企业的生长期那么短，虽然有很多具体的原因，但是说到底有一个共同的原因，就是败德经营。这样的企业有很多，它们失败的一个共同原因就是没有遵守游戏规则，一旦消费者意识到你的企业是唯利是图、不讲道义的，就不会再买你的产品了，这样企业也就不可能有什么发展了。《大败局》作者吴晓波说，这种唯利是图的经营德性最终必然导致企业的垮台。相反，一个企业如果其守持道义的经营德性得到消费者认可，那就不愁企业做不大、做不强，按照经济学的理论，一种东西如果是稀缺的，它就是有价值的，就是有市场的。从普遍性来说，我们的管理理念、我们的企业文化里面其实稀缺的是守持道义的经营品行。因此，如果说你的经营德性得到认可，你的市场当然就能做大、做久。比如海尔集团，它的企业文化就是以注重道义的齐鲁文化作为支撑的，它那种"真诚到永远"的经营德性，显然已经得到普遍的认同，这就是它的企业文化的内在魅力。

　　因此，现代的企业家对那些不该追求的利一定要有一份定力。正如人们经常说的，习惯于紧张忙碌生活的现代人很需要放下一切，想想这样一个问题：剥离了我们身上的一切附着物后，比如地位、权力、工作、金钱，我们还剩下什么？也许我们剩下的唯有心灵中那一份德性的存在，这正是我们最应该看重的品质。美国慈善家卡耐基有一句名言"在巨富中死去是一种耻辱"。卡耐基认为巨富不仅是巨大的权利，也是巨大的义务。因此，他认为富人有必要在有生之年把财富都用在公益事业上。这就是追求道义之心，并把这种追求看作是能给人带来成就感的推动力量。

在"术"的层面上已经无法解决我们所面临难题的背景下，我们呼唤"道"的大智慧。传统文化中倡导的天人合一、人我合一、情理合一、义利合一、知行合一等，都是"道"的大智慧。这一"道"的大智慧正是现代企业所必须拥有并且要坚持的。世界银行在总结世界各国企业发展经验时指出，凡是长寿企业（即活过百年的企业）都遵循三条基本价值准则：一是人的价值高于物的价值；二是共同价值高于个人价值；三是社会价值高于利润价值或是用户价值高于生产价值。人的价值高于一切，一个企业要做成长寿企业就必须是勇于承担社会责任的企业。企业作为经济组织，要追求利润最大化，但利润最大化并不一定与企业的社会责任对立。而这恰恰是中国儒商一直坚守的基本商道。

第二次世界大战后，日本经济的高速发展引起了欧美各国学者的探讨兴趣，有关论著层出不穷。1982年，美国《大英百科全书》副主编弗兰克·吉伯尼出版了《设计的奇迹》一书，对这一问题进行了新的探讨。作者从日本民族文化的特点入手，挖掘了日本经济发展的历史、文化以及宗教的根源，认为美国的产业社会是在基督教的个性至上的个人主义道德观的基础上发展起来的，而日本的产业社会则是在强调和谐人际关系的儒家集体主义道德观基础上发展起来的。日本经济成功的决定性因素，是许多世纪以来按日本方式改造过的中国儒家管理道德传统与美国经济民主主义的相互结合。他们通过对美、日两国的比较，从劳动道德、劳资关系、生产率意识、法律观念、官吏制度以及市场战略等各个方面论述了日本的儒家式管理文化的长处和美国基督教管理文化的某些不足。与日本相比，美国式经营管理由于一心追求短期账面利润而不注意持久的产品质量而出现不同层面的问题，这种管理倾向于把管理看成是资金、设备、原材料和技术的组合，而日本企业家们却在此之外又补充了人的因素，这是一个本质上的差别。日本管理的儒家化最显著的特点，就是深信对人的长期投资完全是与长期设备投资同等重要的事，甚至是对人的投资更重要。在西方，"没有灵魂"的企业看待工人实际上就像看待可以拆换的机器零件一样，他们与公司的所有权和经营管理是隔绝的。欧美的这种以自我为中心的个人主义管理机制使整个西方社会步履蹒跚，因为个人主义造成的以自我为中心的自私态度将破坏西方国家和民族的凝聚力，它也将削弱欧美诸国的国际竞争能力。因此，西方的管理价值观必须树立儒家管理伦理的克勤克俭和为群体牺牲的精神。一些思路清醒的西方管理学家努力将儒家管理思想输入到他们的管理意识和行为中，这无疑体现了西方管理学发展的历史进步。

正如美国历史学家戴维·兰德斯在《国家的穷与富》一书中断言：如果说经济发展给了我们什么启示，那就是文化的举足轻重。兰德公司花了20年时间跟踪世界500家大公司的调查也表明，百年不衰的企业都有一个共同的特征，就是它们的经营战略和实践活动总是不断适应变化着的外部世界，而且始终保持着超越利润最大化的核心价值观和基本目标。著名的"麦肯锡7S模型"是美国管理学家提出的一种重视企业文化的管理理论。1981年，理查德·帕斯尔和安东尼·阿索斯出版了《日本企业管理艺术》一书，认为任何企业的成功，都必须紧紧抓住7个变量，包括：战略、结构、制度、人员、作风、技能、共有价值观。他们认为，美国企业比较重视前3个因素，即硬性因素，而日本企业在重视前3个因素的同时，更加重视后4个因素，即软性因素，这正是日本企业取得成功的关键。从中可以看出文化因素在企业成长中具有的重要作用。"修道而保法"，不仅是古代兵家共同的主张，也是企业发展壮大的重要规则。把"道"放在第一位，强调政治修明，上下同心，同时加强和确保法制严明，这是孙子这部兵法的一条主线，也是孙子军事思想的特色。

兵法：一曰度，二曰量，三曰数，四曰称，五曰胜。地生度，度生量，量生数，数生称，称生胜。

  本篇中孙子提出全胜战略，在"不败而求胜"的论述中，孙子以兵法五论（度、量、数、称、胜）展开与深化了关于地形、兵员、资源等与军事谋略科学有关的军事运筹学研究。我国古代军事运筹学产生于孙子，这是世所公认的。"度、量、数、称、胜"五事，是未战先计的谋略内容，这个军力判断的过程，表现为对"度、量、数、称、胜"之间相互制约关系的综合运筹。中国古代军事家认为，五者是根据国家、战场的土地面积、地形特征从而估量人口、兵员，进而计算地产、物资，并且通过以上内容来权衡军事实力，最后综合判断敌我双方的军事实力，决定作战方案。孙子的军事运筹思想在历代战争的战略战术等多方面都得到广泛应用。刘邦一统天下，离不开运筹帷幄的张良、陈平等人；刘备能与曹操、东吴分庭抗礼，同样少不了诸葛亮的妙算。

  周恩来是一位伟大的无产阶级革命家、政治家、军事家和外交家。他的领导艺术博大精深，是留给我们的一份极其宝贵的精神遗产。他善于审时度势，高屋建瓴，洞察全局。遵义会议是中国共产党历史上一个生死攸关的转折点，周恩来从全局的高度认真总结正反两方面的经验教训，清醒地认识到，只有毛泽东才能力挽狂澜、扭转危局，正是他的审时度势、冷静观察，成为这次具有重要历史意义的会议取得成功的关键。在领导中国社会主义建设进程中，周恩来善于处理各种矛盾，分清轻重缓急，主张突出重点，全面安排，综合平衡，协调发展。他指出，我们强调重点建设，并不是说可以孤立地发展重点，而不要全面安排；我们要求全面安排，也不是说可以齐头并进，而不要重点建设。我们在制订计划和安排工作的时候，必须把重点和全面很好地结合起来。他亲自主持制定的"一五"计划，历时4年，五易其稿，充分体现了这种精神。

他主持制定《1956—1967年科学技术发展远景规划纲要》时，提出要"集中力量，重点发展"的方针。据此选定了57项重要任务。在规划中对原子能、喷气技术、计算机技术、半导体、电子学、自动化技术等重点项目采取了紧急措施。并亲自担任中共中央专门委员会主任，抓"两弹一星"的上天。在他的领导和关怀下，我国相继研制出原子弹、氢弹、洲际导弹、核潜艇以及多种人造卫星，还为很多国家发射卫星，已成为世界上少数几个比较全面掌握了航天技术和核技术的大国之一。这些巨大的成就上无不渗透着周恩来的智慧和心血，同时，也是他高超的领导艺术的结晶。

  在企业的竞争中也是这样。如何让自己立于不败之地？"运筹帷幄"也成为制胜的必要条件。1975年初春的一天，美国亚默尔肉食加工公司老板菲利普·亚默尔坐在自己的办公室里翻阅报纸，了解当天的新闻。突然一则几十个字的短讯，使他兴奋不已：墨西哥发现了疑似瘟疫的病例。他马上想到，如果墨西哥真的发生了瘟疫，一定会从加利福尼亚州或得克萨斯州边境传染到美国来。而这两个州又是美国肉食供应的主要基地。肉类供应肯定会紧张，肉价一定会猛涨。当天，他就派家庭医生到墨西哥，几天后发回电报，证实那里确有瘟疫，而且很厉害。亚默尔接到电报后，立即集中全部资金购买加利福尼亚和得克萨斯州的牛肉和生猪，并及时运到美国东部。不出所料，瘟疫很快蔓延到美国西部的几个州，美国政府下令：严禁一切食品从这几个州外运，当然也包括牲畜在内。于是，美国国内肉类奇缺，价格暴涨。亚默尔趁机将先前购进的牛肉和猪肉抛出，在短短几个月里，他净赚了900万美元。亚默尔独具慧眼，发现了瘟疫即将流行的征兆，预测到可能出现的局面，把握和充分利用了瘟疫蔓延所带来的机遇，进而取得了成功。这也是善于运筹的结果。

韩国当代企业家郑周永出身农民家庭，上过几年学便开始闯荡天下，当过铁路工、建筑工，受过社会最底层的艰苦磨炼，炼成不畏艰险而又办事干练的可贵品格。1976年2月，在号称20世纪最大工程的迪拜港向全世界招标时，现代建设集团一举夺标。当时夺标最有希望的，首推雄踞欧洲的五大建筑公司。但在强手如林的情况下，郑周永的现代建设集团显示了自己的特殊优势，使得他在商界获得了前所未有的成功和威望。郑周永的现代企业就是应用了运筹帷幄的智谋，想方设法把价格压到最低，尽管会面临很大的风险。郑周永对各项指标进行了精密计算，提出自己的报价可以比最高标价低出5.1亿美元，并且保证工程质量，使得招标人满怀喜悦决定此项工程由郑周永承包。郑周永之所以敢于承包，是经过深思熟虑的。一是他自己有一个造船厂，这个厂造的立体平台船有十分的把握能顺利漂洋过海；二是工程所需的各项建材在韩国的价格极为低廉，而这种造价的低成本足以抵消可能出现的意外损失，即便在某个环节（如运输）上发生一些问题，现代集团也能承受。郑周永承担迪拜港工程的事例告诉人们，作为一位有远见的企业家，既需要有智慧的头脑又需要勇敢的精神，既要胆大，又要心细，还要以必要的应对措施做保证。这样，方可将风险降低到最低程度，甚至不会有风险。后来，郑周永所在的现代集团，与金宇中的大宇公司、李秉吉的三星公司，并称为韩国商界的三鼎。

卡耐基说过，思维创造财富。这里的思维，就是讲的运筹帷幄、善于思考。善于思考是运用知识的前提，是发现问题和解决问题的根本环节。只有善于思考，才能前瞻性地想别人所不能想的事情，做别人所不能做的决定。所以有人认为，对管理者、决策者来说，需要转变那种快点从座位上站起来，快去干活的观念，而是应想办法使自己坐下来，给自己一个安静的空间，调整一下紧张快速的节奏，好好思考思考，以求得更大更快的进步。自古以来，大凡有作为的领导者，都非常重视谋划。现代领导科学也要求领导干部要善于谋大计，增强工作的预见性，掌握工作的主动权。进行谋划的过程就是深入思考的过程。通过深入思考，形成新的观念、新的思路、新的办法，为开创工作新局面奠定基础。善于运筹是现代管理人和决策者的一项重要素质，因为我们处于知识经济时代，知识创造财富的例子越来越多地呈现在我们的面前，所以作为管理者所要做的就是快速地改变自己，加入学习的行列，不断丰富自己的知识体系，改善知识结构，使自己成为知识型的管理人。而要做到这些，读书和思考是一个很好的选择。在工作之余阅读，吸收最新最前沿的知识，改善自己的知识结构和知识体系，补充知识养料，更好地服务于本职工作和自己的职业生涯设计，既是个人发展的需要，也是提高生活质量的一个方面。

势　篇

　　本篇主要论述了在一定军事实力的基础上,将帅如何运用奇正之术造势任势,夺取战场胜利的问题。孙子认为,可使三军"必受敌而无败"的,是奇正之术——"战势不过奇正",而"奇正之变,不可胜穷"。孙子指出,士卒之勇怯决定于势,善于用兵的人应"求之于势",而"不责于人";他所造成的势是险劲的,其险劲程度有如张满的弩;而他对势的运用——"节",则短促有力、恰到好处,其短促有力、恰到好处有如扣动弩之机括。势,指战争中由于所处不同位置、状态而形成的潜在、易变、随机和能动的力量因素。形与势是一对对立统一的军事谋略学范畴,二者虽含义各异,但相依相存,相辅相成,为二而一、一而二的一种客观存在。

　　孙子曰:"激水之疾,至于漂石者,势也。"就是说,迅猛的激流能将巨石漂移,这是因为激流的奔腾速度之快产生了巨大的势能。所以孙子认为,要想军队拥有这种有利的态势,就必须主动创造条件,并充分利用条件,这样才能使军队的实力有效地发挥。

　　孙子在本篇提出作战中的四个环节,认为运兵作战必须掌握四个环节:分数、形名、奇正、虚实。分数即为组织编制,形名即为通信联络,奇正即为活用战术,虚实即为创造战机。此四者排列有序,只有严密的组织编制,才能有完善灵便的通信联络,只有活用战略战术,才能创造战机，夺取战争的胜利。

出奇制胜是本篇提出的重要用兵战术，孙子曰："凡战者，以正合，以奇胜。"奇正的运用，是巧妙地将奇兵与正兵相结合，出奇制胜地打击敌人。奇正是指军队作战战术中的惯例和变数两种情况。公开宣战，正面攻击，为正；突然袭击，侧面打击，在战场上改变劣势等为奇。孙子认为"战势不过奇正""三军之众，可使必受敌而无败者，奇正是也"，这就是说兵家在战场上要善于造势，灵活用兵。只有这样，才能有效地发挥军队的作战能力。战争本只有奇正两策，但其组合变化是无限的。"奇正之变，不可胜穷也。奇正相生，如循环之无端，孰能穷之？""故善出奇者，无穷如天地，不竭如江海。"这种随客观事物的变化而不断变化的方法，正是兵家活的灵魂。

孙子还提出择人任势的思想，孙子认为，英明的将帅在战场上注重"任势"，而不过分要求自己的下属，只有战场上的态势有利时，才用不同的人去充分利用这有利形势，当这个有利的态势不存在时，优秀的将帅首先应考虑造势，所以孙子说："故善战者，求之于势，不责于人，故能择人而任势。"

【原文】

孙子曰：凡治众如治寡，分数是也①；斗众如斗寡，形名是也②；三军之众，可使必受敌而无败者，奇正是也③；兵之所加，如以碫投卵者④，虚实是也⑤。

【注释】

① 分数：指军队的组织编制。分：指军队编制的层级划分。数：指军队各级编制的定员数。

② 形名：古代军队的指挥号令，主要指旗帜和金鼓。引申为借助旌旗、金鼓等实施指挥。

③ 奇正：古代重要兵学术语。一般来说，正面当敌为正，侧面进攻为奇；按一般原则以常规手段与敌交战为正，反之为奇。

④ 碫（xiá）：磨刀石，泛指极坚硬的石头。

⑤ 虚实：古代重要兵学术语。

【原文】

凡战者，以正合，以奇胜。故善出奇者，无穷如天地，不竭如江河。终而复始，日月是也；死而复生，四时是也。声不过五，五声之变①，不可胜听也。色不过五，五色之变②，不可胜观也。味不过五，五味之变③，不可胜尝也。战势不过奇正，奇正之变，不可胜穷也。奇正相生，如循环之无端，孰能穷之？

【注释】

① 五声：指宫、商、角、徵、羽五个音阶。

② 五色：指青、黄、赤、白、黑五种基本颜色。

③ 五味：指酸、甜、苦、辣、咸五种味道。

【原文】

激水之疾，至于漂石者，势也；鸷鸟之疾①，至于毁折者②，节也③。是故善战者，其势险，其节短。势如彍弩④，节如发机。

【注释】

① 鸷（zhì）鸟：鹰、雕一类凶猛的鸟。

② 毁折：指猛禽飞快地捕杀鸟兽。

③ 节：节奏，在此指节奏紧促之意。

④ 彍弩（guō nǔ）：拉满的弓弩。

【原文】

纷纷纭纭，斗乱而不可乱也①；浑浑沌沌，形圆②而不可败也。乱生于治，怯生于勇，弱生于强③。治乱，数也；勇怯，势也；强弱，形也。故善动敌者，形之，敌必从之；予之，敌必取之。以利动之，以卒待之。

【注释】

① 斗乱：在混乱状态下作战。

② 形圆：指阵势部署得严密，方方面面都能照应。

③ "乱生于治"三句：指乱、怯、弱三者为虚，是因治、勇、强三

者具备，才能装作出来，引敌上钩。

【原文】

故善战者，求之于势，不责于人，故能择人而任势。任势者，其战人也①，如转木石。木石之性，安则静，危则动，方则止，圆则行。故善战人之势，如转圆石于千仞之山者，势也。

【注释】

① 战人：指挥士卒作战。

【品鉴】

凡战者，以正合，以奇胜。

孙子在本篇提出了奇、正的概念。所谓正，是指指挥作战运用的常法，就是正面进攻的战略、策略和作战方法；所谓奇，是指指挥作战运用的变法，就是出其不意、攻其不备，以变化莫测的斗争谋略和方法来取胜。军队作战，一般处于两种态势，一是正面、公开迎击敌人，这是正兵；另一种是侧面、迂回、隐蔽地发起突然袭击，这是奇兵。这两者又是相互依存、相互促进、相互转化的。在全面认识正兵与奇兵作用的同时，孙子更重视奇兵的运用，提出了"以正合，以奇胜"的作战原则。奇兵的特点是出敌不意，攻敌无备，以突袭取胜。《三国演义》中，关羽败走麦城被东吴杀害，刘备替关羽报仇，不听赵云等人的劝谏，亲率70万大军讨伐东吴，就是正面进攻的一个典型战例。孙子主张，正面进攻必须是在己方具有绝对优势和取胜把握的前提下进行，《谋攻篇》提到"用兵之法，十则围之，五则攻之，倍则分之，敌则能战之，少则能逃之，不若则能避之"。只有在己方十倍或五倍于敌时，才能去包围、进攻敌人，否则后果不堪设想。像刘备讨伐东吴而身死异乡，蜀国从此走向衰败的结局就是一例。

因此，孙子更看重以奇制胜。一部兵法，从《计篇》到《用间篇》，我们都能找出孙子论述"奇胜"的思想，如"示形""虚实""迂直""九变""用间"等，这诸多用兵取胜的原则和方法都可列入"奇胜"之谋中。"奇胜"思想，就是根据敌我双方形势的变化，不循兵法常规，以变化莫测的斗争谋略和方法攻击敌之虚弱之处，从而取胜。诸葛亮的空城计、项羽的破釜沉舟、韩信的背水一战等都是用兵以奇取胜的典范。

在我国先秦思想家中，提出和运用奇正思想的，一个是老子，另一个就是孙子。老子说过"以正治国，以奇用兵"，主张以清静无为的理念去治国，以诡奇多变的方法去用兵，将奇和正分别安放在军事和政治两个领域。孙子则不然，他提出"以正合，以奇胜"的作战原则，同时又认为奇正相生无穷。在军事领域活动中都能体现出奇和正变换无穷的计策，这样奇和正这一对概念的内涵就大大丰富了。《孙膑兵法》对奇和正做了这样的解释："同不足以相胜也，故以异为奇。""动为静奇，佚为劳奇，饱为饥奇，治为乱奇，众为寡奇。发而为正，其未发者奇也。"就是说，众与寡、先发与未发，都是相对而言的，它们之间是相异的，却又是相通的。只要自己的作战方式与对方不同，却又能战胜对方，这样一种作战方法就可以称为奇。

在军事战争中，奇正之变被看作是普遍采用的通则。第二次世界大战中德军突破马其诺防线、苏军由阵地防御改为不断地反突击，就是用了孙子所说的以奇制胜；而法军试图固守马其诺防线、苏德战争开始时苏军的御敌于国门之外的战法之所以失败，也是由于不懂得奇正之术。中国历史上，李世民是使用以奇制胜的典型，他每战总是选出精锐骑兵数千人作为奇兵，都穿黑衣玄甲，分为左右两对，骑兵将军秦叔宝、程咬金等分别统领骑兵。每次决战的时候，李世民都亲自披挂上阵，率领他的骑兵伺机出动，所向披靡。

出奇，历来都是兵家制胜之道，也是当今各种竞争中经常使用的获胜手段。在竞争中达到出奇，才可能使自己掌握主动而制胜，从而立于不败之地。奇者，与众不同，对一个企业来说，传统的产品及生产流程可说是正，而新产品、新的经营管理模式就是奇。成功的企业经营者往往都善于了解消费者的需求，随机应变，拿出独到的方法，就是以超常规的思维方式想出一般人按常规思维方式无法想出的方法，从而获得成功。1915年，巴拿马万国博览会会场人涌如潮，但是在中国大陆展室驻足的人并不多，那位来推销茅台酒的贵州商人焦灼无比。茅台酒是产于贵州仁怀县茅台镇的一种烈性白酒，纯净透明，香味浓郁，在中国久享盛名。贵州商人苦思良久，不知该如何向老外推销。这时一群外国人从邻近的展室涌了出来，贵州商人灵机一动，捧起一瓶酒，故作失手，茅台酒瓶摔破了，顿时，一股特殊的芳香飘向四周，"好香""好极了，什么酒"，在一片赞叹声中，外国酒商们纷纷涌来，中国的茅台酒从此一鸣惊人，这正是出奇制胜的绝招。

应用管理软件提供商奇正公司，其公司名称"奇正"源于孙子"凡战者，以正合，以奇胜"这句话，作为一家应用管理软件供应商，奇正软件系统有限公司自1993年成立之初就致力于为大中型企业服务，帮助企业加强全面经营管理，理顺企业资源与客户需求之间的关系，提高客户满意度和信任度。奇正公司的目标是帮助企业实现以客户为中心的理想，使企业有能力将业务范围从内部扩展到供应商、客户和合作伙伴当中，为企业创造更大的效益。索尼为了自己的新唱机所出一计就令人称奇。有一名美国游客在东京一家百货公司买了一台索尼电唱机，回去后发现漏装了零件，翌日晨他正打算前往公司交涉，公司已先她一步打电话来道歉。50 分钟后，公司副经理等人登门鞠躬致歉，除送来一台合格的新唱机外，又加送蛋糕一盒、毛巾一套和著名唱片一张。据说，为了找到这位游客，公司在大洋彼岸共打了 35 个紧急电话。这种事要不是报纸上登出来，人们是不信的。为了一台漏装零件的唱机，又是打电话找游客，又是经理登门道歉，且如此谦恭有礼、殷勤备至，其费用恐怕早已超过一台唱机的价值。这实际上是索尼公司制造了唱机问题后，有意做出的一种高姿态，故意编的一则新闻，好借此显示自家的质量观与服务意识，达到宣传自己的目的，而其轰动的宣传效应和巨大的社会效益所带来的是该公司可观的经济效益。

当美国对进口纺织品实行限额时，韩国厂商知难而进，悄悄地退到多米尼加，先后建立两家纺织厂。不久，在该地区生产的韩国纺织品，一批批打入美国市场。原来，里根为首的美国政府为自己的比邻——加勒比地区国家实行优惠政策，韩国厂商隐身其中，也得优惠，大获其利。在国际商战中，此法已被广为利用。有些企业为绕开贸易壁垒，直接去其他国家内部设厂，如日本汽车、家电等企业到世界各国投资设厂，其产品有了当地生产国的血统，在当地市场销售就会畅通无阻。

古人云，兵无常法，运用之妙，存乎一心。企业经营者必须独具慧眼，敢于反常规之法，善于出奇，这样才能在异常复杂的市场竞争舞台上创造佳绩。

故善战者，求之于势，不责于人，故能择人而任势。

"择人而任势"是孙子在本篇提出的一项重要用人原则。这里的意思是，善于指挥作战的人，要依靠并善于造成有利的态势以取胜，而不苛求责备部属。所以，他能选择人才去利用和创造各种有利的态势。善于利用有利态势的人指挥作战，就像滚动木头、石头一般，一方面要了解木头（士兵）的特性，另一方面要依据客观环境条件（态势）充分加以利用。这就是择人任势，就是根据战争形势和任务的需要，选用合适的人才。在战争中，有利的态势往往能决定战争的胜负，因此孙子极力提倡创造有利于自己一方的态势，在这个基础上，要选择熟知军事又知人善任的将领，出奇制胜地打击敌人。这里包含着一条重要的作战规则，就是对人才的选择和使用问题，择人任势主要就是说用人要用其所长，避其所短。事物有短长，人才有高下，用人如器，重要的在于各取所长。

俗话说，没有无用的人才，只有不会用人的领导。综观古今中外，有作为的领导者无一不是用人之长者。首先要礼贤下士，对贤才，要有如周文王对姜尚那样的纳贤精神，要有刘备对诸葛亮三顾茅庐那样的纳贤品德；其次要用好才，用才要有豁达态度，用人不疑，用人不妒。尺有所短，寸有所长，用人就要用其长避其短。的确，没有哪一个高明的管理者只靠个人的知识、经验、能力单打独斗。真正的管理者总是善于凝聚人心，靠集体的智慧创造优良的业绩，一个人是很难打开工作局面的，更谈不上能有所作为。高明的管理者往往重视挖掘和培养人才，为己所用，充分发挥人才的作用。在我国历史上，有很多慎选人才的事，被人们传为佳话：商汤聘伊尹而取天下，周文王推姜尚而开基业，齐桓公得管仲而成霸业，秦用百里奚、商鞅、范雎、李斯等而统一中国，刘邦得张良、萧何、韩信而得天下，刘备三顾茅庐请出诸葛亮而三分天下，唐太宗善于用人而实现了"贞观之治"，等等，都是"得士者昌"的例子。

会用人，用对人，关系到事业的兴衰成败，作为管理者，用人的关键是知人，领导理智地认识下属，对每位助手的特点了然于心，才可能不出现大的用人失误。刘劭在《人物志》中对不同个性的人具有的长处和短处做了如下论述：性格刚强、粗犷的人，不善于处理细节，所以他们总的说来有雄才大略,却又有不拘小节、粗心大意的毛病;太严厉的人,缺乏灵活性,他们在依法办事上严格公正,但说到变通却格格不入;宽宏大量的人,不够敏捷,他们为人宽厚周全,可谓仁至义尽,但在抓紧时机办事上却行动迟缓,工作效率较低;喜欢与众不同的人,追求超凡脱俗,标新立异,他们如果运用权谋会显得卓异出众,而致力于清静无为之道,则会违背常理、不切实际。魏武帝曹操下诏说:"有进取心的人,不一定有德行。有德行的人,不一定有进取心。陈平难道是忠厚的人?苏秦难道是守信用的人?但陈平为奠定汉王朝基业发挥了重要作用,苏秦帮助弱小的燕国收复了失地,这是用其所长的结果。"

金无足赤,人无完人,世界上没有完美无瑕的人,就是被人们公认的好人中,也没有完美无缺的。诸葛亮是刘备的得力军师,可如果让他提刀上阵杀敌会如何呢?可见,无论何人都有其长处和短处。无论是政治领导者、军事指挥家,还是企业领导者,凡是想成就一番事业的,无不讲究用人之道。政治家管仲,名夷吾,是春秋时期最重要的贤相,他与齐桓公、鲍叔牙成为君臣之间、朋友之间交往的千古典范。管仲治齐,就内政而言,不仅坚守了视民如天的信念,而且从政治、经济、道德教化等方面采取措施使得民富国强,就对外而言,在周王室式微的情况下,管仲采取的"尊王攘夷""九合诸侯"的政策,在一定程度上限制了诸侯之间的攻伐兼并,在客观上也有利于人民的休养生息。管仲出身贫苦,他对父母孝顺,对朋友忠心,办事能力强,很有领导才能,经常能提出别人觉察不到的问题,又能预见一些别人料想不到的事情,他善于劝谏,为国为民,想方设法劝谏君主。

史料记载,管仲和他的好朋友鲍叔牙一起来到齐国谋求发展。鲍叔牙投靠当时齐国国君齐襄公的弟弟公子小白,而管仲投靠齐襄公的另一位弟弟公子纠,齐襄公为君荒淫无道,公子小白和公子纠都怕受牵累,于是小白和鲍叔牙一起逃往莒国，公子纠则和管仲一起逃往鲁国。不久，齐国发生内乱，齐襄公被杀，公子纠和小白都想抢先回国做国君，管仲带兵拦截小白，并用箭射中小白的衣带，小白假装被射死，而抢先回到了齐国，被拥立为君，是为齐桓公。鲁国这时也发兵送公子纠回国，齐桓公发兵打败了鲁国，逼迫鲁国杀了公子纠。管仲被囚，送往齐国。齐桓公本欲杀掉管仲，但鲍叔牙极力举荐管仲，对齐桓公说："管仲的治国能力远远超过我，我在许多方面都不如他，齐国若想富国强兵，弃管仲而不用肯定是不行的。"并且说，"他之杀你，只是忠心于自己的上司罢了。他能够忠心于自己的职责，就一定可以忠心于你。能够重用管仲的国家，一定会强盛，望你不要错失了这个奇才呀！"

于是，齐桓公不计前嫌亲自将管仲从囚车里释放出来，并将管理国家的大权交给了管仲。这就是齐桓公为建霸业不计较一箭之仇而用管仲的经过。《史记》说："管仲既用，任政于齐，齐桓公以霸，九合诸侯，一匡天下，管仲之谋也。"管仲治国有方，经过几年的努力，终于帮助齐桓公成了历史上著名的春秋五霸之一。这件事说明选人、用人对成就事业具有决定性的影响。诸葛亮说："老子善于修身养性，却不适合应付危难；商鞅善于进行法治，却不适合施行教化；苏秦、张仪善于游说，却不适合缔结盟约；白起善于攻城略地，却不适合团结民众；伍子胥善于图谋敌国，却不知道如何保护自己；尾生的优点是守信用，却不适合应变；前秦王嘉善于与英明的君主相处，却不适合侍奉昏君；许自将善于评论别人的优劣好坏，却不会笼络人才。"这就是用人之所长的韬略。

尼克松是一位有战略头脑的政治家，尤其在用人方面表现了他"择人而任势"的智慧。1968年12月2日，尼克松当选为第37届美国总统。随后，他任命基辛格为总统国家安全事务助理一职。基辛格不仅是一位足智多谋的国际战略家，也是一位精明干练的战略实践家。作为顾问、智囊,他审时度势、深谋远虑;作为助手、使者,他忠贞不渝,周旋于美国朝野,活跃在世界各地。最能反映基辛格深谋远虑、智勇兼备独特风格的,莫过于中美秘访的"波罗行动"和越南停战的"巴黎谈判"了。尼克松大胆启用了劲敌人物基辛格,而基辛格的谋略使尼克松在任总统期间政绩卓著。

贤才好比是一匹千里马,需要伯乐的发掘,更需要好的培养、任用机制及施展才华的环境。兵家不仅特别强调人才和人力资源的开发,注意采用激励的方法来充分发挥人的潜能,注重士卒的教育训练及人员的合理配置,从而达到增强战斗力的目的。而且,在强调选用人才的过程中,还十分重视组织整体的上下同心,认为好的人才只有融合到组织的整体中去,才能充分发挥其聪明才智。明代戚继光抗倭,充分发挥集体的力量,注重对不同素质、不同个性士兵的合理搭配,产生了很好的效果。而赵王错用赵括,以致长平之败,万卒被坑;孔明误用马谡,才有街亭之失,以致损兵折将。用人如用器,舍短用长,则物物可用,舍长用短,则物物可弃。所以,用人须择其长而用之。

知人善任,这是讲到领导艺术时经常要说到的一个词。知人善任,首先在于知人,其次是善任。能做到这一点是领导最大的才能,事必躬亲的领导绝非好领导。作为一个领导,关键是要掌握一批人才,把他们放在适当的位置上,让他们最大限度地、充分地发挥自己的积极性和作用。刘邦深谙此理,用韩信带兵、张良出谋、萧何保后,都安排得有条不紊,刘邦也因此成为这个集团的核心。他不仅打天下时极会使用人才,子房、萧何、韩信"皆人杰也,吾能用之,此吾所以取天下也";当皇帝治理国家时也同样惜才,这一点从他直到去世前一年仍发布求贤诏中可见一斑:"盖闻王者莫高於周文,伯者莫高於齐桓,皆待贤人而成名。今天下贤者智能岂特古之人乎? 患在人主不交故也,士奚由进? 今吾以天之灵，贤士大夫定有天下，以为一家，欲其长久，世世奉宗庙亡绝也。贤人以与我共平之矣，而不与吾共安利之，可乎？贤士大夫有肯从我游者，吾能尊显之。布告天下，使明知朕意，御史大夫昌下相国，相国酂侯下诸侯王，御史中执法下郡守，其有意称明德者，必身劝，为之驾，遣诣相国府，署行、义年，有而弗言，觉，免。年老癃病，勿遣。"(《汉书高纪》)

微软的董事长比尔·盖茨经常讲，他的主要工作就是迅速发掘和雇用最优秀的人才。为了帮助 IBM 开发个人计算机操作系统，盖茨购买了西雅图另一家公司的早期成果，雇用了该公司最顶尖的工程师蒂姆·帕特森，在此基础上推出了 MS-DOS 操作系统。张瑞敏也曾说过："企业最大的财富不在有多少资产，而是人才。"人才是企业持久不衰的利润源泉，聚揽人才，集于一麾之下，已成为一个企业长远发展的不二法门。海尔倡导人人是人才、赛马不相马的人才观，对人才提出要求才、识才、容才、用才、培才、育才、护才、将才的观点，呼吁企业必须关心人、理解人、尊重人、爱护人，从而使海尔成为一个永远年轻、富有活力的成功企业。其之所以成功，人才是关键。

虚实篇

本篇重点论述了战争中如何运用虚实变幻的手段，发挥主观能动性，加强我方实力，造成敌方劣势，正确调配兵力以克敌制胜的问题。孙子认为，善于用兵的人，致人而不致于人，即能够调动敌人而不被敌人所调动。其基本手段是示形于人——形人，藏己之形——我无形。如此，就会形成我专而敌分的有利的战场态势，从而达成局部上我众而敌寡和以众击寡的目的。在如何调动敌人的问题上，孙子提出了利之、害之、作之、形之、角之和攻其必救、乖其所之等一系列具体手段。孙子还以水为喻，形象、深刻地说明了避实击虚和因敌制胜这两条重要作战指导原则的奥妙与意义所在。

孙子首先提出了争取主动的思想。虚实的核心是致人而不致于人。致人是调动敌人，牵制住敌人，按我们的指挥行动。不致于人就是在战争中必须灵活机动，不被敌人所控制。这是在作战时掌握主动权的重要性。在战争中要想赢得胜利，必须争取主动权。真正的兵家，知道在战场上先发制人，做好充分的准备，而坐失良机的将帅后发制人，就容易让对手牵着鼻子走。在战场上丧失主动权的军队，就只有被动挨打。那么，怎么才能不挨打呢？就是致人而不致于人。赢得主动就是赢得战争。

孙子还在本篇提出避实击虚的思想。分析敌情，古时通常使用庙算，就是准备行动之前运筹于"庙堂"之上，在此基础上以少量的兵力诱敌，目的是为了摸清敌军的军事部署情况及行动规律，当然可以通过示形等手段或局部较量，探敌强弱及其兵力分布情况。孙子曰："水因地而制流，兵因敌而制胜。"这就是说，用兵的规律要像水一样，因敌变化而变化。水的流动是由高到低，也可以说是避高就低，用兵亦是如此。要击虚而避实，即便是武力过硬，也应避实而击虚，以减少不必要的牺牲。

【原文】

孙子曰：凡先处战地而待敌者佚①，后处战地而趋战者劳。故善战者，致人而不致于人②。能使敌人自至者，利之也；能使敌人不得至者，害之也。故敌佚能劳之，饱能饥之，安能动之。

【注释】

①佚：安逸，舒服。
②致人：使人致，引申为调动。

【原文】

出其所不趋，趋其所不意。行千里而不劳者，行于无人之地也；攻而必取者，攻其所不守也。守而必固者，守其所不攻也。故善攻者，敌不知其所守；善守者，敌不知其所攻。微乎微乎，至于无形；神乎神乎，至于无声，故能为敌之司命。

进而不可御者，冲其虚也；退而不可追者，速而不可及也。故我欲战，敌虽高垒深沟，不得不与我战者，攻其所必救也；我不欲战，画地而守之，敌不得与我战者，乖其所之也①。

【注释】

①乖其所之：改变敌人的行动方向。乖：背离。之：去。

【原文】

故形人而我无形①，则我专而敌分。我专为一，敌分为十，是以十攻其一也，则我众而敌寡；能以众击寡者，则吾之所与战者，约矣。吾所与战之地不可知，不可知，则敌所备者多，敌所备者多，则吾所与战者，寡矣。故备前则后寡，备后则前寡，备左则右寡，备右则左寡。无所不备，则无所不寡。寡者，备人者也；众者，使人备己者也。

【注释】

① 形人：使敌人暴露其形迹。

【原文】

故知战之地，知战之日，则可千里而会战。不知战之地，不知战之日，则左不能救右，右不能救左，前不能救后，后不能救前，而况远者数十里，近者数里乎！以吾度之①，越人之兵虽多②，亦奚益于胜败哉？故曰：胜可为也。敌虽众，可使无斗。

【注释】

① 度（duó）：忖度，推断。

② 越人：越国人。当时吴越两国相互敌对。

【原文】

故策之而知得失之计①，作之而知动静之理②，形之而知死生之地③，角之而知有余不足之处④。故形兵之极⑤，至于无形；无形，则深间不能窥，智者不能谋。因形而措胜于众，众不能知。人皆知我所以胜之形，而莫知吾所以制胜之形。故其战胜不复，而应形于无穷。

【注释】

①策之：根据客观情况对敌人行动计划进行分析判断。策：预测，筹谋。

②作之：挑动敌人，使之动作。

③形之：示形于敌。

④角之：与敌较量，侦察其实力。

⑤形兵：在此指用兵方式。

【原文】

夫兵形象水，水之形，避高而趋下，兵之形，避实而击虚。水因地而制流，兵因敌而制胜。故兵无常势，水无常形。能因敌变化而取胜者谓之神。故五行无常胜①，四时无常位，日有短长，月有死生②。

【注释】

①五行：指金、木、水、火、土，古人认为五行是组成物质的最基本要素，并认为五行相生相克。

②月有死生：月亮因晦朔而有盈亏晦明的变化。

【品鉴】

凡先处战地而待敌者佚，后处战地而趋战者劳。故善战者，致人而不致于人。

这句话的意思是，一般先到达作战地点等待敌人的军队就安逸，后到达作战地点仓促应战的军队就疲劳。所以善于作战的人，总是使敌人前来就我而不是自己前往就敌。孙子对战争的地点、地形给予了高度的关注。战争地点对于战争双方有不同的意义，早到作战地点的一方，不仅准备充分，而且熟悉地形，使地利的各种因素为己所用。相反，匆忙赶到会战地点的一方，则是以疲劳之师投入战斗，既准备不足，更重要的是不熟悉地形，不能利用地利的因素，其后果是给自己带来被动。孙子基于此提出了"致人而不致于人"的用兵原则，就充分体现了他对战争要保持主动性的一贯主张。在战争中，谁掌握了主动权谁就会取胜，因此争取主动、避免被动历来是兵家的不懈追求。如何才能争取主动，用孙子的话来说，就是："凡先处战地而待敌者佚，后处战地而趋战者劳。"这是在作战全局中掌握主动权的谋略思想，是重要的用兵原则，也是《孙子兵法》一书的精髓之一。这个原则，为历代兵家所重视，不仅产生了许多典型战例，而且对其他许多领域都具有重要指导意义。

对于战争的主动权问题，后世兵家进一步作了发挥。如《鬼谷子》说："事贵制人而不贵见制于人，制人者，握权也；见制于人者，制命也。"两军交战，争取战争的主动权，乃为取胜的关键。在战场上，谁能够趋利避害，先发制人，谁就掌握了主动权，谁的胜算就高。怎样才能"致人而不致于人"呢？孙子认识到，能否获得主动权，一方面决定于敌对双方的客观实力和状态，受到军争先后、兵力众寡、装备优劣、军心聚散、士气高低以及部队劳逸、饥饱、治乱等因素的制约；另一方面，正确的主观指导又对改变双方的力量对比、争取战场主动权发挥着至关重要的作用。所以他强调要在充分掌握战场信息的基础上发挥将领的主观能动性，采取"利之""害之""攻其所必救""乖其所之"等各种手段，使敌人由先变后、由治变乱、由强变弱，从而把主动权牢牢地操控在自己的手中。"致人而不致于人"的思想，不仅是本篇的灵魂，而且贯穿于全书之中。如《计篇》的"能而示之不能，用而示之不用，近而示之远，远而示之近。利而诱之，乱而取之，实而备之，强而避之，怒而挠之，卑而骄之，佚而劳之，亲而离之。攻其无备，出其不意"、《形篇》的"立于不败之地，而不失敌之败"、《势篇》的"以利动之，以卒待之"、《虚实篇》的"形人而我无形"、《九变篇》的"屈诸侯者以害，役诸侯者以业，趋诸侯者以利"、《九地篇》的"夺其所爱"等等，无一不包含着"致人而不致于人"的思想精髓。正如唐代军事家李靖所言："(兵法)千章万句，不出乎'致人而不致于人'而已。"(《唐太宗李卫公问对》卷中)

在国际关系方面，"致人而不致于人"的主动策略也是很常用的。美国在许多战略性、关键性的高技术领域，如空间技术、生物技术、信息技术、敏感军事技术等方面，均居于领先地位。这些技术不仅影响国计民生，而且直接关系到一个国家的安全。美国经常将自己掌握的高技术优势作为筹码，利用高技术禁运来挤压与威胁别国，迫使其在外交上做出让步，或者以技术转让手段，达到拉拢和在政治上控制别国的目的。美国又凭借其在贸易上举足轻重的地位，主导国际经济体制、金融体制、贸易体制，制定有关的所谓国际标准，同时，它又根据亲疏好恶，对不同国家的商品设定不同的技术门槛，从而使许多国家受制于它。美国利用其高科技和经济上的优势，在外交和国际贸易中"致人而不致于人"，使其成为当今世界最强的超级大国。

伊朗因被认为支持国际恐怖主义，长期以来受到美国的遏制与制裁。1996年，美国国会通过达马托法，禁止美国公司与伊朗的经贸往来，宣布对在伊朗投资2000万美元以上的外国公司进行制裁。美国的制裁和封锁，给伊朗造成了很多困难。然而，伊朗利用其自身的资源和地理优势主动出击，积极拓展外交和经济活动空间。伊朗向外国公司开放海上和陆上的油气田，以优惠条件吸引外国投资和技术，利用外国公司向美国反施压力。1997年，法国托塔尔公司、俄罗斯天然气工业公司和马来西亚国营石油公司不顾美国的强烈反对和达马托法制裁的威胁，同伊朗国家石油公司签署了总计20亿美元合作开发天然气的合同。伊朗又将大量石油直接运往地中海沿岸的国际石油市场，向欧洲和东亚国家推销。日本、意大利、荷兰和法国成为伊朗石油的最大买主。伊朗石油还打进非洲市场，成为南非最大的石油供应国。1997年12月，第八届伊斯兰国家首脑会议在伊朗首都德黑兰召开。伊朗利用会议讲台猛烈抨击美国的霸权主义与强权政治，得到多数国家在舆论上的同情和支持。伊朗以"致人而不致于人"的兵法谋略，发展与各国的贸易和合作，使美国对伊朗的制裁和封锁难以发挥作用。

IBM在每次竞争中总能力争主动，不断完善自己，从而在战胜对手的过程中使自己逐渐强大。1951年，计算机行业市场竞争日益激烈，雷明顿、兰德公司向IBM挑战，他们向美国统计局出售了第一台商用计算机，IBM立即抢先倾注自己的全部实力，从宣传攻势到网络专家，从占据技术领先到研究开发更新产品，每一步都精心设计，巧妙安排。终于，IBM这种全方位的进攻使它在市场竞争中占据了上风，一路领先，始终处于主动地位，结果兰德公司在强敌面前败下阵来。

兵形象水。水之形避高而趋下；兵之形避实而击虚。

孙子认为，用兵的规律好像水的流动。水的流动，是避开高处而流向低处；战争的规律，是要避开敌人坚实的地方而攻击敌人的弱点。这就是《孙子兵法》所提出"避实而击虚"论。何谓虚实？孙子说："兵之所加，如以碫投卵者，虚实是也。"碫（石块）是坚硬之物，喻为军事上的"实";卵是脆弱的,比作军事上的"虚"。军队进攻敌人当避实击虚,以碾击卵。孙子认为,军事力量的虚实,不仅仅是兵力的多寡,还有士气的高低、战斗力的强弱、管理上治乱、将帅谋略的得失、作战准备的情况、地形条件是否有利等因素。中国古代兵书《唐太宗李卫公问对》开篇就说:"观诸兵书,无出孙武,孙武十三篇,无出虚实。"虚虚实实,变化无穷,其中又会产生千千万万的计谋,最关键的就是要选准对手的虚弱之处,同时抓住时机乘虚而入。或者说,对于非常强大的敌人或障碍,不能一味地直线前进,盲目蛮干。反过来变化一下思路,不去向强敌直接挑战,不去触动和攻击障碍本身,而是采取避实击虚、避重就轻的迂回方式,这样可使对方不攻自破或不堪一击。所以说,对于存在的问题,要根据具体情况做具体的分析研究,理智地避其锋芒,绕道而行,不争一时之气。取得最终的胜利才是根本。

《管子·制分》中也说:"凡用兵者,攻坚则韧,乘瑕则神,攻坚则瑕者坚,乘瑕则坚者瑕。"意思是,用兵打仗,攻击对手的实处,难以击败对手。攻击对手的虚处,就能轻而易举地取胜。因为攻击对手的实处,即使对手总体实力弱,也可能转为强者。攻击对手的虚处,即使其总体实力强,也会转为弱者。事实上,无论战场上的竞争还是社会其他领域的竞争,无论古代还是现代,抓住时机,避实击虚都是一条克敌制胜的好方法。

避实击虚的思想在古今中外的军事斗争中都有广泛的运用。如中国古代的晋楚城濮之战、楚汉成皋之战、韩信破赵之战等。国外的如拿破仑所指挥的大多数战役以及十月革命后的苏俄内战等,都是在面对强敌的情况下,先以自己的局部优势和主动,向着敌人局部的劣势和被动各个击破而取得胜利的。在我军历史上,在对占据绝对优势的国民党以及在抗日战争、抗美援朝战争这些以弱对强的战争中,我军之所以取得了辉煌胜利，与深谙兵法谋略的老一辈无产阶级革命家、军事家卓越地运用避实击虚的战略战术有直接关系。

春秋时期，齐桓公在位时出现了严重的财政困难。于是打算增加税收，这就等于把国家的经济负担转嫁到了老百姓头上。相国管仲竭力反对制定这样的政策。齐桓公又提出征收房屋税、牲畜税、人头税等方法，都被管仲否决了。管仲认为，光靠征税来解决财政困难是难以成功的，因为征收每种税都会带来副作用。接下来，管仲提出了"官山海"的方法。所谓官山海，就是管山海。当时山主要产铁，海主要产盐，盐铁的生产有一定的场地和数量，而且是生活必需品。管山海就是管盐铁的专卖。管仲认为，只要实行盐铁专卖，就可解决财政困难。西周时期，盐铁均为私营，国家只征收山海税和关市税，盐铁的盈利大部分为私商所得。管仲提出将这两项商品的经营权收归国有，实行专卖，就是将私商的利益转移到国库之中。这样做，不同于向百姓征收其他的税收，牵涉面不广而获益巨大。管仲虽将盐铁的经营权收归国有，但国家只是控制流通环节，即负责购与销，生产还是由私商负责，也让他们获得一部分利益。这样一来，盐铁的私商也不便反对这一政策，而国家的财政收入却大大增加了。

怎样制定经济政策，关系到国计民生及天下兴亡。管仲的"击软避硬"实在是高明，避开老百姓人人敏感的地方，免遭百姓的反对与怨言，而选择在与百姓没有直接联系的盐铁上下功夫。这样，不会直接牵扯到百姓的生活，自然就不会遭到百姓的反对。从管仲理财富国的方式可见，"击软避硬"之法体现了他善于生财、聚财、理财，而且做到了心平气和、不露声色。既不增加百姓的负担，也不损害国家的利益。既将盐铁的经营权收归了国有，又保护了私商的利益，让他们有生产的积极性。竞争的规律是避开对手强盛之处，而去攻击其虚弱的地方，集中资源寻找竞争对手的弱点，做到用自己之实攻击他人之虚，将竞争对手原来有利的地位转变为对自己有利的地位，保持自己在未来发展中具有绝对竞争实力。同时，在竞争中，要知己之所长所短，也要知彼之所长所短，只有把竞争双方的虚实之处看清楚，才能发挥自己的优势，以己之长击他人之短，或根据不同环境情况另辟路径，这其实也是人生竞争的虚实所在。

故兵无常势，水无常形。能因敌变化而取胜者谓之神。

指挥作战，本无常规，千变万化，敌莫能知。军情永远处于变化之中，正如流水一样，水流没有固定的规则，作战要因敌情而变。因敌情而变的作战原则，揭示了指挥作战的机动灵活性，因事、因人、因时、因地，采取灵活机动的战术，是取得胜利的根本性的手段。变化是不以人的意志为转移的客观现象；变革，则是主体"与时俱进"的积极选择。现代管理面对着激烈变化的环境，要想在这种环境中求得生存与发展，就要不断地实现创造性的变革，通过具有创新意义的战略管理，使组织从适应目前的环境状况，转变成适应未来的另一种环境状况。当代世界，人类社会面临着激烈的变化。在经济领域，随着世界经济一体化的形成，经济形态、经济导向、经济政策都在发生着巨大的变化；在社会领域，社会结构、价值观念、社会组织形态也在发生着深刻的变动。与此同时，在管理领域，无论是经济管理、政治管理，还是社会日常生活的管理，其内容和形式都必须不断更新，方能适应巨变时代的需要。面对变化的环境，组织如何应对，以了解变化、把握变化、适应变化、驾驭变化，最终实现组织的目标；管理者如何应对，以因地制宜、因时制宜、因人制宜、因事制宜，最终实现有效的管理。这些都需要与变化相适应的战略管理思维与权变管理理念。一个组织依据其所处的内外环境的状况，制定战略、实施战略，并根据实施情况的反馈来调整、制定新战略的过程，实质上就是环境变化和组织变革的过程。

成功的战略大多是那些与环境相适应的战略。日本松下电器公司是家庭娱乐系统的主要生产商，"Panasonic"商标家喻户晓。从20世纪80年代开始，在微型化方面出现了技术突破，同时，家庭小型化的社会趋势使得大功率的、高度紧凑的音响系统的需求剧增。松下家庭影音系统战略的成功，就是因为及早地认识到环境中正在发生的技术和社会变化。每个组织的管理当局都需要分析他们所处的环境，需要了解市场竞争焦点是什么，重要的是准确把握环境的变化和发展趋势及其对组织的影响。

在现代管理中，有一个权变管理学派。其创始人卡斯特和罗森茨韦克认为："权变观点强调的是组织的多变量性，并力图了解组织在变化着的条件下和在特殊环境中的情况。权变观点的最终目的在于提出最适宜于具体情况的组织设计和管理行为。"权变管理就是以变应变，面对变化的内外环境，采取最适宜的管理方法，以取得最佳的管理效果。

正因为变化无时不在，所以需要不断创新。作为创新活动的主体，既要敢冒风险，又要才华出众，既要勇于创新，又要善于创新。只有这样，才能真正推动经济的发展和社会的进步。作为人类最基本实践活动之一的管理，管理创新同人类的管理历史一样悠久。人类为了更好地凝聚群体的力量，更合理地配置自然的资源，更圆满地实现组织的目标，就要依据管理过程的实际需要，不断更新管理的方式方法，进行管理的创新。在政治管理方面，中国汉代的开国君主刘邦听从了陆贾的意见，变"得天下"的管理手段为"治天下"的管理方法，从而避免了秦朝"二世而亡"的覆辙，开创了汉代几百年的江山。在经济管理方面，美国总统罗斯福毅然推行"新政"，变"自由放任"为"国家干预"的经济政策，从而解决了当时严重的失业问题，振兴了美国的经济。这些都是管理创新的成功例子。

现代经济学往往把创新活动仅仅划分为技术创新和制度创新两个分支，实际上，管理创新是更加重要的创新活动。它同技术创新、制度创新紧密相连，而发挥着不可替代的作用，技术创新必须有管理创新的配合才能成功。例如，19世纪有两个著名的发明家，一个是美国的爱迪生，一个是德国的西门子。若论技术创新的成就，爱迪生应该是更为出色。但西门子懂得管理，管理上的创新保证了技术上的发明能够转化为产品，并不断地占领市场，因而西门子公司不断成长壮大，至今依然屹立。而爱迪生却不懂得管理，经营得很糟糕，最后不得不离开他所创建的每一个企业，才使这些企业得救。事实证明，技术创新不仅仅是一个技术的问题，而且也是一个管理的问题。管理，通过内部的组织协调，可以为技术创新的正常进行提供条件，有利于降低技术创新过程的不确定性。

美国管理学家圣吉提出"学习型组织"（Learning Organization）这个概念，他认为，未来最成功的企业，将是一种灵活、有弹性，不断通过学习来创造持久竞争优势的组织。这种学习型组织具有5种功能，即系统思考、自我超越、改善定见、建立共同远景及团队学习。圣吉还揭示了"学习型组织"的真谛，这就是"活出生命的意义"，他在《第五项修炼——学习型组织的艺术与实务》中写道："真正的学习，涉及人之所以为人此一意义的核心。透过学习，我们重新创造自我。透过学习，我们能够做到从未能做到的事情，重新认知这个世界及我们跟它的关系，以及扩展创造未来的能量。事实上你我心底都深深地渴望这种真正的学习。组织为适应与生存而学习，虽然是基本而必要的，但必须与开创性的学习结合起来，才能让大家在组织内由工作中活出生命的意义。"

现在，人们还经常提到管理模式创新。在实践过程中，管理模式不可能是一成不变的，它必然受到时代的挑战而不断创新。以日本管理模式而言，它在工业化时期所创立的管理模式，号称"三大法宝"，即终身雇佣制、年资序列工资制、企业内工会，有人还加上集体决策方式，合称日本管理的"四大支柱"。这一模式适应了第二次世界大战结束后日本民族振兴、发展经济的时代需要，体现了当时日本人团结一心、埋头苦干的精神，为日本经济的高速增长立下了汗马功劳。但是，进入20世纪80年代以后，面对国际经营环境的瞬息万变、科学技术的突飞猛进、产业结构的急剧调整以及民主管理精神的深入人心，原有的日本管理模式受到了冲击。据日本广播协会1982年10月东京和大阪地区企业的调查，近60%的职工和管理人员对年功序列制晋升和加薪的方法不满，要求以能力晋升制取代年功序列制，以能力工资取代年功序列工资。有人提出，用爱社精神、全员管理和企业工会这新的三大法宝取代旧的法宝。进入20世纪90年代以后，知识经济时代来临，面对经济的知识化、信息化和全球化，工业经济时代行之有效的管理模式，更是受到了新的挑战，面临着新一轮的创新过程。

唯物辩证法告诉我们，变化是世界的本质，是事物运动的反映，是事物存在的根据。没有变化，这个事物就不存在了，世界上没有绝对静止的东西，"奇正"之变、"通九变"(《九变篇》)都说明了一个道理：变化是自然规律，企业的经营要合情合理、随机应变，企业管理绝对不能因循守旧，不思创新。21世纪初的企业呈现出的一个明显特征就是变化迅速，这种变化的原因和动力不仅仅是为了应对快速变化的外部环境，更是来自企业自身转型和业务流程重组的需要。Intel公司前总裁安德鲁·葛洛夫曾用"唯一不变的就是变化"这句话来形容现代企业发展的特点。成功的企业家往往能超越常例，抓住时机，出奇制胜获得发展。科学在发展，技术在进步，市场在变化，一个企业在一种产品上的优势不可能是永恒的、绝对的。随着知识经济时代的来临，世界进入了高倍速时代。面对更加迅速的变化，时代呼唤变革型的领导者，微软公司总裁比尔·盖茨就是这样的领导。如关心每一个员工的日常生活和发展需要，帮助下属以新观念看待老问题从而改变下属对问题的看法，激励、唤醒和鼓励下属为达到群体目标而付出更大的努力。变革型领导总是试图逐步培养下属的能力，使他们不但能够解决那些由领导者提出的问题，而且完全能够解决组织在走向"未来之路"上所遇到的任何问题。盖茨在《未来之路》一书中自豪地写道："对我来说，大部分快乐一直来自我能聘请到有才华的人并与之一道工作。我乐于向他们学习请教。我们现在招聘的许多聪明的雇员比我年轻许多。我羡慕他们能伴随着先进的计算机一道成长。他们一个个才智超群，必能百尺竿头更进一步，拓宽我们的视野。"

军争篇

本篇着重论述了两军交战之时如何夺取先机之利的问题。孙子认为,两军交战,最难的莫过于"军争",而"军争之难者",乃是"以迂为直"和"以患为利"。并且"军争"具有两面性——既为利,又为危,只有"先知迂直之计者",才能掌握战场主动,最终战胜敌人。此外,孙子还论述了如何保持己方将士在士气、心理和体力上的优势的问题,并提出了"避其锐气,击其惰归"这一著名的军事原则。

孙子认为,所谓军争,就是作战的军队要想达到自己的军事目的,必须挫伤对方的军事实力,这涉及所采取的军事手段,即如何抓住战机,怎样做到"以迂为直"和"以患为利",这就要求要正确处理"迂"和"直"的辩证关系,军争中,故意舍其近而求其远,迂回绕道,用此方法迷惑敌方,并以小利诱敌,使敌方产生错觉,判断失误,这样就可以达到"后人发,先人至"的目的。

关于军争的利与害,孙子指出:"军争为利,军争为危",就是说,军争有好的一面,也有坏的一面。他举例说,如果军队辎重并行,则会失去先机;若舍军需,轻装出征,后果更加不堪设想。如果强行军百里,则三军将领会被俘;若强行军五十里,那么只有一半的部队可以到达战地;如强行军三十里,那么只有三分之二的部队能到达,所以上述均为

"军争之危"。那么，怎么能"趋利避害"呢？那就是要"悬机而动""知诸侯之谋""用乡导"等等。在这个基础上，孙子进一步指出，军队为了争取主动，首先要保持军队的战斗实力，不能化整为零，而应在统一指挥下争取主动。为防止军事实力分散而给对方造成可乘之机，孙子提出了"勇者不得独进，怯者不得独退"的原则，保持军队实力的完整。对于黑夜白昼的作战方法，孙子提出了"夜战多火鼓，昼战多旌旗"的原则，以达到"变人耳目"的目的。孙子还提出了四治战法：治气、治心、治力、治变，同时提出了"避其锐气，击其惰归"的原则，再有"以治待乱，以静待哗，以近待远，以佚待劳，以饱待饥"等具体作战方法。

孙子认为，在战争全过程中，军争难度最大，包含许多矛盾，如迂与直、先与后，患与利等等。还有如何照顾行军动作的协调一致，如何保持士气、心理、体力上的优势，以及如何防敌有诈，等等，正是注意到这些矛盾，所以作者认为军争之法应当"以迂为直"和"以患为利"。

【原文】

孙子曰：凡用兵之法，将受命于君，合军聚众，交和而舍①，莫难于军争。军争之难者，以迂为直，以患为利。故迂其途，而诱之以利，后人发，先人至，此知迂直之计者也。

【注释】

① 交和而舍：两军对垒而处。交：接触，引申为相对。和：指军门。古代称军门为和门。舍：止，止宿。

【原文】

故军争为利，军争为危。举军而争利，则不及；委军而争利，则辎重捐①。是故卷甲而趋②，日夜不处，倍道兼行③，百里而争利，则擒三将军④，劲者先，疲者后，其法十一而至。五十里而争利，则蹶上将军⑤，其法半至。三十里而争利，则三分之二至。是故军无辎重则亡，无粮食则亡，无委积则亡⑥。

【注释】

① 委军：指弃置辎重，以图轻装前进。委：弃也。捐：抛弃。
② 卷甲：将铠甲卷起来不穿，比喻轻装前进。
③ 倍道兼行：加快行军速度。倍：加倍，此处为加速之意。兼行：日夜不停地前进。

④擒三将军:三军将领被擒。三将军:指上、中、下三军的主帅。

⑤蹶上将军:使前军将领失利。蹶:挫败,折损。

⑥委积:指军事物资的储备供应。

【原文】

故不知诸侯之谋者,不能豫交①;不知山林、险阻、沮泽之形者,不能行军;不用乡导者,不能得地利。故兵以诈立,以利动,以分合为变者也。故其疾如风,其徐如林,侵掠如火,不动如山,难知如阴,动如雷震。掠乡分众②,廓地分利③,悬权而动④。先知迂直之计者胜,此军争之法也。

【注释】

①豫交:与人结交。豫:通"与",参与。

②掠乡分众:在敌方乡村分兵掠夺粮草。

③廓地分利:开拓地盘,分兵把守要害地方。

④悬权而动:根据对利弊得失的权衡而采取行动。

【原文】

《军政》曰①:"言不相闻,故为金鼓②;视不相见,故为之旌旗。"夫金鼓旌旗者,所以一人之耳目也③。人既专一,则勇者不得独进,怯者不得独退,此用众之法也。故夜战多金鼓,昼战多旌旗,所以变人之耳目也。

【注释】

①军政:古代兵书,已失传。

② 金鼓：用于传递信号的战钲和金钲。鸣金表示收兵，击鼓表示进攻，一般在夜间使用，白天多用旌旗。

③ 一：统一，协调。

【原文】

故三军可夺气，将军可夺心。是故朝气锐，昼气惰，暮气归。故善用兵者，避其锐气，击其惰归，此治气者也①。以治待乱，以静待哗，此治心者也②。以近待远，以佚待劳，以饱待饥，此治力者也③。无邀正正之旗，勿击堂堂之陈④，此治变者也⑤。

【注释】

① 治气：指掌握和利用部队士气变化。

② 治心：指掌握和利用部队心理变化。

③ 治力：指掌握和利用部队体力变化。

④ 陈：同"阵"。

⑤ 治变：掌握并实施机变。

【原文】

故用兵之法：高陵勿向，背丘勿逆①，佯北勿从，锐卒勿攻，饵兵勿食②，归师勿遏，围师必阙，穷寇勿迫。此用兵之法也。

【注释】

① 逆：迎击。

② 饵兵：用来引诱我方之敌。

【品鉴】

军争之难者，以迂为直。

孙子提出的"以迂为直"的思想是本篇的核心思想。迂，是曲折、绕弯的意思，迂与直、患与利之间是辩证的关系，两者可以相互转化。在两军相争的战场上，如果一味地求直求快，往往适得其反。在某种情况下，为了达到目的，需要进行一种巧妙的"以迂为直"的对抗，走迂回曲折的道路，就是说要避开对方的锋芒，削弱对方对抗的力度，在对方无备和无力的情况下顺利达到预定目标。实际上这种迂回又恰恰是更直接、更有效、更迅捷地获得成功的办法。所谓知迂直之计，就是要懂得以迂为直的办法，这个计谋从表面上看走了迂回曲折的道路，实际上是为获得机遇、为更直接更有效更迅速地取得成功创造条件。

从根本上说，迂直之计的旨趣在于胸怀大局，并从大局出发，选择适合的行动路线和方法。这是《孙子兵法》提出的重要而有效的决策思维方法。有些路途，对于到达目的来说是曲折迂远的，但这种曲折只是表面的，实际上它可能就是到达目的最有效的途径。在中国古代，一些帝王在政治局面不利于自己时，往往采取韬光养晦、迂直之计的策略来隐藏自己，欺骗对手，等待时机。据《史记·殷本纪》中记载，商王武丁在刚刚即位的时候，就采取过"三年不言，政事决于冢宰，以观国风"的韬略。春秋时的楚庄王也采取了这种迂直之计的做法。楚庄王即位时，国内公族势力已经十分强大，仅若敖氏一支，就拥有与国君抗衡的实力。朝中贤愚混杂，忠奸不明，明争暗斗，局势十分混乱。对于年轻的新国君来说，这无疑是十分棘手和危险的。楚庄王十分清楚自己的处境，他决定采取迂直之计以辨明忠奸。即位后三年之中不发任何号令，而日夜淫乐，同时颁布诏令：有敢谏者死无赦。大臣伍举看在眼里，急在心里，便去晋见楚庄王，只见楚庄王左抱郑姬、右拥越女，坐于钟鼓之间。伍举问道:"大王,有只鸟儿,在山上,三年不飞不鸣,那是什么鸟?"楚庄王明白伍举的暗喻,便不动声色地回答说:"三年不鸣,一鸣惊人;三年不飞,一飞冲天!"于是楚庄王开始改变以往的生活作风,登堂听政。对官员的处理上罢官处死的有数百人,举贤封官的也有数百人,一时间,朝野称庆,治道大明。后来楚国又用了两三年的时间灭掉了其他一些小国,成为春秋五霸之一。越王勾践忍一时之屈,卧薪尝胆重振国威的故事,是中国历史上比较典型的"用暂时的委屈换取成功"的例子。公元前481年11月,在经过了多年的励精图治之后,兵强马壮的勾践一举攻破吴国,成为中原的霸主。

唯物辩证法认为,事物的发展总是由肯定到否定,再到否定之否定的过程,其总方向是上升前进的,具体道路是曲折的,发展是前进性与曲折性、上升性与回复性的统一。这就要求领导者在思想方法和工作方法上避免直线式和循环论。无论革命还是建设,都要准备走曲折的路,有时要迂回前进。20世纪60年代初,当我国经济建设遇到严重困难时,毛泽东、周恩来等中央领导同志提出"调整、巩固、充实、提高"的八字方针,使国家渡过经济难关,这是以迂为直、退中求进的领导艺术的杰作。为了贯彻这一方针,中央《关于农村人民公社当前政策问题的紧急指示信》和《关于彻底纠正"五风"问题的指示》,这两个文件对于纠正农村经济政策中"左"的错误,刹住"共产风",稳定农民生产情绪起了很大的作用。实践证明,党的调整方针是正确的。由于全党和全国人民的共同努力,经济逐渐走出低谷,恢复了生机和活力,为后来的发展奠定了基础。中央领导这种以迂为直、退中求进的决断艺术为领导科学增添了宝贵的经验。

"以迂为直"是管理者、领导者的工作方法,也是其综合素质的一个方面。领导者在决策时要善于在复杂的局面中正确地进行选择,有意识地利用迂中之直达到出其不意的战略效果。还要明白迂与直不是绝对对立的，而是可以在一定条件下相互转化的，这就要求作为领导者要善于把握分寸，即掌握迂直之别、迂直之度，要善于根据客观环境及时进行策略调整，要善于使迂转化为直，而不要因循守旧。懂得和运用迂直之计还要有良好的心理素质——成熟、冷静，处变不惊。无论军事领导人还是企业管理者，都应当有相当的经验积累和阅历，对战场和市场的复杂多变能冷静处之，善于区分事情的轻重主次，这样才能高屋建瓴，将迂直之计运用自如。

以迂为直、以退为进的谋略运用到经营管理中，就是以一时的退让或利益受损获得信任，维护企业信誉，使企业立于不败之地。上海市为发展汽车工业，于20世纪80年代初引进桑塔纳轿车。当时，上海牌轿车品牌全国第一，价格看涨，企业正是赚大钱之机。但是公司领导认为，上海牌轿车虽然好卖，毕竟是20世纪60年代老产品，车型落后，没有前途。他们高瞻远瞩，决定舍弃近利，停止生产上海牌汽车，腾出资金、设备和场地，集中力量引进桑塔纳轿车，迅速形成生产能力，1985年又与德国合资建成上海大众汽车公司，现已成为国际水平的现代化企业，年产量达10万辆，1992年产量、销售、利税等7个经济指标居全国同行业第一。这也得益于舍弃近利，而后得到极大回报的以迂为直，曲线求利的策略。

以迂为直的经营管理谋略，成为众多商家的成功经验。日本与欧美各国进入中国市场的利弊抉择可以从相反的两个方面来说明这个问题。20世纪80年代的松下电器、丰田汽车几乎在中国市场随处可见。但经过几十年的市场角逐再回头看，人们却发现，"日本品牌"已经在相当大的程度上为"欧美品牌"所取代。而且，"日本制造"的形象也迅速在中国消费者心中瓦解。这首先是由于日本企业界太过于重视短期利益。

日本在华投资缺乏长远眼光，不少专家指出，日本的在华投资者与同行的欧美投资者最大的不同是前者偏向于短期行为而后者则相反。日本与中国投资者的合作期限一般为10年，最多不超过20年，最短的只有6年，日本考虑的重心是近期内能否得到外汇收入以收回本金、增加利润，能否最大限度地利用中国廉价劳动力以及在短期内筹措到中国特有的原料和资源。因是短期投资，投资量不大。而进入中国的欧美跨国公司，如德国大众等投资量都很大。既然是短期行为，就谈不上技术交流，更谈不上技术更新，大众公司与丰田公司就形成了强烈的对比。由于日本企业在中国市场采取短期或超短期行为的策略，在与欧美企业长线战略竞争中必然处于不利地位，从长远看，不得不逐渐退出竞争。这说明，在许多情况下，为追求小的、短的、近的利益，于不知不觉中往往会丧失大的和长远的利益。

做一个精明的商人，必须头脑灵活，善于变通，不仅会走"直路"，更要懂得走"弯路"的重要性。当缺乏必要的人力、财力、物力和经验知识，或者由于同业竞争的相互对峙消耗而无法直线式地达到目的时，经营者就必须谋求别的途径来实现自己的目标，这就是"迂回术"。能不能做到放眼长远、预见未来，对于一个要想取得成功的人来说，无疑是非常重要的。高明的人有远见卓识，知迂直之计，善于变化万端，捕捉机遇。这就是人们常说的"智慧就是财富"。纵观世界知名企业，他们无一不是运用科学决策和发挥"隐性"潜能，创造不战而胜、独领风骚的生产经营环境的。开发新品、创造名牌同样应该如此。美国贝尔电话公司前总裁费尔是位眼光长远的企业家，由于他的远见卓识，使得贝尔电话公司成为世界上最具规模、成长最快的民营企业。费尔在担任该公司总裁的20年内，成功地作出了四项关系到贝尔公司生存与发展，并使它能在种种风险中飞速成长的正确决策。这四项决策是：提出"以服务为目的"的口号,实行所谓"公众管制",建立贝尔研究所,开创一个大众资金市场。费尔的这四项决策,都不是解决当时需要的"对症良药",而是着眼于未来的创造性大决策。这些决策同当时"众所周知"的看法大相径庭,引起了人们极大议论,费尔本人甚至遭到贝尔公司董事会的解聘。然而,若干年后,费尔的四项大决策实际上正好应对贝尔公司遭到的特殊困难,使贝尔公司获得了惊人的成功。当时,能否向顾客提供最佳服务成了企业能否继续发展的重要问题,而费尔提出的"以服务为目的"的口号,以及为此制定的提高服务质量、衡量服务程度的措施,使贝尔公司能顺应时代的要求。当时,美国发出了将电话收归国营的警报,费尔提出的公众管制,力求确保公司利益,使贝尔公司得以继续生存。还有,由于科学技术的飞跃进步,电讯事业获得了大发展,费尔建立的贝尔研究所最先发展的通讯技术成了科学技术新发展的先导。费尔的大决策,曲中见直,谋求机遇于未来。这就告诉我们,作为一个精明干练的企业家,在开发新品、创造名牌之前就应具备强烈的超前意识,要想得远一些。英国军事理论家利德尔·哈特在其所著《间接路线战略》中说过这样的话:在战略上,最漫长的迂回道路,常常是到达目的地的最短途径。所谓间接路线,即避开敌人所期待的进攻路线或目标,在进攻发起之前,首先使人丧失平衡。这一论点,可谓是对"以迂为直"所作的注解。

以迂为直,其实简单地说就是选择阻力最小的方向实现自己的目的。而以患为利,就是把自己的弱点转化为自己的优点。在战争中,如果能将不利化为有利,把自己的缺点变成优势,定会变得无懈可击、力量大增。"以患为利"说明了一个道理,就是"患中有利""由患见利",患与利是辩证统一、相辅相成的。对于一般人来说,有些事情是患,而对于高明的战略家来说,这些患则可以成为利,他们善于把患转化为利,把挑战转变为机遇。1997年暴发亚洲金融风暴，东南亚各国经济受到重大的打击，金融业首当其冲，其他各行业随之衰退，不少投资者损失惨重。我国香港也受到一定的影响，尤其是房地产业出现滞销到衰退，新产生一批破产户，又拖累银行业。有的公司由此而消沉下去，但也有的公司老总却认为市场上常有"危而有机，机而有危"的现象。祸福、危机、盛衰的循环变化屡屡考验人的智慧、意志、耐力，就在21世纪初，精明的投资家抓住房价低谷，轻易购进旺市地区多处高楼，2005年已升值20%，这位老总风趣地说：我是按照兵法的原则，敌进我退，敌退我进。

美国前总统里根在竞选连任时，他的年龄是人们最关心的话题。他的竞争对手攻击他说里根已经很老了，已经没有足够的精力和能力处理总统的工作，他在回答人们提出的有关年龄的问题时说："年龄不是问题，但我是不会因为我的对手没有经验而去诋毁他们的。"此话得到了满堂喝彩。里根虽然年龄太大，但经验也更多，巧妙的简单一句话就将自己的缺点变成了优点，同时变成了对手的缺点。就这样，在竞选中里根获得连任。懂得如何利用自己的优点，同时避免自己的缺点被别人利用，就是扬长避短。

协成行董事方润华先生，是孙子兵法的研究专家，他在经商的同时不忘行善，被授予"扶贫状元"光荣称号。2001年香港特别行政区经济仍处在低迷时期，方先生在报刊或会议上发表"逆势中如何求生存"的深切体验，摘录如下：在旺市中买了贵货（楼宇或股票），等于在战争中"中了计"。面对强大的敌人对我进攻，可采取"敌进我退"的战略自保，要警惕过贪恃勇和骄兵必败。一般投资者在旺市，顺风顺水，很容易忘记逆境；一般来说，淡市中不宜进和攻，只能退与守，这时应思考何时用攻、何时用守、何时用方、何时用圆的策略等等；自己处在逆境中，忍耐待时成为座右铭；有了健康才有一切，在逆境时期，要保重身体；相信"物极必反"及"旺久必衰、衰久必旺"的矛盾转化循环理论，到了一定的条件矛盾双方就会向相反的方向转化；集思广益有好处，不要自以为是，避免知进不知退。

故三军可夺气，将军可夺心。

心在《孙子兵法》里是一个特殊的概念，孙子认为战争的胜负，取决于力，又取决于心，是"治力"与"治心"共同作用的结果。在本篇，孙子提出，三军可以挫伤其锐气，将军可以动摇其决心。还提到，军队每临战事，心态的变化多有起伏，初战时，士气都很旺盛，经过一段时间后，会逐渐怠惰，到了后期，士卒就会气竭思归，这是参与战争者心理态势变化的一般规律。(《军争篇》："是故朝气锐，昼气惰，暮气归。")孙子在其兵法里形容人的心理变化是"微乎微乎，至于无形；神乎神乎，至于无声"(《虚实篇》)。这些都是说战争中人的心理态势变化无穷，让人难以捉摸。既然心理的作用很重要，孙子在这里特别提倡夺气攻心的心理战。

张预在为《十一家注孙子》中作注说："心者，将之所立也。夫治乱勇怯，皆主于心。故善制敌者，扰之而使乱，激之而使惑，迫之而使惧，故彼之心谋可以夺也。"也就是说，决心，是将军赖以指挥作战的支柱。军队的整治、混乱、威勇、怯弱，都取决于将军的决心。善于降服敌人的军队统帅，用计谋阻扰敌人的计划实施，使敌军混乱；激怒敌人，使敌人丧失理智；威迫敌人，使敌人畏惧。所以，敌军将领的决心是可以动摇的。韩信所设的四面楚歌就是想从心理上瓦解楚军的防御能力，就是给楚军制造一种心理劣势，削弱他们的战斗力，让楚军无心恋战，从而达到夺气攻心的打击效果。在古罗马的一次战争中，一位将军面对敌人强大的力量心中并无胜利的把握，士兵们也都有些担心。为了鼓舞士气,将军假托神意,做了一番祈祷庄重地说,我向天空抛出一枚钱币,如果正面向上,表示我们的军队要打胜仗,反面向上,我们将失败。结果他抛出钱币,大家一看正面向上,都兴奋异常,士气高昂,果真打了胜仗。事后另一位将军担心地问他,要是当时反面向上怎么办呢?将军哈哈大笑,把钱币掏出来,原来两面都是正面,这是一枚特制的钱币。

孙子在兵法中还结合将领与士卒的状况,分析了人的心理弱点,如《九变篇》有"故将有五危",是说将领常常会有五种性格方面的弱点容易被对方所利用;又说兵有六败,是说军队在六种情况下会失败(《地形篇》)。无论是"五危"还是"六败",都是由于"将之过"。"五危"指:一是有些将领有勇无谋,临战时只知道死拼,这样的将领可能被对方所诱杀(必死,可杀也);二是有一些将领临阵畏怯,贪生怕死,就可能被俘虏(必生,可虏也);三是一些将领性情急躁,就可能被敌人凌侮而妄动(忿速,可侮也);四是一些将领廉洁好名,过于自尊,这就可能被敌人侮辱而失去理智(廉洁,可辱也);五是一些将领只知道"爱民",不考虑战争中的利弊得失,这就可能被敌人烦扰而陷入被动(爱民,可烦也)。凡此种种,都是由于将领自身的弱点被对方利用,结果酿成了难以弥补的祸患。"六败"是指军队作战中出现的"走""弛""陷""崩""乱""北"六种情况,孙子认为这六种情况不是天然的灾祸,而是将帅自身的过错。对于士卒的心理,孙子也做过分析,如《九地篇》说过:假若士兵被围,他们就会协力抵御,迫不得已拼死战斗,陷于危险境地就会听从指挥("故兵之情,围则御,不得已则斗,过则从")。他建议每一位指挥员,应懂得利用人的这一心理特点,把士兵带到危险的和缺少退路的地带,这样,他们反而可能生存下来。这是人在特殊情况下爆发出的一种自我保护和求生的本能使然。

在中国军事史上,表现夺气攻心战略最典型的是发生在公元前684

年的齐、鲁两国之间的长勺之战。此次战役中，鲁庄公的军师曹刿采取宜静以待的方法，等齐军两度出击受挫，到第三次攻击到来时，才命令全军出击并穷追不舍，一举把入侵的齐军赶出国境。曹刿在说明自己的战略时说，关键是适时地判断对方士气的高低，从而决定自己的应对方法。他说："夫战，勇气也。一鼓作气，再而衰，三而竭，彼竭我盈，故克之。"(《左传·庄公十年》)只有当对方气竭，我方气盈之时，再行出击，才能打胜仗。这就是孙子所说的夺气攻心的战略。三国时期诸葛亮对少数民族的领袖孟获七擒七纵，就是利用"攻心为上"的计谋，目的是要让南中地区（今云南、贵州、四川部分地区）各民族甘心服从蜀汉。

松下公司能从一个微不足道的小作坊发展成为规模庞大的跨国公司，其中的原因固然很多，但与创始人纵横捭阖的攻心策略有密切的关系。他认为企业是由人组成的，强调发挥人的作用，注重维系人心，他采取精神与物质的刺激方法，使职工紧密凝聚在公司内，拼命工作以保证其高效益和高额利润。松下幸之助注重企业凝聚力，重视精神的作用，他将企业的经营指导思想、观点、信息灌输到所属人员中去，人称爱说教的松下。在1933年，他提出了松下电器公司应遵循的精神，即工业报国精神、光明正大精神、团结一致精神、奋斗向上精神、礼貌谦让精神、适应形势精神、感恩报德精神。这就是所谓松下七精神，职工上班前、下班后，全体肃立齐唱社歌，齐声朗诵七精神。除了精神上攻心外，松下幸之助还运用物质手段实行所谓高福利政策，使职工能以公司为家，全力以赴投入到工作中去，他鼓励职工向公司投资，建立储蓄制度，在公司改组为有限公司后，为了奖励职工购买股票，开始实行附有奖励金的投资储蓄制度。松下公司自1965年起，在日本最先实行五日工作制，虽然工作时间减少了，但职工的积极性更高了，这对公司更有利。松下公司从1966年起建立了工种与工作能力相结合的工资体系，按照实力的顺序提拔而后升级，以充分发挥个人才能。此外，公司还在各工厂所在地广泛设置体育娱乐设施，力图在职工中造成这样一种印象：松下公司是既愉快又赚钱的场所，借以稳住人心。公司还不惜重金征求职工的建设性建议，1976 年颁发的奖金超过 30 万美元。吸取建设性建议，既可以降低成本、改善产品质量、提高工作效率，又可以激励职工的士气，给人一种工人可以参加管理的印象，协调了劳资关系，增强了公司的内聚力。正是在松下幸之助采取的这些措施和策略的引导下，公司争取了人心，职工对公司产生亲切感，在职工中造成了一种与公司命运与共的印象，从而积极投身于公司的生产和经营，使松下公司迅速崛起，并且长盛不衰。

亨利·福特是世界上著名的汽车大王，他曾说过一句至理名言：如果成功有什么秘诀的话，那就是站在对方的立场来考虑问题。人的每一种行为背后都有其内在的动因，无论是在商场、家庭、学校中，都要牢记这一原则，就是激发人的最迫切需要，自我表现是人类天性中最重要的因素之一，这是实际工作中的心理学。

罗森塔尔效应是美国哈佛大学心理学教授罗森塔尔在实验中获得的教育效应。他后来把实验方法扩大到学校，交给老师一份名单，说名单上 8 个学生很有发展潜力。8 个月后，名单上的学生成绩果然优于其他学生。其实，他对学生并没考察过，只是照学生花名册随意开出的。原因在于家长或老师对孩子有更多的信心和好感时，孩子受到激励后就可能会有更大的进步。反之，如果主观认定孩子愚笨，孩子的积极性和创造性就受到压抑，聪明才智就难以发挥。

发现这种效应的还有美国心理学家雅各布逊，他们实际上是从古希腊一个神话中受到启发的。这个神话中有个名叫皮格马利翁的雕刻师，他用象牙精心雕刻了一位美丽的姑娘，倾注了全部的心血，爱心感动了上帝，雕像真的变成了姑娘。这种情至深处假成真的心理效应，古今中外一直被传为美谈。

以治待乱，以静待哗，此治心者也。

如何通过"以迂为直"达到军争的目的，孙子提出了"夺气攻心"以削弱对方士气的方法，还提出了"治气""治心""治力"和"治变"四种方法。治气，就是设法削弱对方的士气，待敌人士气衰弱之后，再用兵击败他。治心，就是扰乱敌人的心理，待敌人心理躁乱的时候，再用兵击败他。治力，就是通过使之饥饿、疲惫等方式，大量消耗敌人的气力，待敌人衰竭时，再出兵一举击败之。治变，就是不要同严阵以待的敌人打，而要待敌人产生变化之后，抓住有利战机战胜敌人。这里要说的是"以静待哗"的静心之道。

《孙子兵法》中的"动静之道"讲述的是强迫自己静下心来，以静制动。治指治理，"以治待敌"是指把自己一方的内部治理好了以迎敌开战。哗，指喧哗躁动，"以静待哗"指调整到安静状态应对喧哗的外部环境。"以静待哗"，是中国历代兵家所重视的军事谋略，它表明，在强敌进攻面前，要处变不惊，设陷以待，争夺战争主动。《唐太宗李卫公问对》卷中，靖曰："以近待远，以佚待劳，以饱待饥，此略言其概耳。善用兵者，推此三义有六焉：以诱待来，以饱待饥，以静待躁……"明《兵经百篇·发字》曰："制人于危难，扼人于深绝，诱人于伏内，张机设陷，必度其不可脱而后发矣。"这些都是关于打破强敌进攻的至理名言。

《孙子兵法》的《九地篇》又说过类似的话，"将军之事，静以幽，正以治。"就是说，主持军事行动，要做到思维沉着冷静而幽深莫测，治理军队严明而有条不紊。静，就是沉着镇定；幽，就是深谋远虑；正，就是公正无私；治，就是条理井然。在军队中一个将帅应如此，政治生活中也应如此，在我们的现实生活中，也应该保持这样的性格、情操和境界。东晋的宰相谢安是非常有胸怀和见识的人，他主张不必事必躬亲，他志向远大而性情疏阔，在轻松愉快中就把国家治理得很好。

宋初赵普为宋太祖的宰相，他注意笼络人心、团结官吏，尤其是对官吏的过错，他特别注意慎重对待，以宽容的态度来顺其自然。每当收到士大夫之间相互告发和揭短的文书，不看一眼就扔进提前准备好的两个大瓮中，装满了就烧掉，这就防止了官吏之间勾心斗角而危害国家，保证了大宋江山的稳固。这样做好像是不负责任，但实际上对维护当时的安定团结起了积极的作用。

宋代的李沆也是一位大智若愚的贤相，每当各种建议呈报上来时，他都不批准，而主张不变祖宗之法，并对人讲：以这种方式报效国家，也就足够了。他们虽身处显位，掌握着生杀予夺大权，但为了国家从不哗众取宠，从不宣扬自己的名声，真不愧是贤明的宰相。当然，更不能说他们是无所作为的宰相。

为了当个"无为"之官，需要提高个人修养，满足下属正当请求，这些都是为官者在放任无为之前，须预先做策划的，否则无为不但不能成为"无不为"，反而变成天下祸乱的根源。这并不是说，为官者对一切都不管而无所事事，事实上，聪明的官吏要随时留心下属的动向。但是若因此而牢骚满腹、怨天尤人，这样的官吏并不称职。因此，无论工作多么辛苦，都是自己应负的一种责任。所以表面上不显出痛苦的样子，而要以悠闲自在的精神状态面对下属。要做到无为必须有两个先决条件，一个是制度的运行和个人修养有很高水平，二是百姓的衣食住行都必须得到充实供应，唯有国家制度能自然运行，同时个人修养又有很高的水准，放任才不会变成放纵。

静与哗是一对矛盾，我们在这里可以把它看作是处世中两种相反的态度。以自己的安静镇定来应对对手的喧哗或浮躁，就是处变不惊。"以静待哗"不仅是一种策略，更是定力的一种体现，要想拥有这一功夫，需要沉下心来好好修炼才行。曾国藩的成功之道中，"静心"是很重要的一点。曾氏早期修身时，他的老师唐鉴告诉他，最是静字工夫要紧，程颐、王阳明都强调静字功夫，所以能不动心，若是不静，见理也不明，都是浮的。曾国藩牢记这句话，在静字上下了很大的功夫。一个人的心处于绝对安静姿态时，便可以从容思考各种疑难，从容应对多方杂务，曾氏在同治三年攻打南京的时候，静的功夫帮他渡过了难关。我们如果遇到很棘手很困难的事情不妨试试：脑子不能有太多的杂念，而且要有意识去排斥各种诱惑、干扰，心思尽可能单纯专一，时常保持一种宁静如水的心态。

当今的社会是一个开放的社会，开放的社会为人们带来许多发展的机会，机会多诱惑就多，诱惑多了，心就容易乱。心乱表现在行为上的忙碌失措，这种现象人们称之为浮躁。浮躁已成为当今社会一大通病，医治这种浮躁的药方便是静字功夫。诸葛亮说的"非宁静无以致远"，就是这个道理。李嘉诚以诚信求生存之地，以诚信谋发展之途，以诚信打造自己的经营理念。作为商人，他打破了人们心目中唯利是图的商人形象，他以赚取人生的财富为最高目标，在沉浮变幻的商海中，仍能辟一方净土，留一份清宁。作为一名具有极高知名度、富有社会责任感的企业家，生于潮汕、成于香江的李嘉诚，常怀着一颗热爱家乡、热爱祖国的拳拳赤子心，将自己的财富和精力奉献给故土。儒家"仁、义、礼、智、信"的传统奠定了李嘉诚"宽厚仁慈"的品格基础，少年时代颠沛流离的艰苦生活又令他体会到刻苦上进和勤劳节俭对于人生的重要意义。李嘉诚低调的处世作风和豁达的待人胸襟，使其清誉得守一生。正是这种高尚的品质，建立了李嘉诚"谦忠和逊，真挚无伪，信守然诺"的君子形象。而这种良好的形象也为李嘉诚和他的企业带了不少机遇和财富。一个精明的企业家，要懂得治气、治心、治力、治变，一个企业若能把企业的心、气、力、变塑造成独特的企业文化风范，这个企业就会获得发展的原动力。

归师勿遏，围师必阙，穷寇勿迫。

孙子不仅从总体的、战略的角度提出了一系列重要军事思想，而且也很注重具体用兵的方法，孙子在本篇提出了行军、用兵中应当注意的八种方法，这些方法实用性强，对于指导军事行动有十分重要的意义。这句话的意思是说，用兵的方法是，归营的敌军不可阻截，包围敌人必须为其留出逃生的路线，陷入绝境的敌人不可逼迫。如若围死，不给出路，敌人无路可走，便会困兽犹斗，拼命反击求生。东汉献帝建安三年（198）三月，曹操率领军队在穰（今河南邓州）包围了张绣。曹军围攻了几个月也没有将张绣打败。曹军一撤退，张绣便率领军队追了上来，最后曹军从无人防守的险要地方成功逃脱，并让张绣、刘表的军队大败而退。曹操评价说："敌人极力阻止我军撤退，从而使我军被逼到了死亡的境地，士兵不卖力死战就一定死亡，所以我知道我军必胜无疑。"曹军在撤退中被张绣等人步步紧逼，致使不能全身而退，从而激发了曹军战败敌人的决心，曹操也正是利用了这一点，给了张绣等人一个狠狠的打击。张绣的失败也正是因为犯了"归师勿遏"的忌讳。孙子认为，即使在两个仇敌之间，也不应该永远仇视下去，有些时候，应该把仇恨转化为爱，比方说，《九地篇》有："夫吴人与越人相恶也，当其同舟而济，遇风，其相救也如左右手。"吴国人和越国人虽世代为仇，可是，当他们同船渡河时，如遇大风，他们却能相互救援，犹如人的左右手一样。

在充满竞争的社会中，我们为了能够战胜对手获取利益，会充分利用自己固有的优势，集中力量把对手击溃。但是在对手没有丝毫还击之力的时候，我们是不是也应该给对方留一条生存之路。也许这种在他人不利的情况下不落井下石的友善行为，在将来会得到丰厚的回报。现在的企业越来越多，同行的竞争也就越来越激烈，在这样的环境下，唯有击败对手才能取得胜利。但击败并不等于击垮，给竞争对手留有生存的空间，适可而止，才是最终的赢家。中国有句古语："不是冤家不聚头。"这句话辩证地说明了同一事物的两个侧面，凡是冤家，有利益对立的一面，也有相互一致的一面，不能因为是对立面而排除一致的方面，也不能因一致而否定对立。正确做法是，在同行之间不妨保持竞争态势，同时又要有最大限度的宽容。唯有如此，一种和谐相处的局面才会得以长久地维持。我们看到，在许多发达国家里，处于同一行业的不同企业的销售网点之间相互照顾、相互提携，已成为一种新的理念。这种新理念的表现是：不同商家的竞争与合作同时出现。

孙子这句话还给我们一个启发是：得理且饶人。而得理不饶人，让对方走投无路，就有可能激起对方"求生"的意志，既然是求生，就有可能是不择手段，这样也会对自己造成伤害。知退，不是每个人性格中的必然因素，只有大智者才能悟到做到。也就是说，知退是一个人严谨性格的表现。每个人的智慧、经验、价值观、生活背景都不相同，因此与人相处，不免有利益、是非的争斗。很多人一旦陷身于争斗的旋涡，便不由自主地焦躁起来，一方面为了面子，另一方面为了利益，因此一旦得理，便不饶人。然而得理不饶人虽然让你获得满足，但战败的对方失去了面子和利益，他当然要讨回来。聪明的人，做人不会只进不退，关键时候，宁肯后退一步，给对方留些余地。《菜根谭》中指出，"径路窄处，留一步与人行；滋味浓的，减三分让人尝。此是涉世一极安乐法。"这句话旨在说明谦让的美德。凡事让步，表面上看好像是吃亏，但事实上由此获得的也会比失去的多。给对方留有余地就是给自己留退路。得饶人处且饶人。

商业中有"蓝海战略"的说法，蓝海战略的基本主张是，真正有效的竞争不是战争性的即激烈的、正面硬拼而造成的"红海"，而是非战争性的（没有竞争对手的蓝海），不战，才是蓝海的基本旨意。从红海转向蓝海，是一种竞争思维和商业世界观的转换，即在商业竞争中告别以战争为原型的"零和游戏"和"价值毁灭"，走向"非零和游戏"和"价值创新"，从战争性的竞争走向和平性的竞争。

在蓝海战略思维看来，商业竞争不是没有裁判者或者只能由赢家担当裁判者的争斗。商业竞争的裁判者不是别人，而是作战者一直忽略的顾客，而其裁判的标准是客户价值。一个没有明确客户价值主张的企业，就像一个没有规则意识的竞争者，迟早要被驱逐出商业的竞技场。要想在这个竞技场上竞争并且胜利，唯一的办法就是，从专注资源的争夺转向专注自身能力的提高，从专注于对手转向专注于顾客这个永恒的裁判，悉心探询顾客隐秘的需求，并顺应这种需求，持续地寻找技术和商业模式上的解决方案。

卡耐基说过，承认错误虽然是一件好事，但愿意承认错误的人终究很少。由此，也等于证明，你让别人认错是一件蠢事。当然，那些在某种势力下被迫坦白认错，是例外的，因为那是违反人类本性的事。既然认错的人如此之少，而争辩的目的也不过是想显出别人是错的，所以争辩就很不必要，把一种面临争辩的事情暂且搁下，你不要小看这拖延的措施，原来它可以产生一种意想不到的效果，那是让别人有机会去反省自己的错误。大多数人在感觉事物未能解决时，总要自己花点时间来想一想的，如果错误的一方确是自己，那么下一次你就要有所改正。感情是人类的优点，也是弱点，利用这种优点也是弱点去进行应酬，可以说事半功倍。世界著名的心理学家史金纳以他的实验证明，在学习方面，一只有良好行为就得到奖励的动物，要比一只因行为不良就受到处罚的动物学得快得多，而且更能够记住它所学的。进一步研究表明，人类也有着同样的情形，我们用批评的方式，并不能够让别人产生永久的改变，反而经常会引起愤恨。批评所引起的愤恨，经常会降低员工、家人以及朋友的士气和情感，而所指责的状况仍然没有得到改善。正像人们常说的，我们不要指责别人，我们要试着了解别人，这比批评更有益处，也更有意义。全然了解，就是全然宽恕。

在有些时候，对犯有某些错误的人员，不予追究，而是给予宽恕，从而可以赢得人心。三国时期，袁绍在官渡之战中兵败，由于仓促败退，很多军机文书未来得及带走，被曹军收缴。其中竟有不少是曹军将领和朝中大臣与袁绍勾结的来往书信。许多谋士建议曹操设立专门机构，严加追究，但曹操不仅不加以审查，反而下令一把火烧掉了。于是一些因参与此事而惶惶不安的官员，都为曹操的宽宏大度如释重负，感激不尽，以至全军上下欢呼雀跃。

九变篇

本篇主要论述了将帅在遭遇特殊情况时的应对策略。九为虚数,九变意为各种机变,即根据不同的地形条件采取灵活多变的应对措施。孙子强调了在作战中随机应变、灵活机动的重要作用,主张将帅应该根据五种不同的地理条件实施灵活的指挥;提出以"五不"为内容的机变原则;阐述了"恃吾有以待"的备战思想,又提出"将有五危"观点,系统总结了将帅的五种致命弱点。

孙子指出,将帅只有掌握了灵活应对各种机变的方法,才能在复杂的军事战争中准确进行判断并部署行动,这样才能真正了解用兵打仗的真义。否则即使做到了"知地形""知五利",具备了良好的军事战备条件,如果不能依据战争情势的变化适时调整战略战术,仍然不能"得地之利",不能"得人之用"。

【原文】

孙子曰：凡用兵之法，将受命于君，合军聚众。圮地无舍①，衢地交合②，绝地勿留③，围地则谋④，死地则战⑤。

【注释】

① 圮地：水网、湖沼等难以通行的地方。舍：宿营。
② 衢地：四通八达、与诸侯国相毗邻的地区。交合：结交邻国以为援助。
③ 绝地：没有泉、井，无从畜牧和采樵的地区，泛指没有水草、粮食，难以久留的地方。无留，不要停留。
④ 围地则谋：在进退不便、易被包围的地区要巧施计谋以脱身。围地：进退不便、易被包围的地区。
⑤ 死地则战：在走投无路的绝境之地要殊死奋战求得一生。死地：走投无路、非力战不能求生的绝境之地。

【原文】

途有所不由①，军有所不击②，城有所不攻，地有所不争，君命有所不受③。

【注释】

① 途有所不由：有的道路不应该走。途：道路。由：经由，通过。

② 军有所不击：有的敌军不宜攻击。军：敌军。
③ 君命有所不受：国君的命令有的可以不予接受。受：接受。

【原文】

故将通于九变之利者①，知用兵矣；将不通于九变之利者②，虽知地形，不能得地之利矣；治兵不知九变之术，虽知五利③，不能得人之用矣④。

【注释】

① 九变：指各种情况下的灵活机变。九：泛指多。
② 通：通晓、精通。
③ 五利：指有所变通而带来的好处，即"涂有所不由"至"君命有所不受"等五事之利。一说指"圮地无舍，衢地交合，绝地无留，围地则谋，死地则战"等五事之利。
④ 人之用：军队的战斗力。

【原文】

是故智者之虑①，必杂于利害②。杂于利，而务可信也③；杂于害，而患可解也④。

【注释】

① 智者之虑：聪明的将帅思考问题。虑：思虑、思考。
② 必杂于利害：必须充分考虑和兼顾利与害两个方面。杂：混合，兼顾。
③ 务可信也：作战任务可以完成。务：任务，事务。信：通"伸"，

伸展，展开，达到。

④患可解也：祸患可以解除。解：解除，消除。

【原文】

是故屈诸侯者以害①，役诸侯者以业②，趋诸侯者以利③。

【注释】

① 屈：屈服、屈从，此处作使动用法，使屈服，制服。害：指不利或危险的事情。

② 役：驱使，烦劳，此处作使动用法。业：事也，特指让诸侯感到危险的事情。

③ 趋：奔赴，奔走，此处用作使动，引申为使归附。

【原文】

故用兵之法①，无恃其不来，恃吾有以待也②；无恃其不攻，恃吾有所不可攻也。

【注释】

① 用兵之法：用兵的法则，即指导战争的规律。

② 恃：依靠、依赖，倚仗、寄希望。有以待：指做好充分准备。

【原文】

故将有五危①：必死，可杀也②；必生，可虏也③；忿速，可侮也④；廉洁，可辱也⑤；爱民，可烦也⑥。凡此五者，将之过也，用兵之灾也。覆军杀将⑦，必以五危⑧，不可不察也。

【注释】

① 五危：五种危及将帅个人及全军的情况，实际指将帅的五种性格缺陷。

② 必死，可杀也：将帅如果轻生决死，只知靠勇力拼命，就有被杀的危险。必：坚持、固执的意思。必死：无智谋，只会以死相拼。

③ 必生，可虏也：一味贪生，临阵畏怯，就有被俘的危险。

④ 忿速：暴躁易怒。

⑤ 廉洁，可辱也：将帅如果过于洁身清廉，自矜名节，就可能因受侮辱而中计。

⑥ 爱民，可烦也：将帅如果溺于"爱民"，而不知从全局把握问题，就易为敌所乘，就可能使军队陷入被动烦扰之境。烦：相烦、烦劳。

⑦ 覆：覆灭，倾覆，此处作使动用法。

⑧ 必：一定、必定。以：由于、因为。五危：即上述"必死""必生""忿速""廉洁""爱民"五事。

【品鉴】

君命有所不受。

孙子在本篇主要论述了根据战场情况灵活运用规则的问题，孙子用"九变"来形容战场上的千变万化，可见变化之多。其中所强调的要有所"不为""君命有所不受""以实力制敌""利害两顾"等都是很重要的军事指导思想。将帅受命于君，然而战场上风云变幻，总有与原来战略目标、战术设计不同的地方，君王的指令往往就会赶不上变化的速度。因此，根据实际情况，君命有所不受，是将帅进行指挥的一项重要原则。否则，机械地执行君主指令而不考虑战场形势，只能导致军队的失败。正因为如此，将帅要根据具体情况灵活处理各种问题，这就要求将帅必须做到：考虑问题要兼顾利与害两个方面，在有利的情况下要想到不利的因素，在不利的情况下要想到有利的因素；还要有充分的准备，使敌人不可攻破，不能存侥幸心理；并且要克服偏激的性情，不能受情绪的干扰，要善于全面、慎重、冷静地考虑问题。孙子认为，将帅要从实际出发处理问题才能战胜敌人，所以对于国君违背实际的命令可以不执行。因此，孙子大胆提出了"君命有所不受"的军事名言。就是说，即使是国君，也有职责范围，对将帅授权以后，就不得干涉其职权范围内的事；将帅也不能瞎指挥，更不能专横跋扈，一意孤行，自认为被赋予了至高无上的权力，或为了证明自己的权威而不惜破坏一切规矩和法度，使国家蒙受巨大损失。这也是对将帅素质的要求，除了有足够的智慧，还需要有过人的胆识和勇气。要勇于承担责任，善于从全局出发根据不断变化的情况作出决策。

在企业经营管理中，尤其是竞争决策过程中，君命有所不受的原则也有着十分重要的意义。1967年，埃及和以色列之间爆发了著名的以埃战争，这次战争对整个世界的政治、经济产生了重大的影响。由于战争的爆发，苏伊士运河被迫中断了很长一段时间，这条沟通大西洋和印度洋的航线被切断，直接影响这条航线上所有轮船公司航运事业的发展。希腊的蓝波轮船公司在以埃战争发生后，积极寻找其合作伙伴，他们打电话给英国石油公司，如果在一天内能得到肯定答复，轮船公司将以最低的价格将公司所有商船出租给石油公司。如果轮船公司不能得到肯定的答复，他们将寻找其他合作伙伴。当时，英国石油公司接电话的人是彼得·沃尔特。然而，那时候他不过是公司的一名执行副总裁，按公司惯例，沃尔特无权对公司的重大行动做出决策，也就不能给对方一个明确答复，可是石油总裁纳尔逊出差去了美国，要一周后才会返回英国，沃尔特想通过电话请纳尔逊决定，可是没能联系上，显然，要待纳尔逊回国后再做决定无疑向对方表示了自己的否定态度。在这个问题上，沃尔特没有犹豫，他考虑了整整一个上午，毅然决定全部租下蓝波轮船公司的所有商船。以埃战争期间，由于苏伊士运河航线的中断使得商船不得不改道绕过南非好望角，同时，战争的影响使一些轮船公司把资产转移到其他产业，所以油船的价格很快上涨。沃尔特决定租用蓝波轮船为石油公司带来的利润极为可观。

任何原则、条例都不能以机械的方式进行，尤其在重大问题上，决策果断，不迷信权威才是正确处理问题的关键所在。沃尔特在这件事上"先斩后奏"，为他的公司赢得了巨额的利润，也充分显示了他在重要关头的应变能力与魄力，这是源于他的远见卓识和敢于承担责任的勇气。

故智者之虑，必杂于利害。杂于利，而务可信也；杂于害，而患可解也。

本篇的核心思想是变，战场上千变万化，"九变"不可能包括作战中所有应变的可行之法。因此，孙子对于正确处理战争中的利害得失，提出非常重要而带普遍性的指导原则。孙子主张有利的时候考虑到害，不利的时候看到有利的一面，以此指导战争，趋利避害。作为一个将帅，要实施正确的指挥，在战斗中就必须权衡利弊，随时从利与害两个方面考虑问题。孙子在《九地篇》中所说的"投之亡地然后存，陷之死地然后生"，这里所说的"亡地""死地"，也不是绝对的，孙子的解释就是"疾战则存，不疾战则亡"，存与亡取决于疾战的情况，疾战可以激起决一死战的决心，因而转败为胜，转死为生。将帅在思考及处理问题时要利害两顾，在有利的情况下考虑到不利的方面，事情便可能出现转机，也可以顺利进行，在不利的情况下考虑到有利的方面，不利的因素就可能转化为有利的因素。

研究战争，必须从客观实际出发，战争中的攻守、进退、分合，一切得失胜败，都存在于整个战争过程中。只见利而不见害，就会麻痹大意，轻举妄动；只见害不见利，就会丧失信心，消极气馁。聪明人考虑问题，总是兼顾到事物的利害两个方面，遇到害，就会想到其中的利，往最好处努力，这样，事情才可能继续向好的方面转化，同时又要研究其中所含的害，从最坏处着想，这样，隐患才可能消除。当年，曹操因兵少粮急，士卒疲惫，兵心不稳，处境困难，而欲退保许昌，谋士荀彧则认为，袁绍力量也已衰竭，正是出奇制胜的良机，曹操纳臣善言，终获官渡之战胜利。这是在艰难中看到希望、在不利因素中看到有利因素。

祸福相依、利弊相杂，本来就是客观事物中普遍存在的一种现象，老子曾说："福兮，祸之所倚；祸兮，福之所伏。"所谓"塞翁失马，焉知祸福"也就是这个意思。司马迁在《史记》中评述平原君贪图韩国17座城池时说："平原君'利令智昏'，贪冯亭邪说，使赵陷长平兵四十余万众，邯郸几亡。"寓意深刻，发人深省。

战国时期，秦国攻取了韩国的野王（地名），又成功地截断韩国救援上党郡的道路，使上党郡落入秦国的口袋之中。上党郡有17座城池，郡守冯亭见上党郡不保，便召集部下商量道："与其把上党郡送给秦国，不如干脆投降赵国。赵国得到上党郡，一定会派军队来，这样对我们韩国也会有好处。"冯亭派使者带着书信和上党郡的地图到了赵国。赵孝成王问平阳君赵豹："冯亭投降我们，你看这是件好事，还是件坏事？"赵豹说："冯亭是想把矛盾转移给我们赵国。试想，上党郡已在秦国掌握之中，我们得了上党郡，秦国能善罢甘休吗？"而平原君则贪图韩国的17座城池，他说："我们跟各诸侯国争战多年，一共才得到几座城池？现在不费力即可得到17座城之大利，秦国兵有将，难道我们赵国的兵将只会白吃饭吗？"平原君的话正合赵王的心意，于是重赏了冯亭，接受了上党郡的17座城池。但是秦昭王得知赵国派人收取了上党郡，立刻派大将白起进攻赵国。赵王派大将廉颇迎战，秦昭王用计离间了赵王与廉颇的关系，赵王撤换了廉颇，代之以只会"纸上谈兵"的赵括。长平一战，赵国40万大军被秦国俘获、活埋，秦军一直逼近到赵国的都城邯郸城下。

利令智昏，就是见利而忘害，不懂得或者忘记了利害相杂、利害相伴且相互转化的道理。在实际生活中，我们发现，很多领导者在位的时候往往容易为外在之利所惑，一旦退位让贤后，才觉得以前的想法有些是很愚蠢的。所以领导者在思考问题时要做全面思考，既要考虑到好的一面，也要考虑到坏的一面。俗话说，月盈则亏，福满祸及，天地之道，极则反，盈则损。范蠡是越王勾践的谋臣，他曾与以"卧薪尝胆"出名的越王勾践一起同甘共苦，最终打败吴王，因此而被任命为大将军。然而就在位极人臣的时候，他却留下了"官大有险，树大招风"的话而销声匿迹了。据《史记》记载，他后来到齐国，与儿子共耕农园，积聚田产数十万，齐王看中他的才华，欲请他出任宰相，他却答道："在野有千金之财，在位有宰相之名，以匹夫而言，这是至高无上的荣耀了，然而过度的荣华却容易形成祸根。"说完，便将财产分赠邻人，搬到陶地去住，改名陶朱公而经商。与范蠡形成鲜明对照的是同一时间的另一位历史人物文种。文种也是勾践的重臣，为打败吴国立下了汗马功劳，他功成名就以后，继续仕于越王。其间范蠡曾写给他一封信说："飞鸟尽，良弓藏，狡兔死，走狗烹。越王这种人只可以与他共患难，不能共安乐，你现在不离去，更待何时？"后来文种也称病返乡，但做得不如范蠡彻底，他留在越国，其名仍威慑朝野，于是有佞臣陷害于他，诬称文种欲起兵作乱，越王也有"走狗烹"之意，故而以谋反罪将文种处死。

在商战中，利与害是普遍存在的一对矛盾，企业家的高明之处还在于敏锐地看到利与害的对立统一关系，发挥主观能动性，做到未雨绸缪。中国海尔集团首席执行官张瑞敏在2001年上海企业家活动讲台上谈"面对加入WTO，中国企业怎么办"，他说，面对加入WTO，必须成为狼，所有到中国市场来的外国企业，不是慈善机构，他们的竞争原则非常简单，就是"赢家通吃"，不给中国企业留一点余地。中国企业对此不能没有认识，如果不成为狼，而把自己摆在羊的位置，你就会被吃掉，如果成为狼，就有条件和他们竞争。成为狼的标准是什么？张瑞敏认为有两条，一是必须熟悉和了解国际市场游戏规则，按国际惯例去竞争；二是必须勇于、敢于和善于参与竞争。如果不了解国际市场的竞争规则或者是不敢参与竞争，就没有成为狼的可能。中国加入WTO，只有面对挑战，才可能有机遇。张瑞敏认为我们面对的挑战不只是对中国企业，对全世界所有企业都是一样。一是全球化的挑战；二是信息化的挑战；三是用户决定市场规则的挑战。其中最重要的是用户决定市场规则的挑战。过去是企业决定市场规则，现在是信息化时代，用户也来决定市场规则。海尔内部有一句话，叫作"无内不稳，无外不强"，就是说，如果企业在国内市场没有竞争力，就不可能真正地进入国际市场，如果只在国内市场做得很好，而不进入国际市场，那么优势也是暂时的。所以作为一个企业，应该摆正国内和国外市场的关系。

这也就是我们常说的一句话：机遇与挑战并存，任何机遇的获得，都同时存在着挑战，对事业发展是这样，对个人发展也是这样。能不能成功，关键看应对挑战的能力。

用兵之法，无恃其不来，恃吾有以待也；无恃其不攻，恃吾有所不可攻也。

孙子在本篇提出自己的备战思想，提出"用兵之法，无恃其不来，恃吾有以待也；无恃其不攻，恃吾有所不可攻也"的观点，强调任何时候都不要把希望寄托在敌人"不来""不攻"上面，而要把胜利奠定在自己的充分准备上，使敌人无懈可击、无机可乘。古人讲：无事如有事，时提防，可以弥意外之变；有事如无事，时镇定，可以消居中之危。讲的就是防患于未然、未雨绸缪的重要性。

在战场上，疏于防范必然招致失败。公元219年，关羽用大水淹没了魏将于禁、庞德的7000人马，乘胜进攻曹仁把守的樊城。曹操闻报大惊，谋士司马懿献计道："孙权与刘备是明合暗不合，他早就想夺取荆州，只是没有机会。如果我们许诺把江南的土地给他，再让他出兵攻击关羽的后方，樊城之危即可不战自解。"曹操派使者致函孙权，孙权贪利忘义，果然派大将陆逊、吕蒙偷袭关羽后方。荆州位于魏、蜀、吴三国之间，是南北交通要道、兵家必争之地。赤壁大战后，曹操、刘备、孙权各自占有荆州的一部分，其中刘备占有荆州的大部分，孙权出于联合刘备共同抗击曹操的需要，还把南部借给了刘备，因此，荆州实际上是在刘备控制之下，刘备入川后，荆州交由大将关羽镇守。关羽远征樊城，对后方的东吴本来有所防备。东吴守将吕蒙为了麻痹关羽，故意借治病为名退回京都建业，而让名不见经传的青年将军陆逊接替自己。陆逊文武双全，到任后，立即派使者带着他的亲笔信和一份厚礼去见关羽，陆逊在信中对关羽大加吹捧，对自己百般贬损，并再三致意关羽多加关照，蜀、吴两家永世和好。关羽读罢书信，认为陆逊不过是个乳臭未干的书呆子，收下礼品，放声大笑，随后下令，把防范东吴的军队全部征调到樊城前线去了。关羽攻取樊城，胜利在望，忽然得报孙权偷袭自己的后方，并且已攻取了公安、江陵等地，于是慌忙撤军，企图回师江陵，但吕蒙老奸巨猾，他攻占公安、江陵等地后，对蜀军家属加倍关照，蜀军将士得知家属平安，一个个离关羽而去，投降了东吴，关羽无力回天，败走麦城，被吕蒙设计斩杀，荆州从此落入东吴手中。一代名将关羽因麻痹大意，疏于防范而导致兵败、地失、身亡的悲剧。

防患未然，未雨绸缪，在商战中也有广泛的运用，商家想要在某一行业中获得绝对优势，就必须面对瞬息万变的商情与众多的对手，掌握行业的发展态势，占得先机，从而立于不败之地。本田的危机管理就能很好地说明有备无患的道理。在竞争激烈和危机频繁的日本社会，本田公司总能迎来发展的新机遇，靠的是它的危机管理。对于世界汽车行业来说，每80辆轿车中就有一辆是本田牌。在世界最大的汽车市场美国，1992年轿车销售总量为630万辆，其中本田公司所生产的轿车占了四分之一。然而，使本田公司首先取得引人瞩目的成功从而名扬天下的，还是本田摩托车。20世纪70年代初，正当本田牌摩托车在美国市场上畅销时，总经理本田宗一郎却突然提出了"东南亚经营战略"，倡议开发东南亚市场。此时摩托车激烈角逐的战场是欧美市场，东南亚则因经济刚刚起步，生活水平较低，摩托车还是人们的高档消费品。公司总部的大部分人对本田的倡议迷惑不解。本田提出这一战略是经过了深思熟虑的。他拿出一份详细的调查报告向人们解释："美国经济即将进入新一轮衰退，摩托车市场的低潮也开始来临，假如只盯住美国市场，一有风吹草动我们便会损失惨重。而东南亚经济已经开始起飞，按一般计算，人均年产值2000美元时摩托车市场就能形成。只有未雨绸缪，才能处乱不惊。"一年半以后，美国经济果然急转直下，许多企业的大量产品滞销。然而天赐良机，与此同时，东南亚市场上摩托车却开始走俏。本田立即根据当地的条件对库存产品进行改装后销往东南亚。由于已提前一年实行旨在创品牌、提高知名度的经营战略，所以产品投入市场后创出了销售额的最高纪录。总结这一经验，本田公司形成了居安思危、有备无患的经营策略。每当一种产品或一个市场达到高潮，他们就开始着手研究开发新一代产品和开拓新市场，从而使本田公司在危机来临时总有新的出路。

忿速，可侮也。

将帅统帅三军，他的一个命令，一个行动，不仅关系到三军将士的生死，还关系到国家的安危、百姓的存亡，因此，孙子极力主张将帅要有良好的个性修养，要有大将风度，要冷静沉稳，不急不躁，处变不惊，从容对敌，这是孙子慎战思想的具体体现。将帅素质是许多军事家都十分重视的问题，孙子在本篇中指出将帅"五危"，是从五个方面研究将帅素质上的某种缺陷可能导致的各种危机。孙子认为，将帅用兵指挥战役时，失败往往不是来自外部条件，也不是来自指挥不当，而是来自将帅个人的素质缺陷。这"五危"是指五种重大的险情，分别是：只知死拼就会被杀，贪生怕死就会被俘，急躁易怒便经不起刺激，太过自爱便受不了侮辱，盲目"爱民"则会导致烦恼。这五种危险是因将帅素质问题而造成的过错，也是用兵的灾难。这里提出的将帅素质要求与《计篇》中所论的合格将帅的条件——智、信、仁、勇、严是完全相符合的。这是孙子分析的将帅的五种心理弱点。这里先说性情急躁、容易愤怒所造成的危险。"忿速，可侮也"，意思是说性情暴躁易怒，可能就会受敌侮辱而失去理智以致造成不良后果。

要克服"忿速可侮"的性格弱点，最重要的是要有远大的志向、冷静的头脑、豁达的胸怀、容人的雅量。要不断提高自身的修养，这样才能成为有"大勇"的人。一般人在面临侮辱和冒犯时，往往一怒之下便拔刀相向，这其实不是真正的勇敢。真正勇敢的人，在突然面临侵犯时总是镇定不惊，即使遇到无端的侮辱，也能够控制自己的愤怒。这是因为他们胸怀博大、涵养深厚。据《孟子·梁惠王下》记载，有一次齐宣王对孟子说："我有个不好的爱好就是喜欢勇。"孟子听了这句话后心想："人君不可无勇。"勇并不是坏毛病，问题在于如何正确地看待勇。于是回答说："勇，有小勇、大勇之别，希望大王不要好小勇，而要养大勇。"

那么，什么是小勇，什么是大勇呢？孟子又解释说："像一个人手握利剑，瞪大眼睛，高声吼道：谁敢抵挡我！这就是匹夫之勇，是只能对付一人的小勇。而当国家面临强敌和霸权时，像周文王、周武王敢于一怒而率众奋起抵抗，救民于水火之中，所谓文王一怒而安天下之民。这就是大勇。"

廉颇和蔺相如都是赵国的大臣。廉颇是赵国有名的大将，蔺相如由于完璧归赵和渑池会上的表现而立了大功，被赵王封为上卿，官职要比廉颇高一些。廉颇对此很不高兴，他在手下人面前说："我身为大将军，有攻城野战的大功，而蔺相如除了会一些口舌之功还会些什么，竟然居于我之上，况且他出身卑贱，真让我感到羞耻。"还扬言说："我见到蔺相如，一定要侮辱他一番。"这一天，蔺相如坐车外出，远远地就看见廉颇骑着高头大马走了过来，他赶紧叫车夫往回赶。蔺相如的手下都看不下去了，都认为是自己的主人害怕廉颇。蔺相如知道后，对他们说："廉颇将军与秦王相比哪一个厉害？"仆人们说："当然是秦王厉害了。"蔺相如说："秦王我都不怕，我会怕廉颇将军吗？大家都知道，秦国之所以不敢来攻打我们赵国，就是因为我们赵国武有廉颇，文有蔺相如，如果我们之间闹不和，那秦国不就有了可乘之机吗？我之所以避着他，是为我们赵国的安危着想啊。"后来有人把这些话告诉了廉颇，廉颇深感惭愧，便赤膊背着荆条来向蔺相如请罪。从此，赵国出现了将相和睦的大好局面。蔺相如并非胆小，受到廉颇的挑衅并没有"忿速"，而是从大局出发，用自己的容人之量换来了廉颇的负荆请罪，换来了将相和睦的好局面。从大局出发，宽容大量，在现代生活的为人处世中也是非常重要的。

"忿速可侮"的性格弱点在三国时期的张飞身上表现得也很典型。张飞威猛勇敢，可惜的是，他的死与关羽一样没有死得其所。张飞礼贤下士，但是不体恤部下士兵，刘备也常常告诫张飞，说他体罚部下过重，天天鞭打士兵，还要他们侍奉左右，这将带来灾祸。但是张飞仍旧不知悔改，稍不如意，就拿部下出气，加上酗酒，酒后更加肆无忌惮，好逞威风，不讲道理，终于自食其果，被部下杀死。古代有些将帅们深知自己肩负使命的重大，为了克服自己脾气暴躁的弱点，专门制作了"制怒""忍"等各种匾额，或者挂在正屋中，或者放在案头上，时时警告自己，提醒自己，作为自己的座右铭，可见克服"忿速可侮"的性格弱点是很重要的修炼功课。

战争的胜败系于将帅，企业的兴衰系于领导，一个喜形于色、缺乏良好个性修养的领导是导致一个企业经营失败的最大潜在危险。被人称为"经营之神"的塑胶大王王永庆，出身贫寒，靠当米店小老板起家，积累了一笔财产。20世纪50年代，企业家何义去考察。考察后，认为在本地生产塑胶，根本无法有竞争力，于是悄然隐去。此时，王永庆对塑胶还一窍不通，但他认为各地都有烧碱生产厂家，可为塑胶粉的生产提供丰富的氯气资源，而且，塑胶市场前景不可估量。后来，王永庆排除各方干扰，与人合作，创建了台湾地区第一家塑胶公司。王永庆的塑胶公司以月产100吨的速度投入批量生产，但当时的月需求量只有20吨，产品大量积压，股东们担心自己的投入会白辛苦，相继要求退股。王永庆狠狠心，倾尽家产，买下所有产权，独家经营，他的对策是：增加产量，降低成本和售价，吸引更多的海内外客户。但是，市场上的日本产塑胶粉价格很便宜，质量也不比他的差，所以，王永庆的产品始终在仓库里堆积如山，王永庆被逼上了绝路，他也曾想把产品运出去，但地理位置决定了远程运输，昂贵的费用就掏不起，看来，出路还只能在台湾岛上。于是，王永庆决定再建一个塑胶加工厂，就是说，他把塑胶粉卖给自己的塑胶加工厂，然后出售塑胶成品。王永庆的惊人之举得到了有识之士的支持，他很快筹集到足够的资金创建了一座规模可观的塑胶加工厂，并更新了塑胶厂的设备。当塑胶加工厂投产后，两长互补的生产优势立即大放异彩，王永庆独占了台湾地区的塑胶市场，无人可与他匹敌，受此启发，王永庆发现塑胶业与木材业结合，市场更为广阔，于是他又先后建立了"新茂木业有限公司"和"台湾化学纤维有限公司"，开始生产新颖、别致、利润大的特种工业品。1973 年，当世界性石油危机中断了基础原料的供应时，王永庆果断地在海外投资建成全球最大的轻油裂解厂，使自己的台塑集团再不为基础原料的供应而担心。王永庆的台塑集团总资产近 40 亿美元，拥有 4 万名员工。王永庆正是因为具备处变不惊、沉着冷静、从容应对的良好素质，才使他立于今天的不败之地。

在日常生活中，难免会遇到一些对自己不利的突发事件，面对变乱，首先要镇定下来，接受这种局面，然后再想办法扭转它。临变有制，通达权变，这是大智之人才能为之的事情，很多人不知随机应变，不知如何面对眼前的变故，所以会受到变故的打击。佛教强调生成"不动心"的把持力，或许对我们会有一些启示。在佛家的诸多故事里，常常可以读到老和尚问小和尚的一句口头禅，"汝今能持否？"这里的"持"是把持、守持而不动心的意思。其实，这个问题也是现代人经常要问自己的问题，即面对各种诱惑，我们能够把持得住吗？那么，我们靠什么来把持自己呢？外在的制度约束当然是有效的，但是，更有效的显然是自身的觉悟。《坛经》曾记述惠能在南方时的一则故事："时有风吹幡动。一僧曰风动，一僧曰幡动，议论不已。惠能进曰，不是风动，不是幡动，仁者心动。"(《坛经·行由品》) 这个故事是说，六祖惠能有一次讲学时，两个小和尚看到风吹幡动，一个说风在动，一个说幡在动。惠能讲，既非风动，也非幡动，是你的心在动。这是禅宗里面一个很著名的典故。惠能这番话的真正含义是要告诉这两个小和尚，风动也罢，幡动也罢，都无意义，对于你们，好好听课就行了，不要心思在外。只要心不动，根本就不会去讨论幡动还是风动的问题。这个典故的寓意是深远的，他告诫我们不要学那两个容易动心的小和尚，我们对不该动心的东西要有把持、守持而不动心的定力。佛家的"空观"说，以破除世人对身外之物的贪心执迷为途径，以生成空灵的生命境界为旨归，对今天人们面对物欲膨胀的社会有一种清新释然之感。

日本著名的松下电器学院在培训专门的管理经营人才时，也把佛家的"空观"境界与儒家的道德境界、道家的无为境界并列作为一讲。在其讲义中对佛家"空观"境界的启示意义曾做了如下的概括：一是可以避免贪财恋物之念，使管理者与员工确立淡泊物欲之人生理念；二是可以破除执迷不悟之极端，使管理者在目标追求上保持一份平和随缘的心境；三是可以因排除身外之物的干扰而使精神生活的质量得以提升。从松下电器学院的讲义中我们可以一窥佛家"空观"教义对管理者人格修炼的现代意义。佛门教义中的这一"空观"说对我们生成管理境界中的"空观"之境，从而拥有人生事业追求中的空灵之美，即看空应当看空的身外之物，放下必须放下的执迷之心，让我们的生命享受到一种去留无意、宠辱不惊的淡定与从容。这是生命的境界，也是生命的享受。这里由孙子的"忿速可侮"联想到佛家"不动心"的把持力的道理。拥有"不动心"的把持力，自然就不会发生"忿速可侮"的局面了。当然控制自己也是有原则的，控制自己不是软弱的表现，而是一种修养，一种气度，一种智慧，一种恰到好处的处世策略。

廉洁，可辱也。

洁身自好是自我保护的一项重要措施，但没有分寸就会变得心胸狭窄，孙子提出"廉洁可辱"，认为如果过分洁身自好、珍惜名声，就可能会被羞辱而引发冲动，让对方达到一定的目的。廉洁本身是美德，但廉洁过了头，太看重自己的名声，就容易气量狭小，不甘受辱，这一致命弱点如果被敌军掌握，便会利用这一点而去造谣诽谤，甚至无中生有地制造一些有损于将帅人格的恶语。将帅如果过于廉洁好名而不能忍受这种污辱，内心便会自乱而失去平衡，进而容易中敌计而招致失败，由此可见，孙子是倡导廉洁而忍辱的。

魏明帝青龙二年（234），蜀相诸葛亮亲自率领十万大军北出斜谷进攻曹魏，企图与魏军决战于渭南。但魏军统帅司马懿针对诸葛亮急于决战的企图，采取了避敌锋锐、固守待敌的作战方针。他背渭水为阵，依靠当地雄厚的人力、物力，进行持久坚守，顿挫蜀军进攻锐气，迫使诸葛亮不得不退屯于五丈原这一狭小地区。在其后双方相持不战的一百多天里，尽管诸葛亮屡次挑战，甚至派人给司马懿送去了"巾帼妇人之饰"，以此来羞辱和激怒其出战，但司马懿识破其用心而始终坚持按兵不动的方针。致使蜀军空耗国力，一无所获，最后在诸葛亮病亡于军中的情况下，不得不罢攻撤退。诸葛亮本想要通过"廉洁可辱"之术激怒司马懿出战以达到自己的目的，可是司马懿面对"妇人之饰"而明白其目的，权衡利弊，采取忍耐之术，使诸葛亮的计划不了了之。

三国时期的杨仪，则因气量狭小、不甘受辱而给自己造成悲剧的下场。蜀国有一位重臣名叫杨仪，因为没有受到重用而觉得委屈，口无遮拦地乱发牢骚，结果被人告发而被贬为平民，最后含羞自刎而死，这种"廉洁可辱"的性格弱点带来的后果真是太严重了。诸葛亮去世后，幼主刘禅遵从诸葛亮的遗言，任命蒋琬为丞相、大将军，晋升费祎为尚书令，同理丞相事。而杨仪虽然为官多年，所立的功劳也不比别人小，却不迁不贬，仍为原职，在这种情况下，他心里自然不痛快。于是杨仪就经常找费祎谈心，发发牢骚，诉说他对蒋琬等人的不满，抱怨新主对自己的不公。并且还提到诸葛亮死后，将全军的指挥权都托付给他，如果那时他带兵投魏，也不至于得个现在的官职。这当然都是一些气话，可是这些气话却非比寻常。后来这些话传了出去，杨仪就得了一个被贬为平民、含羞而死的结果。杨仪在敌人压境、内忧外患之际，诸葛亮将许多大事都交给他去处理，说明杨仪的素质、能力不是一般人能比，但诸葛亮并没有向刘禅推荐他任大事，我们通过这一点也知道了他的人性弱点，杨仪是一位有着很强能力的将才，能够在瞬息万变的战争态势下率领千军万马从容抗敌，但他却缺乏在和平时期与上下左右和谐相处的气量，也可以说是一个只能带兵打仗不会管理国家的人，诸葛亮也正是由于这个原因而没有举荐杨仪担当重任的。其时，当时杨仪已官至长史，已经是个不小的官了，但是因为杨仪心胸狭窄，为自己所立战功却没有得到封赏而感到是一种侮辱，感到自己的身价不应该仅仅是目前这个官职，这正是所谓"廉洁可辱"的性格弱点。

廉洁可辱，不只是对将帅的忠告，也是我们每一个人应当克服的人性弱点。卡耐基曾说过，一个优秀的管理者从来不会在意别人的恶意批评，而是会将它当作对自己的另一种恭维。避免所有批评的唯一方法，就是做你心里认为是对的事——因为无论如何你也是会受到批评的。傻子受到一点点批评就会大发脾气，而聪明人却会从这些责备他们、反对他们以及在路上阻碍他们的人那里，学到更多的经验。他还讲了一个故事：1929 年，美国发生了一件震惊全国教育界的大事，美国各地的学者都赶往芝加哥看热闹。几年前，有一个名叫罗勃·霍金斯的年轻人，依靠半工半读从耶鲁大学毕业，他当过作家、伐木工人、家庭教师和成衣推销员。现在经过短短的 8 年，他就被任命为全美国第四富有的大学——芝加哥大学校长。他多大了？30 岁，真让人难以置信。老一辈教育人士都大加反对，人们对他的批评就像山崩石落一样打在这位"神童"头上，说他这样那样，说他太年轻了，经验不足，甚至说他的教育观念还很不成熟，各大报纸也参与了对他的攻击。在罗勃·霍金斯就任的那一天，有一个朋友对他的父亲说："我今天早上看见报纸社论攻击你的儿子，真把我吓坏了。""不错"，霍金斯的父亲回答说，"攻击得很厉害。可是请记住，从来没有人会踢一只死狗。"卡耐基评论道：不错，这只狗越贵重，踢他的人就越可以获得满足。所以，如果你被别人踢了，或者是被别人恶意批评了，请记住，他们之所以这样做，是因为这能使他们获得一种自以为重要的感觉，而这通常也意味着你已经有所成就，并且值得别人注意。所以，如果管理者想要提升自己的品格修养，就要记住坦然面对这些批评，尽你最大的可能去做，然后收起你的破伞，免得批评你的雨水顺着你的脖子后面流下去。

其实，管理者的优劣，不在于自己对领导机构出现问题时提出了多少解决的办法，而主要在于管理者是否具备豁达大度这一重要素质。豁达大度不仅是决策者获得大智的重要手段，同时也是管理者大智的一种表现。项羽把陈平、韩信排斥走了，连范增的智慧都统合不了，怎能不接连导致失误而遭到失败呢？刘邦则与此相反，他封雍齿为侯的故事，说明他豁达大度，从而统合了各方面的人才，为夺得天下后治国安邦打下了坚实的基础。李世民对要求自己下台的段志冲说：尺雾障天，不亏其大，寸云点日，何损于明。他没有治段志冲的罪，更充分地表现了最高领导者豁达大度的宽阔胸怀。李世民具备的豁达大度的素质，使他能够广罗人才、广泛地听取意见，从而统合了团体的力量不断做出正确的决策，达到了他在战乱中消灭群雄的目的；在取得天下后，使中国出现了贞观之治的历史时期。

被称为世界第一CEO的杰克·韦尔奇，把领导者的坚韧的弹性和容人的雅量看作是事业成功的必备素质，也能给我们一些启发。杰克·韦尔奇1935年生于美国马萨诸塞州萨兰姆市，1957年获得马萨诸塞州大学化学工程学学士学位，1960年获得伊利诺伊大学化学工程博士学位。1960年加入通用电气（GE）塑胶事业部。1971年底，韦尔奇成为GE化学与冶金事业部总经理。1979年成为通用公司副董事长。1981年年仅45岁的韦尔奇成为通用电气公司历史上最年轻的董事长和首席执行官。在他领导GE的20年里，世界经济经历了诸多的风风雨雨，但韦尔奇却稳稳地将GE这样一家以传统产业为主的百年老店，改造成充满生机与活力的现代企业之王。韦尔奇十分重视企业领导人的表率作用，他总是不失时机地让人感觉到他的存在。他的个性化管理和独特的领导艺术，更让世人惊叹。他凭借对人的关注和平等交流的风格，在使GE成为世界最受尊敬的公司的同时，他本人也成为世界上最令人仰慕的商业领袖和CEO们争相效仿的偶像人物。在领导人的素质要素中，他认为领导人必须爱才，希望周围的人能够比自己更优秀、更聪明，一位优秀的领导者敢于把最优秀的人集中到自己的团队里，认为领导者要具有坚韧的弹性。

行军篇

本篇主要内容是讲行军、驻军(舍营或露营)和征候判断,主要论述了处军(驻扎)、相敌(判断敌情)、附众(团结整饬内部)等几个问题。在论"处军"时,孙子指出了在不同地理环境(山、水、泽、陆)中驻军战斗的方法。对于相敌,观察敌人征候,孙子详述了识破敌军种种现象的方法。从远望树动、鸟飞、兽骇、尘起到制敌的言词,敌军内部的各种表现,通过列举典型事例来系统介绍判断敌情的方法。要求战略指挥者在观察敌情时要客观细致,不要为假象所迷惑,而要冷静看清敌人的企图、计谋与即将实施的军事行动。本篇既体现了孙子用兵作战的军事战略思想,又体现了他丰富的实战经验。

【原文】

孙子曰：凡处军、相敌①：绝山依谷②，视生处高③，战隆无登④，此处山之军也。绝水必远水；客绝水而来，勿迎之于水内，令半济而击之⑤，利；欲战者，无附于水而迎客；视生处高，无迎水流，此处水上之军也。绝斥泽⑥，惟亟去无留，若交军于斥泽之中，必依水草而背众树，此处斥泽之军也。平陆处易⑦，而右背高⑧，前死后生，此处平陆之军也。凡此四军之利，黄帝之所以胜四帝也⑨。

【注释】

① 处军：驻军，安营扎寨。相敌：观察敌情。

② 绝山依谷：穿越山地要依山谷行走。绝：穿过、越过。

③ 生：开阔之地。

④ 隆：高地。

⑤ 济：渡过。

⑥ 斥泽：盐碱、沼泽地。

⑦ 易：指平坦之处。

⑧ 右背高：这里指主力最好背靠高地。右：古代中原诸国以右为上。

⑨ 黄帝：中国古代传说中的帝王，是上古时代黄河领域部落联盟的首领，又称轩辕氏。四帝：指黄帝时四周部落首领，后来被黄帝所统一。

【原文】

凡军好高而恶下①,贵阳而贱阴,养生而处实②,军无百疾,是谓必胜。丘陵堤防,必处其阳,而右背之,此兵之利,地之助也。

【注释】

① 恶:厌恶。下:洼地。

② 养生:靠近水草,便于放牧战马;利粮道便于供应。处实:驻扎在地势高处。

【原文】

上雨①,水沫至②,欲涉者,待其定也。

【注释】

① 上雨:河流的上游下雨。

② 沫:水上泡沫。水上有沫说明洪流湍急,大水暴涨,此时不适宜徒步过河。

【原文】

凡地,有绝涧①、天井②、天牢③、天罗④、天陷⑤、天隙⑥,必亟去之,勿近也。吾远之,敌近之;吾迎之,敌背之。

【注释】

① 绝涧:前后险峻,水横其中,断绝人行。

② 天井:四面陡峭,溪水汇聚,地形像井的险地。

③ 天牢：三面环绝，易进难出，地形像牛马之圈的险地。
④ 天罗：草木深密，行动困难，地形像罗网笼罩的险地。
⑤ 天陷：地势低洼、道路泥泞的险地。
⑥ 天隙：沟坑交错，既深且长，地形像缝隙的险地。

【原文】

军行有险阻、潢井①、葭苇②、山林、翳荟者③，必谨覆索之，此伏奸之所处也。

【注释】

① 潢井：泛指低洼沼泽地带。
② 葭苇：芦苇丛生之地。
③ 翳荟：草木遮蔽繁盛的地方。

【原文】

敌近而静者，恃其险也；远而挑战者，欲人之进也；其所居易者①，利也。

【注释】

① 易：平坦开阔地。

【原文】

众树动者，来也；众草多障者，疑也；鸟起者，伏也①；兽骇者，覆也②；尘高而锐者，车来也；卑而广者，徒来也③；散而条达者，樵采也④；少而往来者，营军也⑤。

【注释】

①伏：伏兵。

②覆：伏兵，掩袭的意思。

③卑而广者，徒来也：飞尘低而广阔，是步兵来了。

④散而条达者，樵采也：飞尘散乱纵横呈纵横条缕状，这是少数敌兵在砍柴和拽树的征候。

⑤营军：安营驻扎。

【原文】

辞卑而益备者，进也；辞强而进驱者，退也；轻车先出，居其侧者，陈也①；无约而请和者②，谋也；奔走而陈兵车者，期也；半进半退者，诱也。

【注释】

①陈也：即敌人先派出轻战车于两侧掩护布阵，也就是敌军展开成战斗队形。陈：同"阵"，作动词用。

②无约：没有预先预定。

【原文】

杖而立者，饥也；汲而先饮者，渴也；见利而不进者，劳也；鸟集者，虚也①；夜呼者，恐也；军扰者，将不重也；旌旗动者，乱也；吏怒者，倦也；粟马肉食②，军无悬缶③，不返其舍者，穷寇也；谆谆翕翕④，徐与人言者，失众也；数赏者，窘也；数罚者，困也；先暴而后畏其众者，不精之至也；来委谢者⑤，欲休息也。兵怒而相迎，久而不合⑥，又不相去，必谨察之。

【注释】

① 鸟集者，虚也：敌营寨上或帐篷上群鸟飞集，可见其下必是空营。

② 粟马肉食：以马为粟，以其肉为食。指杀马吃肉。

③ 缶：古代盛水的用具，指汲水用的尖底小口陶罐，这里指炊事用具。

④ 谆谆翕翕：语气诚恳、温婉和顺。指将领低声下气地与部下讲话。

⑤ 委谢：委婉地说话，进行赔礼道歉。

⑥ 合：交合，交战。

【原文】

兵非益多也，惟无武进①，足以并力②、料敌、取人而已。夫惟无虑而易敌者③，必擒于人。

【注释】

① 武进：恃武轻进，单凭武力冒进。

② 并力：集中兵力，同心协力。

③ 易：轻视。

【原文】

卒未亲附而罚之①，则不服，不服，则难用也；卒已亲附而罚不行，则不可用也。故令之以文②，齐之以武③，是谓必取。令素行以教其民④，则民服；令不素行以教其民，则民不服。令素行者，与众相得也⑤。

【注释】

① 亲附：亲近、归附。

② 故令之以文：所以要用"文"的怀柔、安抚手段来团结士卒。

③ 齐之以武：用军纪军法、严厉惩罚等手段使军队整齐一致。

④ 素：平素。

⑤ 相得：关系融洽。得：投合，相互信赖。

【品鉴】

敌近而静者，恃其险也；远而挑战者，欲人之进也；其所居易者，利也；众树动者，来也；众草多障者，疑也；鸟起者，伏也；兽骇者，覆也；尘高而锐者，车来也；卑而广者，徒来也；散而条达者，樵采也；少而往来者，营军也；辞卑而益备者，进也；辞强而进驱者，退也；轻车先出，居其侧者，陈也；无约而请和者，谋也；奔走而陈兵车者，期也；半进半退者，诱也；杖而立者，饥也；汲而先饮者，渴也；见利而不进者，劳也；鸟集者，虚也；夜呼者，恐也；军扰者，将不重也；旌旗动者，乱也；吏怒者，倦也；粟马肉食，军无悬缶，不返其舍者，穷寇也；谆谆翕翕，徐与人言者，失众也；数赏者，窘也；数罚者，困也；先暴而后畏其众者，不精之至也；来委谢者，欲休息也。兵怒而相迎，久而不合，又不相去，必谨察之。

行军作战首先要从判断敌情出发，而研究敌情又必须考察地形特点，山地、河川、沼泽、平原等地理条件不同，相应的作战方案也就有所不同。孙子认为古代黄帝战胜四方部族首领，就是成功地利用了地形条件之便而取胜的，所以他也高度重视"处军相敌"在作战指挥中的重要作用。正是这样，孙子在总结前人经验之后，详细介绍了三十二种直接观察、判断敌情的方法，后人称之为"相敌"三十二法。孙子的"相敌"

三十二法，是古代战争指挥经验的精华，他所建立的关于战术经验与多种战争现象的模型分析对于后世战争是具有借鉴价值的。当然，这种借鉴价值不在于完全按照古代模式解决现代战争问题，而在于借鉴孙子的模型分析方式发展现代军事科学及其相关学科，孙子所处的时代距今已有两千多年，他能透过一些微不足道的征候，通过现象的观察和逻辑推理，察微知著，进而把握到事物的本质，这是难得的战争规律总结和经验积累。

现在人们经常爱说"细节决定成败"，就是强调工作中关注细节的重要性，就像孙子讲的三十二法，都是强调通过"察微"而"知著"的功夫。任何一项工作，宏观决策固然重要，但要作出正确的决策进而能让决策得到实施，都离不开对细节的考察，决策是宏观的，但不"察微"又何以"知著"呢？一个善于决策的人，也必须是一个善于观察并不忽略细节的人。俗话说，千里之堤，毁于蚁穴，因对细节的忽略而导致的历史教训很多。

1644年，李自成率农民起义军攻入北京，崇祯皇帝上吊自杀。李自成被胜利冲昏了头脑，认为天下已定，对部下的恣意胡为采取了听之任之的态度。其实，天下远未平定，拥有重兵的宁远总兵吴三桂还在山海关，而山海关外的八旗子弟早已对明朝天下垂涎三尺，李自成对此竟毫无所知。后来正是八旗军队与反叛的吴三桂一起让李自成连战皆败，被迫退出北京，也由此走向了彻底的失败。李自成由于对战争的局势和环境有失考察而招致失败。

对管理工作而言，能否成为一个成功的管理者，一方面要有卓越的工作能力和竞争意识，努力使自己的愿望变为现实；另一方面则要有高超的驾驭人员的能力，这样使每一个下属都人尽其才、才尽其用。要做到这样，就需要对每个人的个性特点非常清楚，使一个集体成员之间形成一种有机的结合,每个人因其不同的性格和能力而在这个集体中发挥特有的作用,每个人的创造力得以激发,整个集体又是一个团结协作的整体。要了解每一个成员的特点并加以利用,是管理中的一项智慧,对于这一点,武则天就做得很好。武则天当政时,狄仁杰和娄师德同时担任宰相,但狄仁杰总是想办法排挤娄师德,两人面和心不和。有一天,武则天突然问狄仁杰:"我信任并提拔你,你可知道其中原因?"狄仁杰答道:"我凭文才和品德受朝廷任用,不是平庸之辈,更不是靠别人来成就自己的事业。"武则天沉思了一会儿说:"其实,我原来并不了解你的情况,你之所以有今天,会得到朝廷的厚遇,全靠娄师德的推荐呀!"随后,武则天命令卫兵取出一个竹箱,找出几件关于娄师德推荐狄仁杰的奏本,赐给了狄仁杰。狄仁杰仔细地看完奏本,不由得满心惭愧。多年来,自己一直在想办法排斥娄师德,甚至想把他赶出京城,没想到他却一直在皇上面前举荐自己。想到这里,狄仁杰连忙跪在地上,惶恐地向武则天承认自己有罪。武则天并没有责备他,而是原谅了他。此后,狄仁杰与娄师德共同辅佐武则天,将朝政治理得井井有条。作为领导,下属之间有矛盾时,要善于及时发现和妥善处理,只有协调好下属之间的关系,才能使他们齐心协力,共同为企业的管理目标服务。

　　管理过程中,那些大是大非问题,大家都看得到,就是那些细微之处很难引起注意。但是很多事情不是败在重大决策上,而是败在执行的细节上。马谡失街亭是决策的失误,但是,荆州之败却败在细节上面。陆逊是一介书生,如果在战场上厮杀,当然不如关羽勇猛。但是,陆逊这位文弱书生代替吕蒙却打败了关羽,夺回了荆州。陆逊就是在细节上蒙骗过了关羽的人,陆逊让士兵装扮成做生意的人,通过小船过了守军的防守严密的关口。结果这些士兵依计而行,却使关羽不得不败走麦城。千里之堤,毁于蚁穴,这是中国古人经验的总结,认为很多大事件都是败于那些不起眼的小地方，教训是很深刻的。一旦因为马虎造成的损失有时甚至是全局性的，所以，认真做事成为我们管理的一条原则。对于一个成熟的管理者来说，注重执行的细节已成为习惯。不仅仅是说认识上要注意细节，更重要的是要依靠管理的标准化、制度化等机制来保障。所以，管理还是从基础工作做起，对每件事、每一流程都认真研究过了，都做出了合乎要求的规定，就能保证基本遵守，再加以监督、检查、考评，就能从制度上保证细节的成功。

令之以文，齐之以武，是谓必取。

"令之以文，齐之以武"，是孙子提出的著名治军原则，被以后的政治家、实业家所继承，并在理论上和实践上予以丰富和发展。孙子认为，治理军队，必须文武并用、刚柔相济、恩威并施，两者缺一不可。文的手段是指在用政治、道义教育士卒的同时，还应该爱护士卒和奖赏士卒。但是，孙子在强调要"视卒若爱子"的同时还告诫说，如果士卒对将帅已经亲近依附，但却不能执行军纪军法，这样的军队也是不能打仗的，就是说，将帅对士卒不能放纵。所以说，对士卒的爱固然重要，但还是要讲原则，这是文的手段。关于武的手段，孙子认为就是以军纪军法要求士卒，使士卒畏服，但孙子同时又指出，将帅在士卒亲近归附之前就贸然处罚士卒，士卒就不会顺服，这样的军队也是不能用来打仗的，就是说，使用武的手段也要掌握分寸。所以，对文、武两种方法的运用，都有一个原则与分寸的问题，最后达到文与武的相融相济，也就是刚柔并济。战争要求铁的纪律，治军要军纪严明、赏罚分明，赏罚作为治军的手段，要让士兵都懂得履行职责的重要，同时要做到关心人、教育人、培养人，培养士兵的自尊心、责任感和自信心。这样，无论对打仗还是治理国家，都是非常重要的策略。历史上有很多这样成功的事例，如明成祖、汉光武帝、清康熙帝等。

明成祖朱棣是明太祖朱元璋的第四子，他依法治理天下，使一个国家逐步走向稳定。明成祖强调法治。一次，一名立有战功的将官触犯了刑法，刑部官员为将官说情，希望明成祖能"论功定罪"。明成祖批评刑部官员说："执法应该公正，赏罚应该分明。过去他有功，朝廷已经奖赏了他，如今他犯了法，那就该给他治罪。如果不治罪，那就是纵恶，纵恶如何能治理天下呢？不能论功定罪，而是要依法治罪。"明成祖对外戚的约束很严，凡外戚"生事坏法"者都被处以死罪。明成祖继承了父亲勤政的好作风，每天除了早朝之外还有晚朝。明成祖认为早朝过于繁忙，没时间与大臣们交谈，早朝之后他就把六部尚书留下来，与他们促膝谈心，交换各种意见，制定相关法律政策。明成祖认为人才是治国的栋梁，不断地告诫吏部官员要把有才能的人选拔上来，而且指示吏部官员对人才要做到"人尽其才"，充分发挥每个人的特有才能。明成祖曾说过一段发人深省的话："君子敢直言，不怕丢官丢命，因为他是为国家着想；小人阿谀奉承，只想升官发财，因为他是为一己私利着想。"明成祖讨厌阿谀奉承，喜欢直言快语，为了鼓励大臣们说真话、说实话，明成祖不止一次对众大臣表白道："国家大事甚多，我一个人再有能力，也难免有忘记的和处理错的，希望大家发现我忘记了就提醒我，做错了就批评我，大家千万不要有所顾忌啊！"明成祖在位22年，其间扩大了疆域，发展了经济，使天下得以大治。闻名于世的多达2.2万多卷的类书《永乐大典》就是明成祖集合全国有名望的文人墨客编纂而成的。

汉光武帝刘秀是我国历史上成功运用柔性管理的一位皇帝。刘秀是东汉王朝的开国皇帝。西汉末年，王莽篡政、残虐天下，面对民不聊生、群雄并起的乱世危局，刘秀依靠其卓越的领导才能，由小到大、以弱制强，推翻了王莽，扫平了封建割据势力，重新完成了封建国家的统一，并在此基础上安定社会秩序、发展社会经济，使人民安居乐业、国家繁荣富强，史称"光武中兴"。刘秀认为，在管理中应示人以弱，即对人仁德宽厚、广施恩泽、泛爱容众；对待下属，宽容豁达；对待百姓，宽松为本；对待功臣，高秩厚礼。

康熙是我国历史上一位很有作为的皇帝，他英明果断、文武双全。在他的治理下，清朝迅速强盛起来，进入鼎盛的康乾盛世时期。作为一个少数民族君主，康熙对汉族知识分子的政策影响最大，也最具有成效。康熙对汉族士大夫知识分子实行的是拉拢加防范的政策。清初，汉族作为一个被征服的民族，政治地位非常低下，备受满族人歧视，这种民族歧视的存在，使不少汉官心怀怨恨，苟且推诿，不肯尽心为朝廷效力。康熙为了安抚汉官，从形式上消除了明显的歧视，一再声称"满汉皆朕之臣子"，宣布满汉一体，划一品级。对官员的一视同仁极大地减少了汉族官员的不满，康熙还大批任用汉官担任封疆大吏，这样汉族大臣为督抚等封疆大吏者反而多于满人，其中不少颇受康熙信任，至于府州县官则几乎全是汉人。康熙对所信任的汉族大臣，往往也能推心置腹，深信不疑。康熙曾非常信任儒臣张英，几乎到了形影不离的地步，经常在一起讨论一些军国大计以及生活琐事，时人评论说他们"朝夕谈论，无异生友"。康熙还强调君臣一体，邀请汉族大臣到禁苑内和他一起游玩、垂钓。受邀请的大臣自然将此视为莫大的荣幸，从而对康熙更忠心耿耿了。但是，康熙对汉族官僚士大夫、知识分子也还有防范和高压的一手。他经常用一些心腹之人监视地方官吏和当地人民。他们这些人不断用密折向康熙报告各地的民情和官场情况，督抚等大员的举动更是被监视的重点。康熙正是采用这种两面手法，恩威并用，从而巩固了清朝的统治基础，保证了国家的长治久安。

现代人力资源管理模式对组织中人力资源管理提出了新的要求，传统的人力资源工作中的那种以工作任务为核心的刚性管理模式已不能适应当今组织快速发展的需要,取而代之的是以人的个性化管理为核心的柔性管理模式。从以制度为核心的人力资源管理模式到以对人的行为研究为核心的人力资源管理模式,是当今知识经济时代中人力资源管理模式的一次提升。古典管理理论的杰出代表美国人泰勒、法国人法约尔、德国人韦伯等在不同的方面对管理思想和管理理论的发展做出了卓越的贡献,并对管理实践产生了深刻影响,他们的一个共同特点就是着重强调管理的科学性、合理性、纪律性,而未给管理中人的因素和作用以足够重视,工人仅仅被当作一种"活机器",这使工人的积极性、主动性未能得到充分的表现和发挥。随着现代科技革命的发展,人类社会逐渐进入到知识经济社会,生产过程中人的积极性、创造性、个性和才能在生产中越来越发挥着重要的作用,这就促使管理者要日益重视人的因素,管理要以人为本,应建立在完整丰富的人性假设基础之上。建立起激励和约束并存、物质激励和精神激励并重的管理体系,既要有理性的科学管理即物质主义的"硬"管理,又要有非理性的人文管理即人本主义的"软"管理。在"软"管理方面,培养共同的价值观非常重要,它是企业赢得竞争优势的重要力量。这里的软、硬管理,就是人们现在常说的刚性管理和柔性管理。

刚性管理是指以规章制度为中心,凭借制度约束、纪律监督、奖惩规则等手段对企业员工进行的管理。这种管理方式,虽然促进了管理的规范化,但并不能激起员工持久旺盛的工作热情,相反这种理性的、刚性的管理方式恰好与员工通常所表现出的非理性的、丰富的情感需求及整个管理系统中的多维性联系构成了矛盾。随着社会生产力的进步,刚性管理模式已不能适应时代发展的需要。社会急需建立一套具有时代特点的、以注重创设良好的群体氛围为主的新型管理模式。为此柔性管理应运而生。柔性管理是指强调以人为中心，依据企业的共同价值观和文化以及精神氛围而进行的一种人格化管理，它是在研究人的心理和行为规律的基础上，采用非强制的管理方式，在员工心目中产生一种潜在的说服力，从而达到把组织意志转变为个人的自觉行为的管理目标。柔性管理在人力资源管理中的应用，正是在尊重人的人格独立与个人尊严的前提下，在提高广大员工对企业的向心力、凝聚力与归属感的基础上所实行的分权化管理。

从企业实践的角度看，刚性管理与柔性管理是密不可分的。刚性管理是管理工作的前提和基础，没有规章制度的企业必然是无序的、混乱的，其柔性管理也必然丧失立足点。但是刚性管理又必须依靠柔性管理来提升，组织缺乏柔性管理，员工缺乏工作的积极性和激情，刚性管理亦难以深入。在现代市场经济运行中，任何一个成功的企业，不论其规模大小，在它成功的背后必定有一个共同的诀窍——即管理的刚柔并举、刚柔相济，也就是说在实际的管理工作中，坚持刚性管理与柔性管理并举，并在组织的发展中不断完善刚柔相济的综合管理方法，才能使管理实践工作顺利进行。

松下幸之助说过："身为一个企业管理者，最重要的是能做到宽严并济。如果一味宽大为怀，人们就会松懈而不求上进；但如果一味严格，部下就会退缩，不敢以自主的态度面对工作。所以宽严并济非常重要。"日本企业无论规模大小，普遍重视经营理念，对职工进行精神教育，认为这是企业的支柱。大多数企业又将抽象的经营理念具体化，诉诸文字作为员工精神教育的准则，一般称之为社训。日本企业社训的内容一般包含着做人做事的原则，有的只是一两句精神标语，可作为员工做人做事的座右铭；有的则是条例式的法则，明确标示做人做事的方法以及工作的方向与目标。日本大多数公司有明确的社训，公布在明显的地方，如餐厅、工厂休息区，或是生产线上。本田公司的社训是：上下同心协力，以至诚从事业务的开拓，以产业的成果报效国家；将研究与创造的精神深植于心中，不断研究与开发，以站在时代潮流的前端；切实戒除奢侈华美，务必力求朴实与稳健；发挥温情友爱的精神，把家庭式的美德推广到社会上；尊崇神佛，心存感激，为报恩感谢而生活。妙德公司的社训是：待人要亲切；勤以补拙；今日事今日毕；遇有工作上的难题，虚心请教别人；批评别人之前，自己必须自我反省；决定要做的事情或工作，必须全力以赴，发挥敬业精神；日常行事，严肃中不失亲切。日本企业的工作精神教育无疑对日本企业职工的敬业精神、工作干劲和团队精神起到了重要作用。

美国企业也重视企业精神，美国一本企业管理畅销书《追求卓越》的序中写道："企业主持最重要的任务是塑造及维持整个组织的价值共识，这是为什么有的公司成功，有的公司失败的最重大的分野。"能使企业的职工形成一个良好的共同的企业价值观念，就可以在公司的生产经营中产生良好的效果。美国学者斯托梯尔在领导者素质研究中发现，有的领导特质（其中相当一部分是性格因素）与领导有效性密切相关。比如：智力，毅力，自信，主动精神，关心下级人员的需求，勇于承担责任，占据支配和控制地位（有知名度和社会地位）。谁不想领导有效、领导得力，那么，加强素质修养就成为一种必须的要素，其中包括性格修养。领导者的性格修炼是一门长期的功课。作为刚柔并济的沉静领导，他们虽然坚持原则，但是拒绝用英雄式的强硬态度来达到目的，他们选择自我克制，因此争取到更多的时间去了解复杂问题的真相，设计有效解决方案。他们谦逊，不会高估事情成功的可能性和抬举自己努力的重要性，他们更能忍受挫折，也会用更实际的态度专注于眼前该做的工作。美国人巴达拉克所著《沉静领导》一书，结合若干案例对沉静领导之道进行了系统阐释，值得一读。

的确，感情是一种力量，公司的领导者、管理者要使员工心悦诚服，就应该以真正的爱心主动关心员工的疾苦，关心他们的衣食住行、家庭困难、喜怒哀乐，多看员工的长处，等等。要懂得关心和尊重是激励员工的金钥匙，信任是激励人们奋发向上的发动机。如果对员工不关心，忽视他们的福利，动不动就处罚，员工是不安心的，必然会离心离德，公司就不可能搞好。但如果过分地迁就部属，没有纪律，没有规矩，乱发奖金，自行其是，这样的公司也不可能搞好。孙子的理念是恩威并施，这与现代管理中的刚性管理与柔性管理相结合的思想是一致的。

令素行者，与众相得也。

我们曾经说过，《孙子兵法》开篇就提出"道者，令民与上同意"的著名论断，作为构成战争的五大要素中的第一条，作为第一要素的道就是指老百姓与上层决策者（如国君）的意愿相一致。在《谋攻篇》里也有相似的内容，当说到在何种情况下能预知胜利时，其中一项就是"上下同欲者胜"，即上下齐心协力就会获得胜利。在本篇中，孙子又提出"令素行者，与众相得也"的思想，就是说士兵之所以在平素能认真执行命令，是由于将帅与士兵已经取得了信任，相互之间关系融洽的缘故。这几段话构成孙子思想的一个重要线索，从中可以反映出孙子对战争中文化层面、精神层面或者道义层面的高度重视，对道义的感召力的高度重视，这是《孙子兵法》的人文内涵。孙子认为，平时能认真执行命令，并教育士兵，战时士兵就能服从指挥；平时不能认真执行命令，又不教育士兵，战时士兵就不会服从指挥。而平时所以能认真执行命令的，是由于将帅与士兵关系融洽。将帅要想做到"令素行"，则需"与众相得"。"与众相得"是"令素行"的前提条件和结果。"与众相得"亦是强调上下同心、相互信任，而这又取决于将帅的示范效应，要求将帅平时以军纪军法严格约束士卒，以身作则，使士卒畏服，无条件地服从命令，所谓"其身正，不令而行"就是这个意思，这里面包含着一种情感的力量、情感的智慧及心灵的沟通。

孙子在《用间篇》里曾夸奖过伊尹和吕牙（即吕尚。因其字子牙，故又称吕牙）这两个人，说他们是有道之人，又是上智之人。《史记》里记载过一个故事，是说商汤的行为如何感动伊尹，从而又如何使后者一心为他效力。书中说，成汤在夏时是一方诸侯之长，他在治理自己的部落时，一向以行德政著称，他手下的臣子也都是有德行做好事的人。一次，他出外游猎，看见郊野四面都张着罗网，张网的人祝祷说："愿从天上来的，从地下来的，从四方来的，都进入我的罗网。"成汤听了说："这样就把禽兽全部打光了。"于是把罗网撤去三面，让张网的人祝祷说："想往左边走的就往左边走，想向右边逃的就向右边逃。不听从命令的，就进我的罗网吧。"诸侯听到这件事，都说："汤真是仁德到极点了，就连禽兽都受到了他的恩惠。"这件事引起伊尹心理上极大的震撼。在夏桀时代，伊尹本来只是一名有才有德却不肯做官的隐士，但在商汤道义力量的激励与感召下，他决心效命于商汤。他鼓励成汤治理国家、抚育万民，并协助成汤由夏桀时的乱世变为商初的盛世。这里面反映出的成汤与伊尹的关系，就包含着一种身正令行的信任感。

成就事业，贵在用人，而要用好人，则需要有共同的价值观念和管理规章。曹操是东汉末年的丞相，后被封为魏王，是三国时期著名的政治家、军事家，曹操带兵十分严明，并且自己也以身作则，带头遵守，因此，他的军队很有战斗力，很快就消灭了多股强大的军阀割据势力，统一了中国北方。曹操"割发代首"的故事是军中制度执行的楷模。想象一下如果曹操的"禁令"仅停留在口头上，而当曹操自己违反时，却出尔反尔，朝令夕改，又如何叫下属做到令行禁止呢？

  在军队建设乃至企业管理中，不能因为仁慈而废弃法律，也不能因为执行法规而丧失彼此的信任。军队用法规来约束将士们的行为，企业也不例外，也应该有自己的规章制度。所谓没有规矩，不成方圆，如果一个企业没有合适的管理制度，那必会导致员工放任自流，企业的各种流程也会陷入一片混乱之中。但仅有制度还不够，能否将制度落到实处才是最关键的。这就需要"与众相得"的艺术，比如分享、激励、沟通、肯定等。与员工分享是最好的管理方式之一，管理者就是要在工作当中不断地和员工分享知识、分享经验、分享目标、分享成功、分享成果等等。通过分享，领导者能很好地传达理念、表达想法，形成个人的影响力，用影响力和威信领导员工，使员工心情舒畅地工作。同时，通过分享，管理者也能不断从员工那里吸取更多有用的东西，形成管理者与员工之间的互动，互相学习，共同进步。分享应该作为管理者的关键词和座右铭不断得到强化，使分享成为成功道路上的重要内容。领导带领自己的团队有所成绩之后，别忘了与下属分享功劳、分享成功的喜悦。假如领导是个喜欢独占功劳的人，相信他的下属的积极性也会受到打击。

  人人做事都希望被肯定，即使工作未必成功，但毕竟是卖力了，也不希望被人忽视。一个人的工作得不到肯定，是在打击他的自信心，所以作为领导，切勿忽视员工参与的价值。在某大公司的年终晚会中，老板刻意表扬两组营业成绩较佳的员工，并邀请他们的领导上台。第一位领导，似乎早有准备似的，一上台便滔滔不绝地畅谈他的经营方法和管理哲学，不断向台下暗示自己在年内为公司所做出的贡献，令台下的老板及他的员工听了不是滋味。第二位领导，一上台就多谢自己的下属，并庆幸自己有一班如此拼搏的下属，最后还——邀请他们上台接受大家的掌声。像第一位领导那样独占功劳的人，不单令下属不满，老板也不喜欢常自夸功绩的领导。第二位领导能与下属分享成果，令下属感到受尊重，这种做法受到大家的好评。所以，"与众相得"的确是一门艺术，要鼓励员工参与挑战性的工作，培养其价值感、快乐感和成就感，这是工作的动力，也是取得成功的重要因素。

管理是有意识、有组织、有目标的规范和约束行为，管理的目标有特定的目标，也有一般性的目标。一般性的目标就是建立社会的秩序、发展文化的创造力和促进个人的自我实现。而如何运用管理的一般性目标以达到管理的特定目标，是当前管理实践的重要课题。当代西方管理界所倡导的目标管理旨在增进效率，而未能将管理哲学与管理科学相互结合。如一般认为西方现代管理重视三个方面的因素，即专业知识和技术、组织与推销能力、功利性的企业目标。这些因素主导了西方企业的发展，但也的确因其发挥了人的工具理性而忽略了管理系统中的个人与群体的关系及其创造性这一方面。在这种情形下，许多管理学家开始关注东方管理思想，认为中国儒家的人性论管理代表了一种对人性普遍潜能的自觉，是一种顺应人性的自然关系的建立和调和，建立互助、互信和忠诚的责任和德性。即通过人自身以及人与人之间的关系所进行的管理，西方的理性管理是通过合理性概念以及理性推断所进行的管理，应该说，两者都为成功并富有创造性的企业管理和行政管理所必需，理性离开了人性就不能得到完善，人性离开了理性就不能得到扩展。也就是说，东方管理以人为中心，为了发挥领导的能力并提高解决问题的功效，一个领导者将把他的主要精力放在处理人与人之间的关系上，了解人以及人与人之间的关系，是大多数管理问题得以解决的关键，这是因为，人本身才是一切知识、信息和技术得以应用的基础。具有不同才能、思想、倾向、品性、特征的人才聚集在一起工作，必然会产生许多的矛盾。高明的管理者善于协调这些矛盾，从而减少阻力，形成合力，乃至化阻力为动力,促进组织目标的圆满实现。

所以,沟通是管理者行为的基本内容,据美国管理学会调查,一个管理者用于沟通的时间大约占 70% 左右,而在中国与日本这些重视人际关系的东方国家,这一比例可能会更高一些。沟通的本质,就是信息的传递与理解,沟通对于人际关系的协调具有十分重要的作用。就个人而言,一个人只有良好的人际沟通,才能为他人所理解,得到必要的信息,获得他人的帮助;就组织而言,只有良好的人际沟通,才能了解组织成员的情绪,化解组织内部的矛盾,增强组织的凝聚力和战斗力。沟通的技巧在企业管理实践中是大量存在的,例如日本企业的"人事商谈制度""个人申报制度",韩国企业的"合理化建议制度""一日厂长制度",美国企业的"周末啤酒狂欢会""走动管理制度"等。从这里我们可以看出,孙子所提出的"与众相得"思想对现代人际管理是相一致的。

明宪宗朱见深曾经画过一幅漫画《一团和气图》,画面上的人物由于开怀大笑,浑身缩成了一个滚圆滚圆的大球。但仔细分辨可以看出,这幅人物像虽只有一副面孔,实际上却是三个人的身体合在一起的。一个封建皇帝画这样一幅画是什么意思呢?原来,它取材于一则著名的典故:陶渊明、陆修静和惠远法师分别是儒、道、佛三家的门徒,三人私交很好,经常在一起切磋学问。惠远法师有个不成文的规矩,送客绝不超过山下的虎溪。但有一天,三人边走边谈,不知不觉竟越过了这个界限,于是相顾开怀大笑。这就是著名的"虎溪三笑"。如今,朱见深借这个典故作了《一团和气图》,有一天召群臣上殿,明确要求大家"忘彼此之是非,蔼一团之和气",即大家不要互相计较,而要和睦相处、团结友善。

社会和谐历来是当政者治国的理想目标。早在两千多年前,西周就设有"调人",专事"排患释难解纷争",和谐人际关系,以至历代朝廷都延续了这种制度。中华民族是一个注重社会和谐的民族,在长期的社会演变和历史发展进程中形成了和谐的文化模式。古时统治者大多把维持社会稳定作为重要任务，国泰民安、太平盛世是许多当政者期望达到的。以和谐的领导思维方式开拓领导工作新局面，必将为公共部门的改革和发展注入新的动力。在领导方法上，主张多元化和宽容，主张多样性的统一，和谐包括了先进领导方法的集成与综合。未来成功的领导者，必须精于和谐之道，不仅要懂得专业知识和相应的领导技能，并且能针对问题的实际场景开展有效的领导。构建社会和谐的能力，包括战略思维能力、依法行政能力、社会管理和公共服务能力、凝聚人心的能力、诚信能力等各方面的能力。只有加强学习，才能不断提高领导的境界，增强构建和谐社会的领导能力，也才能真正实现领导模式与构建和谐社会的要求相一致。

地形篇

本篇主要论述与作战有着密切关系的六种地形及其面对这些地形时的作战要求,孙子说:"夫地形者,兵之助也。"在对地形进行分类时孙子不是按照地形的自然风貌特征进行分类(如山地、江河、沼泽、平原等),而是根据地形对军队进退攻守的不同利害影响将地形分为通、挂、支、隘、险、远六种,阐述了六种地形对作战的关系、各自的特点,并针对这六种地形提出不同的作战原则,应采取的行动方针、作战措施,主张将帅应对地形进行认真缜密的分析与考察,灵活运用战术。孙子认为在战争中除了知己知彼之外,还要知地知天,这样才有完全的胜算。正如孙子所言:"知彼知己,胜乃不殆;知天知地,胜乃可全。"这里体现了孙子对主客观情况进行全面探察与分析的综合战争观,主张将帅对战争情势要有全面的情况掌握,汇总地形、天候、敌情、我情等多种情况,然后才能在掌握丰富战前信息的基础上作出明智的判断。

孙子还论述了军队必败的六种情况,称之为六败。对六形的研究,六败的警惕防止,孙子都把它列为将帅的主要责任之所在。他强调指出,凡出现这些必败情况,并不是"天灾",而是将帅的过错造成的。这表现出孙子反天命论的理性战争观。篇中阐述了将帅关爱士兵对振奋士气的重要作用以及将帅的责任心等问题,蕴含着丰富的军事组织管理思想。除强调将帅要"爱兵",又指出将帅应"进不求名,退不避罪",这是孙子军事思想中的闪光之处,体现了孙子对将帅素质的严格要求和对高远人生境界的追求。

【原文】

孙子曰：地形有通者、有挂者、有支者、有隘者、有险者、有远者。我可以往，彼可以来，曰通。通形者，先居高阳①，利粮道，以战则利。可以往，难以返，曰挂。挂形者，敌无备，出而胜之。敌若有备，出而不胜，难以返，不利。我出而不利，彼出而不利，曰支。支形者，敌虽利我②，我无出也；引而去之，令敌半出而击之，利。隘形者③，我先居之，必盈之以待敌④；若敌先居之，盈而勿从⑤，不盈而从之。险形者，我先居之，必居高阳以待敌；若敌先居之，引而去之⑥，勿从也。远形者，势均难以挑战，战而不利。凡此六者，地之道也。将之至任，不可不察也。

【注释】

①高阳：地高向阳之处。

②利：利诱。

③隘：两山间通谷，通路狭隘队伍展不开的地区。

④盈：充满。一定要布兵占满隘口，即封锁隘口。

⑤从：追逐，指攻击敌军。

⑥去：离开。

【原文】

故兵有走者①、有弛者、有陷者、有崩者、有乱者、有北者。凡此六者，非天之灾，将之过也。夫势均，以一击十，曰走；卒强吏弱，曰弛②；吏强卒弱，曰陷③；大吏怒而不服④，遇敌怼而自战⑤，将不知其能，曰崩；将弱不严，教道不明⑥，吏卒无常⑦，陈兵纵横，曰乱；将不能料敌，以少合众⑧，以弱击强，兵无选锋，曰北⑨。凡此六者，败之道也，将之至任，不可不察也。

【注释】

① 走：奔逃，败走。

② 弛：松弛、涣散。

③ 陷：陷落。

④ 大吏：小将或偏将。

⑤ 怼：怨恨，埋怨。

⑥ 教道：即教导。道，通"导"。

⑦ 常：纲常，伦常，人与人之间尊卑、贵贱等关系的准则。

⑧ 合，交锋。

⑨ 北：败北。

【原文】

夫地形者，兵之助也。料敌制胜，计险厄远近①，上将之道也。知此而用战者必胜，不知此而用战者必败。

【注释】

① 厄：险要。

【原文】

故战道必胜，主曰无战，必战可也；战道不胜①，主曰必战，无战可也。故进不求名，退不避罪，唯人是保，而利合于主②，国之宝也。

【注释】

① 战道：指决定战争胜负的规律。
② 利合于主：符合君主利益，有利于君主。

【原文】

视卒如婴儿，故可与之赴深溪；视卒如爱子，故可与之俱死。厚而不能使①，爱而不能令，乱而不能治，譬如骄子②，不可用也。

【注释】

① 厚：厚待。
② 骄子：受宠爱的孩子。

【原文】

知吾卒之可以击，而不知敌之不可击，胜之半也；知敌之可击，而不知吾卒之不可以击，胜之半也；知敌之可击，知吾卒之可以击，而不知地形之不可以战，胜之半也。故知兵者，动而不迷，举而不穷①。故曰：知彼知己，胜乃不殆；知天知地，胜乃不穷。

【注释】

① 举而不穷：举动变化无穷。

【品鉴】

故知兵者，动而不迷，举而不穷。

孙子在本篇从不同角度说明了地形与作战之间的密切关系，强调将帅要重视对地形的研究，认为地形是用兵的辅助条件，之所以说辅助条件，是因为运用得好，它可以为军队带来更强的战斗力，为取胜创造更有利的条件；运用得不好，它就是兵溃战败的陷阱。孙子把地形分为六种，做将帅的只有在战前实地考察不同的地形，才能对战场了然于胸，才能驾驭复杂的地形，从而出奇制胜。孙子由对地形作用的强调进而强调对双方全面了解的重要性，在这个基础上，孙子指出，懂得用兵作战的人，行动起来不会迷惑，其作战的策略也变化无穷。就是说，要因敌情而变化的作战原则，进一步提示了指挥作战的机动灵活性。指挥作战，本无常规，千变万化，敌莫能知。军情永远处于变化之中。只有根据客观条件不断变革调整，懂得机巧应变的道理，而不拘泥于常规思维，才能争取主动，为作战创造更有利的时机，这就是变革制胜的道理。

很多时候，看似简单的事情可以发展出意想不到的结果，看似必败的事情也会出现转机，就像田忌和齐威王赛马一样。作为管理者，有时候不要轻易言败，也许换一个思维角度一想，就"柳暗花明又一村"了。齐威王与大将田忌赛马的故事，讲的是田忌的谋士孙膑如何运用计谋帮助田忌以弱胜强战胜齐威王的故事。即让田忌不要用自己的上马去对抗齐威王的上马，而是用下马去对抗齐威王的上马，上马则去对抗齐威王的中马，中马去对抗齐威王的下马。这样，虽然第一场田忌必输无疑，但后两场田忌却能赢，二胜一负，田忌反而能赢齐威王。

21 世纪是急剧变化的时代，是激烈竞争的时代，正如网景公司创始人之一克拉克说，你必须站在变化的最前沿，否则就将落伍。比尔·盖茨也宣称，微软破产永远只需 8 个月。作为领导人必须有足够的权变能力。权变,是人的一种能力,它贯穿于时代发展的全过程,渗透于企业管理活动的方方面面。权变能力主要包括适变、应变和制变能力三个方面。适变,就是在环境变化的情况下及时调整自己的行为,首先是能够发现变、感受变,如果对变化了的情况懵懂不知,就不存在"适"的问题;其次才是适应,在适应环境中改造环境,在适应岗位中调整心态,在把握新情况、新信息中把握自我与工作的发展。应变能力是指面临意外之变,灵活机智地处理问题,以应对事变、争取主动的能力。制变能力是指妥善地运用各种方式控制局势、解决问题的能力。善于制变是一个领导人成熟的表现,是人的智能、知识和经验的有机结合,与政治素养、学识修养和综合能力密不可分。

杰克·韦尔奇独特的领导方法如今正风靡全球。正如《财富》杂志所评价的一样:他通过把通用建设得既庞大,又灵活,又具有非凡的赢利能力而改写了经营管理学的教科书。通过领导型的管理方法,韦尔奇使通用这个百年老店经过20年的残酷竞争仍然傲立全球。1998年,韦尔奇领导下的通用被《财富》杂志评为"全球最受推崇的公司"。《财富》500强之中,通用就有九个事业部入围。作为一个领导者,韦尔奇以酷爱改革而闻名。在韦尔奇的所有经营理念中,最为重要的就是:居安思危,率先变革。20世纪80年代是一个日新月异的年代,高新科技行业全球性的竞争对手崭露头角,而高品质的产品和生产力的新标准也纷纷登台露面,不仅新生事物层出不穷,更让人感叹不已的是这一切变化的速度。尽管早在20世纪70年代美国的钢铁、汽车等行业就品尝到了日本、西欧企业竞争的猛烈冲击之苦,但美国大公司的领导者们仍然相信,20世纪80年代将只是20世纪六七十年代的翻版,只要美国经济形势好转,那么,只要在他们那传统的工业习惯基础上增加一些新的附属物,他们的公司就仍然会像以往一样强大。不同的是,韦尔奇以他那敏锐的直觉和深刻的思考，认识到通用电气公司和其他的美国大型公司若想在全球性经济迅速变化的环境中求得生存，就必须有新的思维方式和战略眼光。韦尔奇在通用电气这家百年工业巨人内发动了一场革命，包括业务重组、管理创新等。这是把通用电气公司放在全球性经济环境中来思考其未来，要为进入下一个世纪做准备。韦尔奇的战略思想就是变革的思想，美国《工业周刊》引用韦尔奇的话说，"改革应该成为我们的准则，而不是无可奈何接受下来的一种例外""不要等到时间太短或不可收拾，才想到改革"。韦尔奇一直坚信他的人生格言：只要存在一线希望做到比现在更好，那么，就不应该轻易接受当前的结局。永远追求超越自我，追求卓越，最糟糕的结果只不过是失败。正是他所秉持的变革精神为通用赢得了发展的空间。

《蓝海战略》书中分析，在全球化的竞争下，企业要永远保持卓越是不可能的。产品若无法差异化，将会落入所谓"红海战略"的血腥价格竞争之中，这种流血竞争的结果往往是市场愈来愈窄，企业的成长越来越慢甚至萎缩。"蓝海战略"认为，打破"红海"宿命的唯一办法，就是探索还没有被开发的差异化市场，以及消费者还没被满足的需求，一举超越竞争，开创"不与竞争者竞争"的蓝海商机。经过血腥竞争形成的市场红海，市场竞争越来越激烈，利润空间越来越狭小，红海生存越来越困难。那些只会步别人后尘的管理者注定是没有前途的，只有那些跳出习惯思维、不断开拓蓝海市场的人才能快速发展。"蓝海战略"所追求的是：摆脱既有市场竞争者，开创全新市场空间或领域，而将竞争者远远抛在后面。"蓝海战略"所提倡的是：摆脱传统竞争导向的观念，由旧有市场发展出新市场空间，或完全跳脱旧有市场进入全新领域。"蓝海战略"代表着战略管理领域的范式性转变。中国企业如何从国际贸易的高附加值部分中获利？如何开创强有力的国际品牌？在日益激烈的国内竞争中，企业如何生存下来，并脱颖而出，走向获利性增长的道路？这就要求企业超越成本优势的局限，将目光投向买方价值的大幅提升上，从而摆脱价格战的陷阱，开创优秀的持久的品牌。

"蓝海战略"说明了竞争理念创新已成为势所必然，不仅如此，管理理念同样需要不断创新和开拓。21世纪是新经济和经济全球化的世纪。基于信息革命的经济全球化是当今最令人瞩目的发展趋势。世界各国都将面对世界经济全球化对本国经济增长带来的影响。在经济融合的同时，必将导致文化的冲突与融合，从管理来说，新的经济发展趋势正在对管理理念带来前所未有的挑战。进行管理理念的创新是企业生存和发展的关键，管理理念变革的中心是围绕着由物转移到人这一载体展开。企业管理理念创新的内容表现在服务、团队、学习的理念上。首先是服务理念，管理者的职责由对员工在生产过程中的严格控制转变成为企业员工提供完成工作任务所需要的各种资源；其次是团队理念，现代企业竞争是集体智慧的竞争，"管理是团队的游戏"，一个成功的管理者应该是能够与人合作的人；第三是学习理念，现代企业组织是学习型组织，一个优秀的管理者应当能够通过学习管理，使员工成为生产中的最佳资源。

视卒如婴儿，故可与之赴深溪；视卒如爱子，故可与之俱死。

将帅对士兵就像对待婴儿一样关心，那么士兵就会与将帅一起赴难蹈险；将帅对待士兵就像对待自己的爱子一样，那么士兵就会与将帅同生共死。这种思想是《孙子兵法》一贯坚持的军队建设与作战指挥的思想。这段论述，充分体现了中国传统文化中"君人者制仁"的思想精髓。一个人要想成就一番事业，不仅要有过人的胆识，同时宽广仁慈的胸怀也是不可少的，一个没有仁爱之心的人，肯定只能成为一个"孤家寡人"，根本不可能做成什么大事业。与孙子齐名的另一位军事家吴起就非常爱护士卒，据《史记》记载：吴起做将军是和最下层的士卒同衣共食，睡觉不铺席子，行军不骑马坐车，亲自背干粮，和士卒共劳苦。士卒中有人生疮，吴起用嘴为他吸脓，该士卒的母亲知道这事后大哭起来，别人问她为什么哭，这位母亲说："往年吴公为他战死的父亲吸过疮上的脓，不知我儿又将死在何地。"吴起如此爱护士兵，与士兵同甘苦共患难，故在作战时，士兵能奋不顾身地与吴起同生死。上下同欲，必获全胜。这个道理无论在军事领域还是社会生活和人际交往的其他领域，同样适用。领导者为完成任务，被赋予一种强制别人的力量，这个力量就是权力。它可以用来指示、指导下属，也可用以纠正下属的过失。虽然如此，如果太仰仗权力，采取强硬手段来压制下属，不厌其烦地一再向人们显示自己的权力，这样不但不能使下属信服，而且高压地利用权力还会引起下属的反对，虽然有时只是敢怒不敢言。

作为领导，应关心爱护下属员工，设身处地为员工着想，排其之忧，解其之难，与员工同甘共苦，促成上下感情的融洽，这样，员工就会为企业忘我地工作。日本企业家普遍把自己的企业看作是由员工组成的大家庭。员工结婚、过生日或生孩子，经理都会前去拜访祝贺。如员工家里有病人或什么困难，经理都去探望、慰问。这样员工的心里都产生了如不努力工作就对不起企业的感觉。如松下公司就很注重企业的集团意识，树立起了"公司命运与全体职工共存亡"的观念。

东方管理智慧崇尚利他主义的伦理思想，主张超越自私利己的天性而拥有一份利他的仁道德性。这样一种经营之道，被概括为"利他主义"的经营德性，一些西方学者都把它通俗地概括为"共赢"。助人是互惠的，你助人愈多，拥有就愈多。你给予他人一个善意的微笑、一句亲切的话语、一个令人愉快的答话、一种良好的思想，就会得到他人发自内心的感激、他人的信任和称赞、他人的鼓励和希望。

不管是在官场上还是企业组织内部，同事之间和上下级之间，人与人都是互相牵连、彼此影响的。因此，作为领导不应该高高在上，把自己孤立起来，有句话说，爱人者人必爱之，敬人者人必敬之。你敬重他人，他人才会敬重你，领导应当时刻存有乐善好施、成人之美的心思，这样才能赢得下属真心的拥戴。比如索尼，当年在美国生产晶体管收音机，以取代美国当时那种非常传统的、老式的、又大又笨的收音机。这种小巧的收音机推出后市场反响不错，一个销售商去找索尼订货，要求索尼提供订购五万台、十万台、五十万台收音机的单台产品报价。让这个美国供货商非常不解的是，索尼公司报给他一个马鞍形的报价：五万台价位贵一点，十万台便宜一点，五十万台的价位却是最贵的。这个美国人不懂了，心里想，日本人真是太稀奇古怪了，连薄利多销的原则都不懂。后来，索尼的老板盛田昭夫就跟他解释说，我们日本人做事跟你们美国人不一样。我现在的工人在你要求的那个供货期内不可能生产五十万台。那么，我就需要招工人，工人招进来了，这个订单完成之后，如果接下来没有新的订单，那怎么办呢？我们不能像你们美国工厂那样，立刻裁员辞退他们，这部分工人毕竟是为这份订单、这份利润、为我们工厂做了贡献的。我们工厂要养他们一段时间，发他们一段时期的工资直到其重新找到工作为止。说得美国销售商大开眼界。后来美国高校许多的经济学院、管理学院以这个案例为典型来介绍日本的企业文化。这就是"仁道"精神的体现。西方学者发现，"仁道"管理的绩效远非制度和奖金可以达到。所以，后来美国工人大罢工的时候，索尼公司的工人，不管黑人、白人、黄种人全都不罢工。因为他们觉得罢工对不起自己的老板。在美国经济大萧条的时候，工人甚至主动提出把自己的工资减下来，与公司共渡难关。这就是管理者亲和力产生的神奇绩效。

卡耐基说过，对别人好不是一种责任，而是一种享受，因为它能增进你的健康与快乐。你对别人好的时候，也就是对自己最好的时候。作为中西合璧、传统与现代相结合的企业管理者，李嘉诚对于古今中外的管理理论都有着深入的了解，而在他管理实践的过程中，更推崇的一种管理理论是经营之道与做人之道的统一，纵观世界知名企业的真正高水平的经营，做人之道与经营之道不仅是统一的，而且形成了良性循环，企业经营者重视做人之道，是现代企业发展的客观要求。唯利是图，不讲道德，追求短期收益，是社会机制尚未健全阶段的短期现象。经营者讲做人之道，不是向公众施舍，企业人的形象和信誉是企业发展的推动力和宝贵财富。

中国历史上，以儒家为代表的古代思想家明确主张管理者要有利他主义的伦理情怀。汉代大儒董仲舒对历史上的统治者做过一个总结，他认为一个只爱自己的人，永远做不了大事业，不仅做不大，连自己的那点东西最终也都会丢失掉。所以他说："王者爱及四夷，霸者爱及诸侯，安者爱及封内，危者爱及旁侧，亡者爱及独身。"(《春秋繁露·仁义法》)大致意思是，一个有王道理想的人必然爱天下；霸者关爱诸侯，因为他希望这些人为他效力；而贪图安逸的人呢，他所爱的范围要小一点，就是自己的领地里面的那些老百姓；危险的人呢，他只是知道爱自己身边的人；一个迟早要灭亡的人，他只知道爱自己。董仲舒这样一个总结，实际上讲的是一种治国之道，他在告诫治理国家的人，要有一种博爱的胸怀、一种天下为公的情怀。

知彼知己，胜乃不殆；知天知地，胜乃可全。

孙子指出，将帅如果只是了解自己，或只是了解对方，或只是了解双方而没有了解地形，这都不够，必须是知己、知彼、知天地，并且灵活变通地将这些要素综合起来加以运用，这样才是真正懂得用兵作战的将帅，也才能获得胜利。这就是说，作为影响战争的三个重要因素：人（己与彼）、天（天时）、地（地利），对一个优秀的军事家而言，都应有全面的了解，这样才能确保战争的胜利。孙子认为战争胜败的关键取决于是否善于掌握"战道"，也就是战争规律，而"战道"就是指"知彼知己，知天知地"，要一切按规律办事。诸葛亮草船借箭之所以成功，并不是因为他有什么格外的"神通"，而是由于他了解曹操的多疑性格，掌握了魏军不擅长水战的弱点，观测了当时的天象和地形，才导演出了这么精彩的一幕。如同他自己在与鲁肃谈体会时所说的：为将者，不通天文，不识地理，不晓阴阳，不看地图，不明兵势，那他便是一个庸才。

当然，掌握战争规律，按照战争规律办事，也不是一件容易办到的事，甚至会有很大的风险。怎样做到这一点呢，孙子的回答是："进不求名，退不避罪，唯人是保。"这就是说，只有不图个人名位，不畏惧可能招致的罪责，而以广大民众利益为思考问题、作出决策的惟一出发点，才能真正地坚持"战道"。两千多年前，孙子能站在这样的民本高度来考察问题，真是难能可贵。当然，孙子的民本仍是以封建皇权为前提的，因此他又说，"唯人是保"是要求"利合于主"的，即符合封建君主的根本利益。这是孙子的时代局限，是不能苛求的。

同战争规律一样，从事经营的公司主管要想知道市场能否获胜，先要了解自己，了解自己的实力，了解自己胜算的把握有多大，还要了解对手，了解对手的实力，了解对手取胜的把握有多大，这还不够，还要把双方的力量放在实际的市场空间中比较分析，从而了解到哪些条件对自己有利或不利，哪些条件对对方有利或不利。这样的话，你所得出的"知胜"结论就比较正确而全面了。在犹太人生意经的精髓中就有"知己知彼，知天知地"这一条，犹太人对什么都要问个水落石出，直到搞清楚为止，犹太人生意经中铁的原则是搞清楚后再做交易，犹太人在商业谈判中也会不厌其烦地坚持把细节都搞得清清楚楚，这正是犹太人做生意的长处之一。

九地篇

本篇继《地形篇》之后,又根据战略要求,论述进攻敌国时,在不同战地——"九地"的战略问题。所谓"九地"是从战场位置及战略地形等方面划分的九种地区,分为"散地""轻地""争地""交地""衢地""重地""圮地""围地""死地"九类。由于九地的不同特点和对军事战略的不同影响,孙子强调将帅要在正确利用九种地形的基础上,对敌人要先夺其所爱,通过夺取敌军所依赖的有利条件,使其处于不利的形势,迫令其就范,而我则争取主动,乘虚直入,行动迅速。将帅在指挥战争时应懂得对自己的部队要并气积力,运筹帷幄,在危急时要用置之死地而后生的果敢率领士卒奋力拼搏。

本篇除了结合九种战略地形详述了所应采取的不同战略行动方针,而且强调指出将帅要结合士卒在不同战略地形中的心理变化(人情之理),鼓舞士气,善于掌握全军,投之于险,陷之死地,使其不得已而战,从而取得胜利。本篇延续了地形篇的主旨,在结合九地的不同特点进行地形的分类与战略、战术原则的总结时,尤其强调战争的胜利不在于地利,地形只是用兵的辅助条件,对战争胜局起决定性作用的是将帅与士兵在战场上的表现,在把握战势、制定战略、展开战术时将帅要懂得机变与用兵神速的道理。"兵之情主速,乘人之不及,由不虞之道,攻其所不戒也。"先发制人,出其不意,攻其不备,掌握战争的主动权,方能胜券在握。

【原文】

孙子曰：用兵之法，有散地①、有轻地、有争地、有交地②、有衢地、有重地、有圮地、有围地；有死地。诸侯自战其地者，为散地；入人之地而不深者，为轻地；我得则利，彼得亦利者，为争地；我可以往，彼可以来者，为交地；诸侯之地三属③，先至而得天下之众者，为衢地；入人之地深，背城邑多者，为重地；行山林、险阻、沮泽④，凡难行之道者，为圮地；所由入者隘，所从归者迂，彼寡可以击吾之众者，为围地⑤；疾战则存，不疾战则亡者，为死地⑥。是故散地则无战，轻地则无止，争地则无攻，交地则无绝，衢地则合交，重地则掠，圮地则行，围地则谋，死地则战。

【注释】

① 散地：战争发生在诸侯本土，因战场离家近，士卒容易逃亡、溃散，所以叫作"散地"。

② 交：道路相交错。

③ 三属：指三国交界之处。

④ 沮泽：沼泽。

⑤ 围地：进路狭隘，归路迂曲，敌军用少数兵力即可攻击多数的我军的地区。

⑥ 死地：前后受阻，速战尚能存，不速战则亡之地。

【原文】

所谓古之善用兵者,能使敌人前后不相及①,众寡不相恃②,贵贱不相救③,上下不相收④,卒离而不集,兵合而不齐。合于利而动,不合于利而止。敢问:"敌众整而将来⑤,待之若何?"曰:"先夺其所爱,则听矣。"

【注释】

① 及:顾及,策应。
② 众寡:大部队与小部队,主力与非主力。
③ 贵贱:古时指地位高贵与地位卑微的人,如奴隶主与奴隶、封建主与农奴。这里指将官和兵卒。
④ 收:接纳、聚集。
⑤ 敌众整:敌人人数众多、阵形严整。

【原文】

兵之情主速①,乘人之不及,由不虞之道②,攻其所不戒也。

【注释】

① 主速:即主于速,在于迅速。
② 虞:意料、料想。

【原文】

凡为客之道①:深入则专,主人不克②;掠于饶野,三军足食;谨养而勿劳,并气积力;运兵计谋,为不可测。投之无所往,死且不北③;死焉不得?士人尽力。兵士甚陷则不惧,无所往则固,深入则拘④,不得已则斗。是故,其兵不修而戒⑤,不求而得,不约而亲,不令而信,禁祥去疑⑥,至死无所之。吾士无余财,非恶货也;无余命,非恶寿也。令发之日,士卒坐者涕沾襟⑦,偃卧者涕交颐⑧。投之无所往者,诸、刿之勇也⑨。

【注释】

① 为客:侵入别国。客:进入别国境内的一方。

② 主人:指被进攻的国家或军队。

③ 北:败北,战败逃跑。

④ 拘:束,比喻团结一致。

⑤ 不修:即不用整顿告诫。

⑥ 禁祥:即禁止谈论和预卜祸福吉凶,有破除迷信的意思。祥:祸福吉凶的预兆。

⑦ 涕:泪。

⑧ 颐:面颊。

⑨ 诸、刿:诸即专诸,春秋末吴国堂邑人。公元前515年,受伍子胥收买,在吴公子光(即阖闾)特设的宴会上进菜时,从鱼腹中取出暗藏的小剑刺杀吴王僚。他拔出剑时,吴王僚的卫士的长矛已从他背上刺进,但他仍然奋勇把吴王僚刺死,公子光的卫兵又把吴王僚的卫兵全部消灭,完成了一次宫廷政变。刿即曹刿(也作曹沫),春秋时鲁国武士。鲁庄公十年(前684),齐攻鲁,他求见庄公,随庄公战于长勺,待齐军一鼓作气、再而衰、三而竭时,叫庄公击鼓进攻,结果取胜。齐桓公伐鲁,与鲁庄公会于柯,曹沫以匕首挟持桓公,使其退还鲁国失地。二人都是历史上勇者的典范。

【原文】

　　故善用兵者，譬如率然①。率然者，常山之蛇也，击其首则尾至，击其尾则首至，击其中则首尾俱至。敢问：兵可使如率然乎？曰：可。夫吴人与越人相恶也②，当其同舟而济，遇风，其相救也如左右手。是故方马埋轮③，未足恃也；齐勇如一，政之道也；刚柔皆得，地之理也。故善用兵者，携手若使一人，不得已也。

【注释】

　　① 率然：传说中一种蛇名。"率然"二字有迅速、灵活反应之意。
　　② 相恶：相仇视。
　　③ 方马：拴住马。方：有缚、并之意。

【原文】

　　将军之事①，静以幽②，正以治③。能愚士卒之耳目④，使之无知；易其事⑤，革其谋，使人无识⑥；易其居，迂其途，使人不得虑。帅与之期⑦，如登高而去其梯；帅与之深入诸侯之地，而发其机⑧，焚舟破釜，若驱群羊而往，驱而来，莫知所之。聚三军之众，投之于险，此谓将军之事也。九地之变，屈伸之利⑨，人情之理，不可不察。

【注释】

　　① 将军：率军，带兵。
　　② 幽：深邃，幽深莫测。
　　③ 治：治理得好，有条理。
　　④ 愚：欺骗，蒙蔽。

⑤ 易其事：行动经常变化。改变部署或任务。

⑥ 人：汉简本作"民"。此指士卒。

⑦ 期：约定日期。

⑧ 机：弩机，击发它则箭矢飞出。

⑨ 屈伸：屈曲与伸直，引申指进退攻守。

【原文】

　　凡为客之道，深则专，浅则散。去国越境而师者①，绝地也。四达者，衢地也。入深者，重地也。入浅者，轻地也。背固前隘者，围地也。无所往者，死地也。

【注释】

　　① 去：离开。

【原文】

　　是故散地，吾将一其志①；轻地，吾将使之属；争地，吾将趋其后；交地，吾将谨其守；衢地，吾将固其结；重地，吾将继其食；圮地，吾将进其途；围地，吾将塞其阙②；死地，吾将示之以不活。

【注释】

　　① 一其志：统一士卒心志。

　　② 塞其阙：塞住缺口。

【原文】

故兵之情①：围则御，不得已则斗，过则从②。

【注释】

① 兵之情：兵卒的心理。

② 过则从：深陷于十分危险的境地，就会顺从指挥。

【原文】

是故不知诸侯之谋者，不能预交；不知山林、险阻、沮泽之形者，不能行军；不用乡导者，不能得地利。四五者不知一①，非霸王之兵也。夫霸王之兵②，伐大国，则其众不得聚；威加于敌，则其交不得合。是故不争天下之交，不养天下之权③，信己之私④，威加于敌，故其城可拔，其国可隳⑤。施无法之赏，悬无政之令⑥，犯三军之众⑦，若使一人。犯之以事，勿告以言；犯之以利，勿告以害。

【注释】

① 四五者：泛指前面所述几方面。不知一：有一件不知道都不行。

② 霸王之兵：这里指强大的军队。霸、王：古代对诸侯的首领叫"霸"，对诸侯的共主叫"王"。

③ 养：事，侍奉。权：权贵，有权的势力。

④ 信：通"伸"，伸展。

⑤ 国：诸侯的国都，也可作国家解。隳：同毁，毁坏，毁灭。

⑥ 悬：悬挂。此指颁布。

⑦ 犯：用。

【原文】

投之亡地然后存，陷之死地然后生。夫众陷于害，然后能为胜败①。

【注释】

① 为胜败：操纵、主宰胜败。

【原文】

故为兵之事，在于顺详敌之意①，并敌一向，千里杀将，此谓巧能成事者也。

【注释】

① 详：详知、详察。

【原文】

是故政举之日①，夷关折符②，无通其使，厉于廊庙之上③，以诛其事④，敌人开阖⑤，必亟入之，先其所爱，微与之期⑥。践墨随敌⑦，以决战事。是故始如处女，敌人开户；后如脱兔，敌不及拒⑧。

【注释】

① 政举之日：决定战争之日。

② 夷关：封锁关口。折符：销毁通行标志，即不通使节。符：古时进出国境等所持的符节、信物，相当于通行证。

③ 厉：磨。引申为研究讨论。廊庙：庙堂，君主议事之处。

④ 诛：治理，这里指商议决定。

⑤ 开阖：比喻有可乘之隙。阖：门扇、门，打开门户。

⑥ 微：无。

⑦ 墨：木工的墨线、绳墨，可引申为规矩和原则。

⑧ 拒：抵御，抵抗。

【品鉴】

故善用兵者，譬如率然。率然者，常山之蛇也。击其首则尾至，击其尾则首至，击其中则首尾俱至。

孙子在这里描绘了精诚团结、协同作战的画面，以常山之蛇"率然"的特性来说明军队作战协调一致的重要性。常山，即今山西浑源之南的恒山。率然是古代传说中的一种蛇，《神异经·西荒经》记载："西方山中有蛇，头尾差大，有色五彩。人物触之者，中头则尾至，中尾则头至，中腰则头尾并至，名曰率然。"孙子在本篇中提到"常山之蛇"，就是以这种蛇的特殊自卫功能来说明军队作战要"齐勇若一"，这样才能提高战斗力。就像常山之蛇，凡有外物接触时它反应灵活，打它的头，尾就来救应；打它的尾，头就来救应；打它的中部，头尾都来救应。其最大特点是整体各部分能相互协调作战，整体与部分密切沟通，动作整体如一。

"常山之蛇"之喻，包含着一种系统论思想在里面。常山之蛇就像一个结构严整、功能齐全的系统，作为系统的整体，都是由部分构成的，但整体力量并不简单等于部分的力量之和。现代系统论认为，如果把局部力量合理地排列组合，整体力量会大于局部力量之和。现代化的军队已发展成为诸兵种的合成军队，协同作战是现代战争的客观要求和必然方式。服从指挥的军队，协同作战，秩序井然，有条不紊，因敌应变，团结一心，众志成城，则战斗力倍增，否则，就是乌合之众。

"常山之蛇"之喻，还包含着军人牢固树立集体主义观念的重要性。俗话说，军令如山倒，个人英雄主义是用兵的大敌。孙子说："深入则专，主人不克。"其中"专"字即专心一意、团结一心的意思。军队是武装的斗争集团，要有严格的组织和铁的纪律，组织强，纪律强，团结一心才能有战斗力。也就是孙子讲的，只有"齐勇若一"，作战时指挥千军万马"携手若使一人"，这样才能"并敌一向，千里杀将"。

既然是协同作战，有两点是必须满足的前提条件，其一是要有一支高素质的团队，其二是团队要有非常好的协调性。就第一点来说，高素质的团队离不开高素质的人才，因此网络人才就成为一项重要任务。善于网络人才并能把人才很好地组织起来形成协同作战的整体，就能保证事业的成功，战争如此，其他行业也是这样。西楚霸王项羽是一个家喻户晓的名字，成就了霸业但没能成就帝业，因此，在回顾历史的时候，项羽在很大程度上都是"失败"的代名词，都是反面教材的典型人物。项羽乃至楚汉争霸对于中国企业和中国企业家都有不少的借鉴和警醒意义。"一个好汉三个帮"这句古语在项羽和刘邦身上体现得淋漓尽致，对前者来说是失败，而对后者来说是成功。刘邦之成功，离不开由众多人才所组成的协同作战的团队。刘邦身边人才济济，文有张良、陈平、萧何等，武有韩信、樊哙、彭越等，也正是这些文臣武将充分弥补了刘邦个人能力的不足，形成了很好的互补型团队，最终成就了帝业。反观项羽，名副其实的霸王，身边真正用得上的得力助手只有"亚父"范增和"堂叔"项伯，对项羽来说，单打独斗的力量永远比不上团队作战。

三国时期，魏蜀吴三足鼎立，分别以自己的优惠政策吸引人才，组成自己的智囊团。因为他们都知道人才是关系到事业成败的根本。各类人才，也发挥自己的特长，像滚雪球一般集聚而来，渴望施展自己的抱负。曹操经荀彧推荐得到了程昱，程昱继而推荐郭嘉，郭嘉又推荐刘晔，刘晔又推荐满宠、吕虔，满宠、吕虔又共同推荐毛玠。就这样，曹操的智囊人物短时间内便济济一堂。在东吴一边，孙权15岁继位为吴主，重用和选拔一茬又一茬年轻人。周瑜向孙策推荐了江东二张（即张昭、张纮），向孙权推荐了鲁肃，鲁肃接着又向孙权推荐了诸葛瑾，张纮又推荐了顾雍，以后"连年以来，你我相荐"，文得阚泽、严畯、薛琮、程秉、朱桓、张温、骆统等，武得吕蒙、陆逊、徐盛、潘璋、丁奉等，形成了东吴集体的骨干力量。可见选拔人才并形成自己智囊团，是成就事业的前提条件。智囊团就是一个协同作战的整体。

《淮南子·兵略训》中记载："夫五指之更弹，不如卷手之一挃；万人之更进，不如百人之俱至也。"就是说，一个指头轮番敲打，不如攥紧拳头牢牢箍住；一万人轮番进攻，不如一百个人同时动手力量强大。这就是孙子所谓"并敌一向"。团队精神与整体协调思想对现代企业管理也有重要启示。企业要实现管理绩效的最大化，就必须使企业的内部环境和外部环境有机协调起来。首先是内部系统的相互配合，要实现企业的战略目标，就必须使各子系统有机结合，局部力量与整体力量相统一。美国著名军事家、管理学家威廉·A·科恩认为，无论是军事战略，还是市场竞争战略都需要协同原则，他强调组织内部各个部分通过协同，使次优现象降到最低限度，以便使节约和集中的原则易于实现，从而取得最佳的协同效果。同时还要加强内部和外部环境的联合，即在分析的基础上，把内部系统和外部环境联合成一个整体，统一考虑、统筹安排，其特点是多角度、多层次、开放性，它克服了传统管理理论中孤立、片面的弱点，突出企业的社会性。

能够统筹各方面力量协调一致地开展工作，本身就是领导力的重要体现。领导就是激励他人自愿地在组织中做出贡献，就是创造一种氛围，推动人们努力取得成功。这种成功应该是领导者和员工的双赢，大家共同向着企业的目标迈进。一个卓越的领导者应当具有全面统筹和协调的能力，如要有预见性和发现市场的敏锐性。这就是通常所说的商业头脑。就像比尔·盖茨的"当机立断"和IBM的"错失良机"。20岁的盖茨从报摊一本杂志的封面上看到革命性的新微电脑装备MITS阿尔塔8080，他立即感到应该为那台单纯的小机器发明一种程序语言，预见到个人计算机革命才刚刚开始，将来个人电脑的普及对软件的需求将无穷无尽。盖茨预见到一个广阔的新兴科技领域的出现。在盖茨夜以继日地为占领未来软件市场奋斗的时候，IT产业的龙头老大IBM却认为PC机没有前途，仍然坚持搞大、中型计算机网络终端的方向，结果丢掉了IT行业的头牌地位。对于企业领导者而言，具有预见性和发现市场的敏锐性，具有把握机会的能力和当机立断的魄力，是头等重要的。还有，要有坚韧不拔的信心和毅力。成功学理论也教导人们要有远大的理想和明确的目标以成就伟大的事业。问题的关键是，成功的领导人不仅要具有远大目标和坚强信念，还要有能力有毅力克服困难去实现自己的目标。再有就是要有组织协调各种力量形成团队精神的能力，现代企业的领导人带领的是一支庞大而复杂的团队，如果没有全体员工的积极支持和参与，即使绝顶聪明的人也难以独自驾驭企业取得成功。团队精神是一种独特的企业文化，是企业凝聚力的灵魂。培养企业的团队精神，就是培植一种共同实现企业目标的理念，这种共同理念是一种无形的推动企业前进的巨大力量。善于培育和引领团队精神，是企业家成功的一把钥匙。引领企业形成团队精神，企业家的个人魅力也很重要。现在，企业家的个人魅力被越来越多地关注和议论，有魅力的领导人是受人欢迎和喜爱的，是有亲和力和感召力的，个人魅力是品格的集中表现，优秀的品格就是力量。有远大志向和梦想，有独特执着的性格，有毅力勇气和自信，有积极的生活态度，有智慧和幽默感，这些构成个性中迷人的魅力。有研究指出,这样的领导人对创新过程来说是至关重要的,因为他们的下属更自信,更相信领导,也更富有创造精神。

杰克·韦尔奇通过经营思想的转变,让员工感觉到他们与公司的未来紧密相关,韦尔奇希望在通用电气的员工和业务之间注入一种共存精神,推出"合力促进"的计划。包括:增强员工对管理层的信任、对员工充分授权、减少不必要的工作、加速传播通用电气的企业文化。"博克"牌洗衣机的诞生最能说明通用群策群力的管理思想。在通用电气的家电部有一个专门生产洗衣机的工厂,从1956年建厂以来的30多年间,经营得非常不好,生产出来的老式产品卖不出去,1992年亏损了4700万美元,1993年上半年又亏损了400万美元。1993年秋,公司决定卖掉这家企业。这时候,一个名叫博克的公司副总裁站了出来说,"这么多工人怎么办?请给我这个机会,我一定想办法使公司转危为安。"博克先生首先召集了20个人,采取群策群力的方法,用20天时间向总部提交了一份改革报告,韦尔奇总裁支持这个建议,马上批给7000万美元对企业进行技术改造。"群策群力"讨论会不仅带来了明显的经济效益,而且能让职工广泛参与管理,感受运用权力的滋味,从而大大提高了职工的工作热情。群策群力活动把本来毫不相干的人们聚集到了一起,人们看到公司的言行一致,他们的信任感在这个过程中不断增长,智慧的火花不断迸发。过去只被要求贡献时间和双手的人们现在感到他们的头脑和观点也开始备受重视了。

现代管理学特别强调领导的协调性,认为领导的主要职责就是协调。作为一个单位的主管,掌握好协调艺术,善于协调,就像乐队指挥掌握指挥艺术一样同等重要。

故为兵之事，在于顺详敌之意，并敌一向，千里杀将，是谓巧能成事者也。

孙子在这里主要是强调作战中的关键是要抓住时机、抓住机遇，从而集中兵力，乘虚而入，赢得胜利。这句话的意思就是说，用兵作战，在于假装顺从敌人意图，一旦有机可乘，便集中兵力指向敌人一处，长驱千里，这就是所谓巧妙用兵能成大事的意思。战场是力量的较量，俗话说"机不可失，时不再来"，作战要善于利用特定的天时、地利等条件，把握时机特别重要。机遇被比喻成兵家的"衢地险关"，要使自己事半功倍，关键在于掌握时机。

李世民智破薛军就是抓住了战场上的大好时机。隋朝末年，天下大乱。隋将薛举、李渊先后称帝。为夺取天下，薛、李之间征战不停。公元618年，薛举的儿子薛仁杲率大军包围了李渊的泾州（甘肃泾川北），大败泾州守军。李渊闻报后，急派秦王李世民率军救援。李世民进入泾州城，坚守不出。薛仁杲派将士前去挑战，百般辱骂。一些将领按捺不住，对李世民说："贼兵如此轻侮我们，我军已今非昔比，怕他们什么？"李世民道："我军刚刚打了败仗，士气不振；贼军接连取胜，士气旺盛。在这种情况下出兵，必败无疑。所以，只有紧闭城门，以逸待劳。贼军狂妄至极，日子多了，必然由骄而生惰。而我军士气则可逐渐恢复，到那时，寻机一战定可大获全胜。"李世民正是把握住了作战的好时机，赢得了战争的胜利，薛仁杲最后投降了李世民。

机遇是每个人事业发展的关键环节，人们常说"识时务者为俊杰"。认清时势把握机会，甚至创造机会，才能使自己获得成功。经营活动是充满各种风险的活动，甚至会陷入绝境。有的企业在绝境中破产了，垮台了，而有的企业却在绝境中显出新的生机。破产的，一定是没有找到新的生路，甚至根本没有寻求生路，听天由命；而成功的，一定是不为眼前困难吓倒，在绝境中冷静地寻找新的生路，顺应事物发展规律，适应市场需求，确定新的发展战略。1970—1979年先后发生3次全球性的石油危机，石油价格由10年前的每桶1.8美元，猛增至32美元。在一次次冲击面前，西方许多耗能企业纷纷落马，经营陷入一片混乱。日本的一些企业经受了冲击的考验，把危机转变成新的生机，使其经济更富有竞争力，从而在危机中求生存、谋发展。日本企业成功的奥秘在于它们没有和石油生产国进行对抗，而是另辟蹊径，一方面与石油大亨们搞好关系，确保石油来源，另一方面抓住人们追求低耗的新趋势，开发低耗技术产品，生产了用电子控制的节能型小汽车，其价格是美国产品的一半。随着日本小汽车不断地涌入西方市场，日本获得贸易顺差。所以日本在石油危机中反而得到好处。

战争如此，经济发展如此，人生亦如此。在人生旅途上，几乎人人都会遇到"良机"，聪明的人往往能抓住它，不会任由它从身边溜走。在生活中，只要你仔细留心身边的每一件事，每一件小事当中都可能蕴藏着相当的机会，成大事的人绝不会放过每一件小事。他们对什么事情都极其敏感，能够从许多平凡的生活事件中发现很多成功的机遇。为什么总有人说，好运气总是擦肩而过，而另外的一些人却可以及时发现机遇，并牢牢把握住，差异就在于当机遇来临时，是否善于发现、善于把握。许多著名的事业家和企业家都是由于善于捕捉机遇而成功的。

投之亡地然后存，陷之死地然后生。

本篇名为"九地"，其中有散地、轻地、争地、交地、衢地、重地、圮地、围地和死地。孙子仔细分析了这些不同类型的地形，并从战略战术的实施上提出了精辟的论点，即散地不宜战，交地行军不能间断，争地不宜进攻，衢地应结交诸侯，重地应获取粮食，圮地应迅速通过，围地应设计谋路,死地应拼死一战,等等。在这种详细分析的基础上,孙子提出了一个重要思想,这就是:越是把军队投入危险的地方,越是能激发士卒们团结对敌的情绪,创造转败为胜、化险为夷的奇迹。这就是他所提出的"死地""绝地""亡地"等概念。他说:"疾战则存,不疾战则亡者,为死地,"也就是陷入了无路可走的境地,绝地就是离开本国,进入了敌国作战地区,"去国越境而师者,绝地也"。在孙子看来,死地和绝地都是指很难继续存活之地,所以有时又把它称作是"亡地"。孙子看到了战争中人的求生本能,就是把军队置于无路可走的境地,死也不会败退,既然士卒连死都不怕,就都会尽力作战了。所以孙子提出"投之亡地然后存,陷之死地然后生"。把军队投放在必亡之地然后才能保存下来,把士卒置于必死之地反而能得以生存。孙子不仅看到了人们在绝境下的求生本能,并提出要利用这种本能在危险的情况下转危为安,进而夺取战争的胜利。

战争不仅是智谋的较量,也是力量的较量,更是意志和决心的较量,有时候,意志和决心所发挥的能量在一定条件下改变力量强弱的对比。在九死一生的被动情况下,利用全体将士的求生欲望,焕发他们决一死战的勇气,变被动为主动,从而反败为胜,这就是历代军事家们所说的"置之死地而后生"。孙子在本篇还说过:"帅与之深入诸侯之地,而发其机,焚舟破釜。"说的是,将领统帅军队深入诸侯国土,要像击发弩机射出的箭一样,使其一往无前,烧掉船只,砸破军锅,表示必死的决心。从中国战争史上看,应用"破釜沉舟"的策略而取胜的有很多典型战例,如项羽与章邯的巨鹿之战、朱元璋率红巾军夺取太平城,还有韩信的"背水列阵"等,都大大激发了将士不畏任何强敌的战斗意志,从而取得了胜利。

公元前204年10月间,韩信率大军越过太行山对赵国发动进攻。赵军依托地势险要的井陉口准备迎战。井陉口是太行山八大隘口之一，其西面，有一条长约百里的狭长隧道，山势陡峭，易守难攻。韩信有意避开这条隘路，指挥全军在井陉口以西30里驻扎。接着，一面派2000名精干士卒，沿小道迂回到赵军大营侧后方，埋伏下来。另一方面，派1万人马作为先锋，开进到井陉口附近一条河的东岸，沿着绵蔓水摆开阵势。赵军发现汉军的一支人马背水列阵，无路可退，都讥笑韩信不懂兵法。汉军布阵之毕，便在又一个早上派出主力向赵军营地杀来，陈余眼见得敌寡我众，又占据有利地势，于是倾巢出动，意欲一鼓作气，将汉军击退到绵蔓水中。双方经阵前交锋，汉军佯败，旗鼓仪仗等扔得遍地都是。赵王歇及陈余见此情景，当即下令全速追击。此时，潜伏在附近的2000名汉军趁敌营空虚，把赵军旗帜拔下，插上汉军的旗帜。韩信带着汉军主力退到绵蔓水后，和背水列阵的汉军会合起来，同赵军展开了殊死决战。汉军人人奋勇，个个争先，虽遭受赵军猛烈攻击，但始终坚守阵地，使赵军前进不得。汉军与赵军背水一战，赵军仍未能取胜，只好鸣金收军。当他们回首一望时，发现赵军营寨上遍插汉军旗帜。本来已疲惫不堪的赵军，见此情景更是惊恐万状，纷纷逃命。韩信指挥全军乘胜追击，在楚汉相争的一次关键性战役中夺取了胜利。唐代诗人王涯在《从军行》里，生动描述了井陉口大战，盛赞韩信的高超谋略和指挥艺术。"戈甲从军久，风云识阵难。今朝拜韩信，计日斩成安。"（成安即成安君陈余）韩信率领的汉军之所以能在此次战役中取得全胜，是因为他对《孙子兵法》里说的"投之亡地然后存，陷之死地然后生"心领神会，故意把士兵带到危险的困境，诱发他们的抗争意识，结果不仅死里逃生，还将赵军打得大败。

战争是这样，市场竞争中同样如此。对于一个企业，在无法与同行竞争的情况下，就应避免与对方正面交战，应另辟蹊径，争取转机，想办法激发全体职工的决心，共同渡过难关。人们在最困难的时候，往往也是发生转机的时候，只要坚持奋斗，便可以创造转败为胜、起死回生的奇迹。只要有"置之死地而后生"的抗争精神，什么困难也就都能克服。

吴人与越人相恶也，当其同舟而济，遇风，其相救也如左右手。

孙子在讲协同作战时举了这样一个例子，吴国人与越国人相互忌恨，但当他们同船渡河而遇上大风时，他们却能相互救助，配合默契就像人的左右手一样。孙子讲完常山之蛇的故事后又讲了这样一个吴人与越人的故事，其实都是在强调一个观念，那就是协调与合作，这让我们想到现在人们经常说到的一句话，就是合作双赢。吴人与越人本来相互仇恨，但在特殊的情况下也能合作，也只有这样，才能达到目的，实现双赢的结果，否则就是两败俱伤，这就是合作式竞争的道理。

合作式竞争又称"竞合"，该词出自英特总裁安迪·格洛夫，是一种新的竞争理念和竞争形式。传统竞争是你赢我输，合作式竞争的结果是双赢。现代企业之间的关系，也经过了由竞争向竞争与竞合同步运行的过程。自资本主义生产方式问世以后，先是经历了自由资本主义阶段，企业之间充满了白热化竞争，在此阶段，人们看到的主要是"优胜劣汰"的规律起作用，企业之间的合作不是主要的。到垄断资本主义时期，一些竞争力很强的企业在自己所在的行业里形成了垄断集团，它们与周围的中、下企业之间仍进行着激烈竞争；但在垄断集团内部呈现了更多的利益契合点，也就是形成了一损俱损、一荣俱荣的共赢格局。到了第三阶段，也就是由工业社会走向后工业社会即信息社会之后，竞争的格局具有了新的特点，此时，企业经营的规模和范围空前扩张，特别是跨国公司的出现使企业之间的联系愈益紧密，信息手段发达带来彼此之间交往的频繁，众多的企业家之间便产生了更多的利益契合，也就是有了更多的双赢机会。应当说，合作式竞争或双赢是历史发展的必然趋势，社会生产力愈发达，社会愈进步，分工和专业化程度也就愈高，行业与行业之间的联系也就愈紧密，同时，企业家与顾客之间的利益差距也会变得越小。这就将会出现更普遍的共谋发展而双赢的格局。这种格局不只存在于企业与企业间，也存在于企业与顾客之间。这就是说，无论是企业家与企业家之间，还是企业家与顾客之间，都不可能离开满足他人利益而单独地满足自己的利益，彼此之间，已不再是一方打败或吃掉另一方，或一方片面地损伤另一方，而是变成了相互依赖、共同发展、共同满足，最后达到了双赢。可见，随着社会发展和人类文明的进步，人们的思维能力、思维方式发生了很大变化。在经济领域里人们不再固守"成王败寇"这一传统思维模式，而是慢慢地在寻找一种"互惠互利"的合作模式了。人们也逐渐认识到，只有在双赢思维下，才能实现冲突各方的利益均衡，找到他们之间的利益支点。可以说，时代的发展已经让企业界能够做到共存共荣，既有竞争又有合作，最终共同进步——说到底，这是一种良性的竞争。如麦当劳与肯德基、可口可乐与百事可乐等，它们始终保持着自身的优势，而又始终在比拼。我们可以说，这是一个充满竞争的时代，但不是一个你死我活的时代。

现代社会中的现代企业文化，追求的是团队合作精神。所以，不论对个人还是对公司，单纯的竞争只能导致关系恶化，使成长停滞；只有互相合作，才能真正做到双赢。厉以宁教授在东北进行学术演讲时引用的几则小故事，其中《龟兔赛跑——最终双赢》一篇，可以让我们看出合作双赢的意义。《龟兔赛跑》是中国人耳熟能详的寓言，我们在孩童时代就被灌输骄兵必败的思想，似乎只要埋头苦干即使先天条件不足也一定能赢得最终胜利，但是试想一旦吸取教训的兔子不再轻敌，跑得比乌龟还要卖命，岂不是断了乌龟取胜的希望？面对失败，乌龟提出了要求：比赛的路线需经过一条河。这回兔子望河兴叹，乌龟却不慌不忙地游到岸边，得了第一。当龟兔商量再来比一次时，它们突发奇想：既然寸有所长，尺有所短，为何不利用各自的优势来合作一次呢？陆地上兔子驮着乌龟跑，到了河里，乌龟驮着兔子游。两个竞争者变成了合作者，在同样的时间里，它们走的路更远了，看到的风景更多了。它们一路扶持，相互鼓励，就算遇到坎坷艰辛也因相互的支持而增强了战胜困难的勇气。

可见，双赢策略其实是一种很高的智慧，帮助别人的同时也接受别人的帮助，双方最终将获得独自奋战所不能拥有的东西。有这样一则类似寓言的故事：一个人请求上帝带他看看什么是天堂，什么又是地狱，上帝答应了。原来天堂和地狱的客观环境完全是一样的，每个人都只拥有一样东西，有的只有水，有的只有食物，有的只有娱乐用品……地狱中一片凄惨景象：那里的人都不肯与别人分享自己的拥有，奄奄一息了还紧抱着各自的物品不松手。而天堂却充满了欢笑和健康，大家无所保留地提供出自己的物品，也分享到别人的拥有，个个红光满面，人人在互惠中获得快乐。世上本没有什么天堂和地狱，就看人们如何创造。智者用协作来营造天堂，愚者在闭锁中走向地狱。大到一个国家、一个地区，小到一个企业、一个人，都需要在合作中完善自己。

外国一位著名的企业家曾说过：当别人遇到困难时，我不会坐视不管，我会尽力帮助他，这样做不但不会让我损失什么，反而会给我带来荣誉，让我的事业更加顺利。这便是一种双赢的智慧。当我们在帮助别人的时候，无形之中体现出自己的价值，让自己赢得竞争中的优势。因此，我们应善于利用双赢的智慧，用自己的长处来弥补别人的短处，从而使自己的长处得到彰显。相反，当我们不善于采取双赢的智慧，不乐于施助于人时，那么自己本身的发展便会极为缓慢，因为我们没有体现出自己的价值，不会获得别人的信任。由此可见，通过帮助别人来彰显自己的长处，这种双赢的智慧可以促进我们自身的发展。那么，我们要懂得帮助别人，自己身处危难之时，别人也会来帮助我们，这样更有利于我们的进步。

零和游戏原理之所以广受关注，主要是因为人们发现现在社会的方方面面都有与零和游戏类似的局面，胜利者的光荣后面往往隐藏着失败者的辛酸和苦涩。从个人到国家，从政治到经济，似乎无不验证了世界正是一个巨大的零和游戏场。这种理论认为，世界是一个封闭的系统，财富、资源、机遇都是有限的，个别人、个别地区和个别国家财富的增加必然意味着对其他人、其他地区和国家的掠夺，这是一个弱肉强食的世界。但20世纪人类在经历了两次世界大战，经济的高速增长、科技的进步、全球化以及日益严重的环境污染之后，零和游戏观念正逐渐被"双赢"观念所取代。人们开始认识到只要通过有效合作，皆大欢喜的结局是可能出现的。但从零和游戏走向"双赢"，要求各方要有真诚合作的精神和勇气，在合作中要遵守游戏规则，否则"双赢"的局面就不可能出现。

"共生"是宇宙中的一种普遍现象，也应该是现代社会不可或缺的基本理念，今天的人类比以往任何时候都要更加自觉地意识到，大家实际上是彼此依赖、共生共存的，这种共生感的提升，会构成一种对人类共同利益的普遍维护和对整体生存的责任意识。共同的生活源于共同的利益，共同的利益需求会形成共同的生活意识和生活方式，这是经济全球化趋势下无法割断的生存逻辑。共生共存理应成为现代人的理性选择和道德期待，也必然成为现代人生存方式的基本姿态。尤其是在全球化背景下，国家间经济合作和相互依赖的程度不断加深，国际行为和跨国交往迅猛发展，国家利益是错综复杂的国际关系产生、发展、变化的基本动因，追求、维护正当的国家利益成为各国对外战略的基本目标之一。在这种情况下，人们越来越认识到，国家主权和国际组织的关系是非零和博弈，不是一方最终取代另一方，而是共生、共存的双赢结局。

火攻篇

火攻，在古代战争中是一种特殊而有效的进攻手段。本篇概说火攻的种类、目的、条件以及放火后的应变等问题。篇末讲战争乃国家大事，需要慎重决断，方可安国全军。孙子警告明君良将"亡国不可以复存，死者不可以复生"，所以"主不可以怒而兴师，将不可以愠而致战"，讲得深刻而痛切，体现了孙子慎战的思想，实是至理名言。

孙子对兵法的系统总结以及强调在战术战法使用上的灵活机变，并不是为战而战，并不主张盲目发动战争，而认为君主将帅在发动战争时要充分考虑战争的目的、发动战争的必要性，要体恤陷入战争的百姓苍生、普通士卒，他警告对于战争"明君慎之，良将警之"，与本书开篇相呼应，再一次体现了孙子对于战争的审慎态度。

【原文】

孙子曰：凡火攻有五①：一曰火人②，二曰火积③，三曰火辎，四曰火库④，五曰火队⑤。行火必有因，烟火必素具。发火有时，起火有日。时者，天之燥也；日者，月在箕、壁、翼、轸也⑥；凡此四宿者，风起之日也。

【注释】

① 火：用作动词，烧，焚烧。
② 人：指敌军。
③ 积：委积之物，如粮草。
④ 库：军械库。
⑤ 队：通"隧"，攻城的地道。
⑥ 箕、壁、翼、轸：我国古代文学史中二十八宿里面的四座星宿的名称。当时的天文学家认为月亮运行经过箕、壁、翼、轸四个星宿时，就会起风。

【原文】

凡火攻，必因五火之变而应之。火发于内，则早应之于外①。火发兵静者，待而勿攻；极其火力②，可从而从之③，不可从而止。火可发于外，无待于内，以时发之。火发上风，无攻下风。昼风久，夜风止。凡军必知有五火之变，以数守之。

【注释】

① 火发于内，则早应之于外：从敌人内部放火，就要及时派兵从外部策应。

② 极其火力：加强火势。

③ 可从而从之：可以借火进攻就用火攻。

【原文】

故以火佐攻者明，以水佐攻者强；水可以绝①，不可以夺。

【注释】

① 绝：断绝。

【原文】

夫战胜攻取，而不修其功者①，凶，命曰"费留"②。故曰：明主虑之，良将修之，非利不动，非得不用，非危不战③。主不可以怒而兴师，将不可以愠而致战④；合于利而动，不合于利而止。怒可以复喜，愠可以复悦，亡国不可以复存，死者不可以复生。故明主慎之，良将警之，此安国全军之道也。

【注释】

① 修：建立。

② 命：命名。费留：费指耗费资材。留：指滞留不归。枉费国家的人力、物力，使军队久留在外。

③ 非危不战：不是危迫不得已不作战。

④ 愠：愤怒，怨恨。

【品鉴】

故以火佐攻者明，以水佐攻者强。

《火攻篇》中，孙子介绍了用火烧毁敌方的营寨、积蓄、辎重、仓库、粮食等五种形式，指出了火攻必须具备的条件：要看天时、要选择有风的日子、要在上风头、要用兵力配合，等等。最后孙子得出结论：借助火和水的力量，可以明显地增加自己的力量，从而轻易地夺取战争的胜利。孙子指出，用火辅助进攻的，明显地容易取胜；用水辅助进攻的，攻势可以得到加强。战争中无论是使用火攻还是使用水攻，都是一种特殊的战斗形式。战争是追求胜利的，只要能打败敌人，使用什么样的手段并不重要，重要的是所使用的手段应该在什么样的时机和场合下使用。孙子对此有清醒的认识，火攻必须有有利的天气条件，火攻的目的是烧营寨、积蓄、辎重、仓库、粮食，给敌方增加困难，扰乱敌人，乘机取胜。作为极其有效的战争手段，火攻和水攻时常被兵家使用，周瑜火烧赤壁、诸葛亮火烧新野、陆逊火烧连营都是人们熟知的成功战例。尤其是赤壁之战，曹操二十万大军压境，孙、刘几万人马应对，完全处于劣势，但孙、刘巧借东风火烧赤壁，大败曹军。东汉时期皇甫嵩利用火攻击败黄巾军，还有三国时期的猇亭之战等，都是利用火攻的著名战例。

在战争中，借水、火及其他辅助力量可以使弱者变为强者，使劣势转为优势。在现代商战中，思维敏捷的商人们最是巧借东风的行家里手。

一个善于用人、善于安排工作的人就会在管理上少出很多麻烦，他对于每个雇员的特长都了解得很清楚，也尽力把他们安排在最适宜的位置上。许多精明能干的总经理，在办公室的时间很少，但他们公司的经营丝毫未受不利的影响，秘诀只有一条：他们善于把适宜的工作分配给最适宜的人。如果你所挑选的人与你的才能相当，那么你就像用了两个人一样。如果你所挑选的人才，尽管职位在你之下，才能却超过你，那么你用人的水平就可算得上胜人一筹。钢铁大王卡内基曾经亲自预先写好他自己的墓志铭："长眠于此地的人懂得在他的创业过程中起用比他自己更优秀的人。"在知识经济社会里，知识的价值被前所未有地凸现出来，那种没有文化只会出粗力的体力工当然不能称为"人才"（虽然他们需要获得世人同等的尊敬），但也不能以为只有那些文化水平高、能言善辩的人才是"人才"。美国哈佛大学著名发展心理学家霍华德·加德纳教授提出，人类至少存在七种以上的智能，语言智能、数学逻辑智能、音乐智能、身体运动智能、空间智能、人际关系智能和自我认识智能，每一种智能在人类认识世界和改造世界的过程中都发挥着重大的作用，而且具有同等的重要性。作者还认为每一个人与生俱来都在某种程度上拥有这七种以上智力的潜能，环境和教育对于能否使这些智力潜能得到开发和培育有重要作用。因此人的能力不仅包括知识和教育，还包括各种各样的智能和专业技能，还应该包括一些实际的人生经验，例如比尔·盖茨就说过，"近年来，微软有意聘用了一些曾在逐渐败落的公司里工作过的经理。当你的事业在走下坡路时，你就不得不发挥自己的创造性，夜以继日地潜心思考。我想让我们的公司中有一些经历过此境界的人。微软将来肯定会遇到挫折和失败，而我想要那些已证明了自己在逆境中能干得出色的人们聚在我们的麾下。"

派克笔在世界书写工具中素享盛誉，拥有派克笔，往往是一个人身份和地位的象征。派克公司也因生产高品质的派克笔而兴旺发达。但人们对派克笔的辉煌历史究竟知道多少呢？1943年到1944年期间，第二次世界大战进入了最艰难的阶段，派克公司赠送给盟军欧洲战区总司令艾森豪威尔将军一支派克笔，这支钢笔是派克公司特制的，其贵重之处在于其笔杆上镶有象征艾森豪威尔四星上将军衔的由纯金制造的四颗金星,其主要目的在于赞扬艾森豪威尔将军在第二次世界大战中所取得的辉煌成就,以及为人类和平做出的巨大贡献。两年后,盟军终于在第二次世界大战中获得了彻底的胜利,艾森豪威尔将军就用这支派克笔在纳粹德国的投降书上签字。1962年,在人类首航宇宙获得成功之后,美国太空人格林上校飞绕地球三周获得又一次成功,为纪念这一对人类历史具有重大意义的壮举,派克公司又制作了一支特殊的派克笔赠送给格林上校,这支用太空材料制作成的钢笔上刻有"美国进入太空纪念"字样。1972年,基辛格博士访问中国,随后美国总统尼克松也正式访问中国,并赠送毛泽东主席一支派克钢笔,这支笔的材料中含有"阿波罗"号宇宙飞船登陆月球后从月球上带回的月球尘埃。1987年12月,美国前总统里根和苏联领导人戈尔巴乔夫签署《撤出中远程导弹协议书》所使用的钢笔,也是由派克公司特别制作的,这两支笔都由纯银制成,笔上分别刻有里根和戈尔巴乔夫的姓名,协议签署后二人交换派克笔作纪念。

以上这些荣耀,一方面为派克公司增添荣誉,大大提高了它在世界上的知名度,另一方面也充分展示了派克公司在世界书写工具行列中的显赫地位。国际上生产名牌钢笔的厂家不计其数,唯独派克公司有这种与世界风云人物接触的殊荣,这就是派克公司事业辉煌的显著标志。牛顿曾说,他的成功是因为站在巨人的肩膀上,派克笔的成功是因为被握在巨人的手中。笔由于人的身份的特殊而分外名贵,与时代巨人打交道,很好地树立了形象,也是一条取得成功的捷径。这也是善于借力的结果。

类似的借助名人发大财的事也很多。"221—B"是指伦敦贝克街221—B号。英国作家柯南道尔在他的侦探小说中塑造的福尔摩斯先生就住在这个门牌号的屋子里。虽然福尔摩斯其人并不存在,虽然柯南道尔早已去世多年,但英国伦敦贝克街221—B号每年仍要收到许多来自世界各地的福尔摩斯崇拜者的信件。伦敦一位颇有眼光的商人对这块宝地分外垂青。他不惜本钱借这块宝地办了一家汽水厂，产品以"221—B"命名，商标上还印有福尔摩斯的侧面像。结果，他的221—B汽水走俏全伦敦市。市民们说："喝了221—B汽水，脑袋开窍多了。"

张瑞敏是一个创造奇迹的人。1999年12月7日，英国《金融时报》公布"全球30位最受尊重的企业家"，张瑞敏位列第26位。作为一个成功的企业领导者，张瑞敏具有全面成功的领导素质，而观念意识是其领导素质的核心，如战略意识、国际化意识、变革意识、危机意识、人本意识等，还有一项重要的要素就是借力意识。借力论是指企业能利用多少资源，就等于拥有多少资源，因此，海尔不强调自身拥有多少博士，而强调对最终成果利用的多少，这样，海尔通过借力，使自己的力量更强大、发展更全面。因为善于借力，海尔也特别强调无形资产的意义。海尔的发展，靠的是企业文化先行，强调无形资产比有形资产更重要。张瑞敏强调，海尔精神：敬业报国，追求卓越；海尔理念：海尔只有创业，没有守业；海尔作风：迅速反映，马上行动；海尔管理模式：日事日毕，日清日高；海尔人才观念：人人是人才，赛马不相马；海尔市场观念：卖信誉不卖产品，否定自我，创造市场；海尔售后服务理念：用户永远是对的；海尔发展方向：创中国的世界名牌；海尔名牌战略：要么不干，要干就要争第一，国门之内无名牌。这样的企业文化观念深入每个海尔员工的内心，借助文化这一无形资产，海尔不断实现新的跨越。

在鲁迅的故乡绍兴，借鲁迅作品中的人物、地名做企业名称、商品标牌已成为时髦，诸如"咸亨酒店""阿Q服饰""祥林嫂饭庄""祝福艺苑""阿贵酒店"等有十五大类127件。一家经营茴香豆的个体，靠"孔乙己"商标获得大发展，起初每月卖一二百公斤，后来能卖1500公斤，在市区占有率达90%以上。这些都是借助文化的内涵来提高商品销售魅力的成功案例。

主不可以怒而兴师，将不可以愠而攻战。合于利而动，不合于利而止。

孙子对战争可谓是慎之又慎，对战争的严重后果更有清醒的认识，因此，他总是以理性的态度对待战争。这里强调的是，国君不可因为愤怒而发动战争，将帅不可因为气愤而出阵求战。孙子在下文强调，愤怒了还可以恢复到高兴，而国家灭亡了就不能再恢复了，人气愤了还可以恢复到高兴，但是人死了就不能再生存了。正是由于生命的不可重复性，孙子对国君和将帅提出要理性和智慧地对待战争的要求。理性就是看作战是否有利，是否能胜。因此，孙子针对将帅易怒的特点，一方面告诫自己的将领轻易不要动怒，另一方面则建议多方挑逗敌人以激怒敌人。指导战争就是要从人的弱点上寻找突破口并加以利用，因为战争不仅仅是双方军事实力的较量，而且还是双方将帅心理素质的较量。一个不能控制自己的心理，不能把握自己情绪的将帅，将很难控制战争的局势，很难把握战争发展的趋势，因此将帅个人的心理素质是很重要的。

心理学认为，人的喜怒哀乐影响人的判断力，影响人的组织能力、指挥能力等等。喜形于色、怒形于色，是将军的大忌。军事科学对将帅心理素质的要求更高、更严，所以才有"千军易得，一将难求"之说，将帅只有在不怒的前提下，才能充分显示和发挥好智、信、仁、勇、严这五项素质要求。聪明成熟的将帅能控制住自己不怒，却能使对方大怒，"怒而扰之，卑而骄之"，就是善于使用激将法。沉着冷静、清醒理智是将帅必须具备的基本心理素质。同仇敌忾、英勇杀敌是军队士兵必须具备的士气。将帅沉着冷静、清醒理智，才能在纷繁复杂、瞬息万变的复杂局势中，准确地权衡利害，正确地判断识别哪些是诱饵之利，哪些是真正的必争之利。只有这样，才能取得最终胜利。也就是说，是否兴兵打仗不能以国君、民众的情绪决定，而要以是否符合国家利益为根本标准。历史上许多时候是由于情绪化因素起作用，使利益冲突得不到解决而酿成战争。

在《三国演义》中，刘备得知关羽被孙权斩杀，不顾众臣劝阻，倾蜀国之兵讨伐东吴，结果，杀弟之仇未报，自己却客死白帝城，可谓是一个惨痛的教训。刘备要举兵进攻孙权时，赵云说："篡夺国家的是曹操，而不是孙权，如能先灭掉魏国，则孙权自会屈服投降。所以，不应把大敌魏国置于一边而先去与吴国作战。伐吴不是一个上策。"许多大臣也纷纷劝谏，但刘备一概不听，怒而兴师，大举进攻吴国，结果被陆逊火烧连营，损失了大部分兵力，蜀军从此一蹶不振。吴蜀猇亭之战，以刘备的大败而告终，刘备也因此而送命。刘备失败的一个重要原因就是在愤怒之下而失去理智，轻率而出兵，忘记了与孙吴应是联盟关系而非生死对手，又长时间地与吴军对峙，致使自己的军队陷入困境，最终被陆逊击败。刘备正是犯了"主不可以怒而兴师"的错误。与此相反，魏国司马懿忍诸葛亮脂粉之辱，不轻易出战，最后大败蜀军。作为统帅，制怒事关大局，不可不予以高度重视。林则徐的座右铭就是"制怒"，可见控制情绪有多么重要，不仅如此，把"制怒"作为座右铭，也说明"制怒"本身并不是很容易做到，而是需要修炼工夫的。

现代心理学表明，人在生气发怒时，血液循环加剧，神经处于高度兴奋和紧张状态，因而在思考问题时不能冷静，往往凭意气用事，这样难免会出问题。卡耐基的一段话对我们会很有启发：当"智慧"已经失败，"天才"无能为力，"机智"与"技巧"说不可能，其他各种能力都已束手无策宣告绝望的时候，忍耐力便惠然来临，帮助人们取得胜利获得成功。坚忍是解决一切困难的钥匙，秉性坚忍，是成大事、立大业者的特征。这段话的结论就是：忍耐能战胜一切。作为管理者，要注意维护自己在团队和在他人心目中的地位和形象，不要把情绪带到工作中，树立领导的形象，团结下属，共同努力，做好工作。不要一看到令人恼火的事就大发雷霆而不计后果，其实，要使自己不发火、不责备他人并不难，只要平时养成一种超脱的胸怀，出了问题多考虑自己的责任，并积极承担责任。

孙子在本篇提到的"合于利而动，不合于利而止"的战争观，还有着极为重要的现实意义。它引导我们不仅要把利益理解为各国自己的利益，也要理解为各国共同的人类利益。这对今天尤其是当今世界和平具有启发作用，对我们把握世界局势起了引导作用。对我国而言，争取和平的国际环境，加速现代化建设的进程是中国人民的根本利益所在，也是与世界各国利益相联系的人类共同利益所在，一个和平发展的中国，一个富强文明的现代化中国，本身就是对世界的贡献。

用间篇

　　用间意为使用间谍。本篇主要论述使用间谍的重要性、种类及其方法，强调侦察了解敌情并给敌军造成错觉对作战的重要性。

　　用间是孙子知彼知己思想的直接表现，也是实现其全胜目标的必要手段。因此《孙子兵法》一书专辟一篇来总结用间规律。孙子指出，战争劳民伤财，若欲取胜，必先知敌情，先知就要用间。间谍有五种，善于用间的人要不惜代价地收买人心，并派不同的间谍潜入敌方。其要旨是虚虚实实，不为人知。关键是会巧用反间，利用最容易隐藏在敌人内部的反间，靠他来传递信息，推动和调控间谍活动，使其成为准确获取敌人情报的最有力保障。这就把用间的方式与策略提升到战争艺术的高度，正是间谍的使用对战争中信息的传递尤为重要，对战争胜败局势的扭转具有重要作用，用间常为古典兵学津津乐道。孙子对窃取情报的工具方法、保密的纪律、间谍的任务、反间的使用都做了系统的总结与梳理，这些内容既是对春秋战国时期战争中用间现象的规律性总结，同时也为后世的战争提供了良好的经验借鉴。

　　孙子认为战争中"无所不用间"，用间是人事所为，提出先知敌情"不可取于鬼神，不可象于事，不可验于度，必取于人，知敌之情者也"，反对迷信鬼神，反对对事物进行机械类比推测，也反对用仰观星象的做法，主张从知敌情的人的口中取得，体现出孙子将人作为预知敌情的最关键因素的用间观。

【原文】

孙子曰：凡兴师十万，出征千里，百姓之费，公家之奉①，日费千金；内外骚动，怠于道路，不得操事者七十万家②。相守数年③，以争一日之胜，而爱爵禄百金④，不知敌之情者，不仁之至也，非人之将也，非主之佐也，非胜之主也⑤。故明君贤将，所以动而胜人，成功出于众者，先知也⑥。先知者不可取于鬼神，不可象于事⑦，不可验于度⑧，必取于人，知敌之情者也。

【注释】

① 公家之奉：国家的开支。奉：供应，供给。

② 操事：操作农事，从事生产劳动。七十万家：按古代井田制度，据说八家为一个生产单位，一人应征，七家都要供给他的一切费用，因此，一个国家动员十万军队，就有七十万家不能很好地进行生产。

③ 相守：相持、对峙。

④ 而：如果、倘若。爱：吝啬、吝惜。

⑤ 主：主宰。

⑥ 先知：预先侦知察明敌情。

⑦ 象于事：对事物进行类比和推测。象：类比、比附。

⑧ 验于度：用日月星辰运行的度数来推验。

【原文】

故用间有五：有因间，有内间、有反间，有死间，有生间。五间俱起，莫知其道，是谓神纪①，人君之宝也。因间者②，因其乡人而用之③；内间者，因其官人而用之；反间者，因其敌间而用之；死间者，为诳事于外④，令吾间知之而传于敌间也；生间者⑤，反报也⑥。

【注释】

① 神纪：神妙的道理。

② 因：凭借，利用。

③ 乡人：乡是古代基层居民组织之一，一万二千五百家为一乡。乡人，指敌国本乡本土的老百姓。

④ 诳事：虚假情报。诳：欺骗、迷惑。

⑤ 生间：能活着送回情报的间谍。

⑥ 反：同"返"，返回，回来。

【原文】

故三军之事，莫亲于间，赏莫厚于间，事莫密于间①。非圣智不能用间，非仁义不能使间，非微妙不能得间之实②。微哉微哉，无所不用间也！间事未发，而先闻者，间与所告者皆死。

【注释】

① 密：秘密、隐密。

② 微妙：精细奥妙，这里指用心精密/手段巧妙。间之实：用间的实质、要旨。

【原文】

凡军之所欲击①，城之所欲攻，人之所欲杀，必先知其守将、左右②、谒者③、门者、舍人之姓名④，令吾间必索知之⑤。

【注释】

① 军之所欲击：准备攻打的敌方军队。此句为宾语前置结构句式，即"（吾）所欲击之军"。"城之所欲攻""人之所欲杀"句式同此。

② 左右：近臣，侍从。指守将的近侍。

③ 谒者：负责传达通报的人员。

④ 舍人：门客，指谋士幕僚。

⑤ 索：搜索、侦察。

【原文】

必索敌人之间来间我者，因而利之①，导而舍之②，故反间可得而用也。因是而知之，故乡间、内间可得而使也。因是而知之，故死间为诳事，可使告敌。因是而知之，故生间可使如期。五间之事，主必知之，知之必在于反间，故反间不可不厚也。

【注释】

① 因：由、就，可引申为顺势、趁机。

② 舍：舍弃，可引申为释放、放行。

【原文】

昔殷之兴也，伊挚在夏①；周之兴也，吕牙在殷②。故惟明君贤将，能以上智为间者③，必成大功。此兵之要④，三军之所恃而动也。

【注释】

① 伊挚：即伊尹，商朝贤臣、开国元勋。曾为夏臣，了解夏朝的情况。后归附商汤，商汤任用他为相，在灭夏过程中，伊尹发挥了很大的作用。

② 吕牙：即姜尚、姜子牙，俗称姜太公，曾为商纣王之臣。周文王以他为"师"，后来辅助武王灭殷建周，被封为姜太公。

③ 上智：此指智慧非凡之人。

④ 要：要害、关键。

【品鉴】

昔殷之兴也，伊挚在夏；周之兴也，吕牙在殷。故惟明君贤将，能以上智为间者，必成大功。此兵之要，三军之所恃而动也。

孙子说，在往昔，殷商之所以能得天下，兴建商朝，是因为商汤以伊挚（即伊尹）为相，伊挚曾在夏王朝为夏桀之臣，他了解夏朝的内情，成为商汤的内间，因此能帮助商汤推翻夏王朝；周朝之所以得天下，是因为有吕牙（即姜子牙，又称吕尚，姜太公是他的封爵）曾在殷朝做官，他熟悉殷朝的内情，作为周朝的内间，因此能协助周文王、周武王取代殷商政权，兴建周朝。所以，名君贤将若能派最有才干的人去做间谍，就一定能成功。这是用兵作战之要，全军都依靠其情报而决定行动。使用有才干的或了解敌人内情的间谍，可以胜敌，可以兴邦，可以建立功业。孙子用整整一篇的篇幅来论述用间，可见孙子对用间是非常重视的。孙子军事理论的主要基石就是"知彼知己，百战不殆"。相对而言，知己是比较容易做到的，难就难在"知彼"。而用间正是实现"知彼"的最重要、最可靠的途径。

在这个基础上，孙子进一步指出，是否用间，是关系到君主是否对国家、对人民具有高度责任感和仁爱之心的重大原则问题。两军对峙，动辄数年，国家和人民的人力、物力和财力消耗都十分巨大，"日费千金"，如果能使用间谍，及时、准确地掌握敌人的军情，一举击破敌人，甚至可以"不战而屈人之兵"，那么就不用花费这样巨大的人力、物力、财力了。如果不用间，不能深入地了解敌情，乃至于从内部进行分化瓦解以克敌制胜，这样就是对国家对人民缺乏责任感，对人民缺乏仁爱之心。可见，在孙子看来，是否用间是一个原则性问题，把它看作是"上智"之事，站在这样一个高度来看待用间的意义，的确是难能可贵的。

孙子把间谍分为五种类型：因间、内间、反间、死间、生间。即利用同乡关系从事间谍活动、收买敌国官吏做间谍、收买或利用敌方派来的间谍、故意散布虚假情报使敌方将我方叛逃的人员处死、派到敌方又能活着返回的间谍。这五种间谍同时并用，而反间尤其重要，因为反间是被我方收买、利用的敌方的间谍，他不仅掌握敌方的大量情报，同时还可以对因间、内间、死间、生间采取保护和消灭措施。指出反间在五间中所占的重要地位后，孙子强调只要上智为间，就一定能成大功。

"上智为间"的战例在历史上屡见不鲜。陈平是汉高祖刘邦的大谋士，曾为汉高祖"六出奇计"(《史记·陈丞相世家》)。公元前204年，刘邦被项羽包围在荥阳城中已达一年之久，项羽断绝了汉军的外援和粮草通道，刘邦内外交困，计无所出，便去请教陈平。陈平献计道："项羽为人猜忌信谗，他所依靠信赖的不过是亚父范增、钟离眛、龙且等人。而且，每当赏赐功臣时，他又吝啬爵位和封邑，因此士人不愿意为他卖命。大王如能舍得几万金，可用反间计，离间其君臣关系，使之上下疑心，引起内讧，到那时我军乘机反攻，定能击败楚军。"刘邦慨然交给陈平四万金，陈平用重金收买楚军中的将士，让他们散布流言："钟离眛、龙且、周殷等将领功绩卓著，但却不能封王，他们将要与汉王联合。"谣言传到项羽耳中，项羽果然起了疑心，不再与钟离眛等人商议军机大事，甚至对亚父范增也怀疑起来。亚父范增不知道项羽对他不再信任，几次三番地劝项羽速取荥阳，否则会夜长梦多。而项羽故意冷落范增，不理睬范增。范增对项羽忠心耿耿，见项羽竟然疑心自己，又气又恨，愤然离去，途中发病死去。范增是项羽的主要谋士，范增离去一年后，刘邦击败项羽，建立了汉王朝。

间谍和情报活动是调查研究的前提和重要组成部分，历来为兵家所重视，日本人就十分推崇中国古代大军事家孙子。日本的间谍活动历史久远，可以追溯到 16 世纪。1536 年，在日本还处于军阀混战割据时期，未来的政治家丰臣秀吉诞生了。他不仅统一了四分五裂的日本，而且策划和指挥了日本的间谍活动，极好地运用了《孙子兵法》中的计略。他能按《孙子兵法》用计，但又能别具匠心，为他所用。他把大批间谍派往全国各地，以便掌握每一地区的情况。他要求间谍不断移动，按严格规定的路线轮流侦察，以便能用后一组的报告对前一组的情况进行核实。1587 年，在征服日本最南端的九州岛时，丰臣秀吉把进攻时间推迟了一年多，为的是让间谍不仅有时间搞到更多的情报，而且还能就地开展离间活动，扰乱人心。他要求间谍送回各种详尽的地形图和有关收成、粮食供应以及军阀与其部队等情报，直到掌握详细的情报后，他才开始拟定作战计划。西方历史学家认为："丰臣秀吉在军事上的胜利不仅归功于他在战场上所运用的战略战术，也归功于他精心制定的窃取敌军情报的计划。"

打仗用间，市场竞争中同样常见用间现象。在激烈的商战中，谁领先一步，谁就稳操胜券；谁落后一步，谁就会被排斥在市场的大门之外，甚至导致公司破产。在商战中，成功地用间也能决定商战的胜利。现代国际关系中，尤其是发达国家之间的贸易战非常激烈，谁能掌握对方的商业机密和新技术情报，谁就能在商战中增强自己的实力，从而在商战中获胜。企业之间竞争也同样，彼此千方百计地侦探对方的机密，得到一个有价值的情报可以使濒于破产的企业起死回生。

对于一个企业的经营活动来说，经济情报和信息情报是至关重要的。企业成功的发展依赖于正确的经济情报和信息，只有掌握了市场和竞争者的经济、技术情况，才能使企业有正确的经营对策。按照孙子"上智为间"的思想，在经济领域用具备上等素质的人才作为经济情报员，就能有勇有谋、有胆有识，在艰难复杂的情况下，完成关键性经济技术情报的搜集工作。一些专业的经济情报人员，他们能对要取得的资料、情报具有极强的理解力、判断力和记忆力，并能应付错综复杂的环境，有各种专门的技能和广泛的知识，从而具备了较强的猎取情报的素质和能力。现代社会对情报的需要量是惊人的，通过各种渠道猎取情报是经营决策必不可缺的部分。

曾经有位以华侨身份出现的访问者，拍摄了我国制造景泰蓝的全部过程。不久，国外一家首饰厂制造出同样的产品，抛向国际市场，与我国进行竞争。中国宣纸制造技术在世界上是首屈一指的。1981年，几位外商在热情洋溢的气氛中，参观了安徽某纸厂生产宣纸的全部过程，进行了录像。临走，外商还索取了部分原料，甚至造纸用的井水。就这样，宣纸生产的全部技术，包括原料样品，都被外国商人"友好地"搞走了。所以，企业家没有反间谍的意识是要吃亏的。

世界著名的硅谷位于美国加利福尼亚州北部。二战后兴起的电子计算机革命，为硅谷带来了勃勃生机。从此，这里不仅成了闻名于世的电子革命中心、半导体工业王国和美国工业化未来的幻想和缩影，而且也被许多国家的工业技术间谍作为施展身手的最佳场所。在这里，每时每刻都在进行着间谍大战。为了防止各方面间谍从这里猎取高级技术机密，美国政府近年来纷纷向硅谷派驻精兵强将，建立反间谍机构。据美国司法部官员透露，早在1982年美国政府就在硅谷建立了一个防止技术外流的特别小组，这个小组由中央情报局和联邦调查局领导的一流侦察人员组成。美国国防部调查局也向硅谷派出了大批特工，该局每年还向硅谷的厂商散发数十万份保密规定。与此同时，美国反间谍机构还加强了硅谷外围各口岸的防线，许多特工在旧金山港湾、洛杉矶机场和长滩一带日夜守卫。

　　有一次，他们根据一封匿名信得悉"因保发展公司"的德国老板布鲁克豪森是专门从硅谷窃取高级技术的老手，于是，他们调查追踪。当该公司把装有高压氧化系统的货箱从硅谷发往洛杉矶后，海关人员悄悄打开了货箱，发现里面装的不是锅炉，而的确是高技术设备。为了顺藤摸瓜，他们把高压氧化系统取了出来，却用沙子装满货箱，然后把箱子原样封起来。随着这批货物的多次转手，美国反间谍机构终于基本摸清了布鲁克豪森工业间谍往来的情况。于是他们立即查封了布鲁克豪森等人在加州的所有办公室，随后又会同德国有关机构，搜查了布鲁克豪森在波恩和慕尼黑等地的公司。

参考书目

1. 银雀山汉墓竹简整理小组:《孙子兵法》,文物出版社 1976 年版。
2. 军事科学院注释组:《孙子兵法新注》,中华书局 1977 年版。
3. 魏汝霖:《孙子今注今译》,台湾商务印书馆 1977 年版。
4. 《十一家注孙子》,上海古籍出版社 1978 年版。
5. 张震泽:《孙膑兵法校理》,中华书局 1984 年版。
6. 程郁:《孙子兵法注译》,花城出版社 1998 年版。
7. 蒋玉斌:《孙子译注》,黑龙江人民出版社 2003 年版。
8. 杨义主编:《孙子兵法评注》,岳麓书社 2006 年版。
9. 郭化若:《孙子译注》,上海古籍出版社 2006 年版。
10. 任浩、白松青译注:《孙子兵法·尉缭子·鬼谷子》,山西古籍出版社 2006 年版。
11. 张颂之:《孙子兵法智慧名言故事》,齐鲁书社 2004 年版。
12. 张文儒:《孙子兵法与企业战略》,华夏出版社 2006 年版。
13. 吴学刚:《孙子兵法智慧全集》,群言出版社 2007 年版。
14. 陈才俊:《孙子兵法全集》,海潮出版社 2007 年版。

后记

　　以《孙子兵法》为代表的中国古代兵家智慧，是中华民族灿烂的古代文化的重要组成部分。

　　深谋远虑的全局意识、战略意识和军事思维，是这部兵家圣典的重要特色。如对待战争的态度，《孙子兵法》主张"不战""慎战"和"胜战"；对待战争的进程，主张"先胜""全胜"和"战胜"。既讲求战争的制胜之道，更反对穷兵黩武，特别主张伐交伐谋，慎用战争暴力，贯穿着理智、冷静、审慎的态度。在这种审慎的前提下，《孙子兵法》提出"非利不动，非得不用，非危不战"的作战原则，把国家利益和国家安全作为审视战争的根本前提，强调在"安国全军"的总目标下把握战争，并且综合运用政治、军事、外交等手段制造有利的战略态势，蕴含着古代兵家思想对战争规律理性认识的成果。

　　在今天我们国家既重视发展问题又重视安全问题、既重视传统安全又重视非传统安全的背景下，《孙子兵法》所倡导的慎战思想、"安国全军"的全胜理念、未战而先胜的谋略之道，集中体现了中华民族热爱和平又不惧战争的战略文化传统，具有重要的启示。人类的军事学，应该以有益于人类进步和人道情怀的培植为价值目标，为人类的军事行为指出正确的方向。中国传统兵学，历来都是以倡导亲仁善邻、积极防御为导向，在高举义战、慎战的旗帜，反对穷兵黩武的前提下，也创造了不朽的作战通则，蕴含着许多带有规律性的原则。

我们今天研读这部兵法，不仅可以领会其中卓越的战略思维，同时还可以学习其中高超的管理智慧和生活艺术。《孙子兵法》的影响也早已超出了战争的范围，被人们广泛用于政治、外交、经济、科技、商战等许多领域，成为诸多领域谋求战略发展的重要智慧源泉。

感谢研究出版社的精心策划和张加才教授的辛勤付出。

张艳清
2022 年 2 月于北京